WITHDRAWN
HARVARD LIBRARY
WITHDRAWN

Thomas Müntzer
Schriften und Briefe

Herausgegeben von Gerhard Wehr

Über das Buch

Thomas Müntzer, Theologe der Revolution, der auf dem »linken Flügel« der Reformation gegen Luther antrat, ist einer der selbständigsten, originellsten und einflußreichsten Denker, mit dem sich Marxisten wie auch Christen beschäftigen. Vor allem sein sozialrevolutionärer Ansatz, der ihn aus gesellschaftskritisch weitergeführtem Christentum zum selbstlosen Anwalt der sozial Schwachen, der Unterdrückten und Deklassierten werden ließ, hat ihn für die Gegenwart so aktuell gemacht. Dieser Band bringt eine Auswahl seiner Predigten, Manifeste, Reden und Briefe, aber auch Kontexte wie die Erwiderungen und Gegenreden Luthers, der die Reformation der Kirche den Theologen vorbehalten wollte.

»Müntzer blieb niemals historische Vergangenheit, war stets Gegenwart, weil alle Aufgaben, die die Geschichte seither in Angriff genommen hat, von ihm bereits gedacht worden waren, weil seine Gedanken, so phantastisch und unbestimmt sie in seiner Zeit auch sein mußten, sich in der Richtung immerwährenden gesellschaftlichen Fortschritts bewegten.«

Manfred Bensing

Der Autor

Gerhard Wehr, Jahrgang 1931. Ausbildung als Diakon, 1954 Examen; sechs Jahre Dienst in zwei Kirchengemeinden. Daneben theologische und geistesgeschichtliche Studien. 1960 Berufung an eine evangelische Volkshochschule (Erwachsenenbildung, Publizistik). Jetzt freier Schriftsteller mit Lehrauftrag an einer Akademie für Sozialpädagogik. Publikationen: »Spirituelle Interpretation der Bibel« (Basel 1968), »Die Realität des Spirituellen« (Stuttgart 1970), »Martin Buber« (Reinbek 1968), »C. G. Jung« (Reinbek 1969), »Jakob Böhme« (Reinbek 1971), »Thomas Müntzer« (Reinbek 1972), »C. G. Jung und Rudolf Steiner« (Stuttgart 1972), »Christusimpuls und Menschenbild« (Freiburg 1973), »Analytische Psychologie im Dienst der Bibelauslegung« (Darmstadt und Olten-Freiburg 1973).

Thomas Müntzer

Schriften und Briefe

Eingeleitet und kommentiert
von Gerhard Wehr

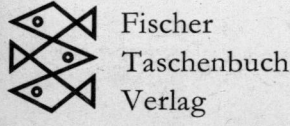

Fischer
Taschenbuch
Verlag

Originalausgabe
Fischer Taschenbuch Verlag
Juli 1973

Umschlagentwurf: Jan Buchholz/Reni Hinsch
unter Verwendung eines Holzschnittes
vom Anfang des 16. Jahrhunderts

Fischer Taschenbuch Verlag GmbH, Frankfurt am Main
© 1973 by Fischer Taschenbuch Verlag GmbH, Frankfurt am Main
Gesamtherstellung: Hanseatische Druckanstalt GmbH, Hamburg
Printed in Germany
ISBN 3 436 01719 1

Inhalt

Einführung: Thomas Müntzer 7

Zu Thomas Müntzers Schriften 24

Die Schriften

Prager Manifest
a) kürzere deutsche Fassung 39
b) erweiterte deutsche Fassung 42

Deutsch-evangelische Messe 51

Ordnung und Berechnung des Deutschen Amtes zu Allstedt 56

Von dem gedichteten Glauben 62

Protestation oder Erbietung 69

Auslegung des zweiten Kapitels Daniels (»Fürstenpredigt«) 82

Ausgedrückte Entblößung 99

Hochverursachte Schutzrede 125

Die Briefe

Zu Thomas Müntzers Briefen 145

Briefe (in Auswahl) 148

Martin Luther und Thomas Müntzer

Martin Luther gegen Müntzer und die aufständische Bauernschaft 191

Luther:
Brief an die Fürsten zu Sachsen 196

Wider die räuberischen und mörderischen Rotten der Bauern 206

Bibliographische Hinweise 211

Thomas Müntzer

Sein Name ist ein Schibboleth. An ihm erkennen sich einerseits die Verfechter eines Christentums, das konkrete gesellschaftliche Konsequenzen aus theologischen Einsichten verlangt, andererseits die Hüter bestehender Ordnungen, die sich durch Müntzer angegriffen sehen. So scheiden sich an Thomas Müntzer die Geister, die in dem rasch Entflammbaren auf dem linken Flügel der Reformation nur einen sozialrevolutionären Utopisten erblicken wollen und die darüber vergessen, aus welchen Triebkräften heraus er zum selbstlosen Anwalt der sozial Schwachen, der Geknechteten und der Deklassierten wurde. Da er als ein Führer der thüringischen Bauern scheiterte, sein Haupt dem Henker verfiel und seine, des geringen Volkes Sache mißachtet wurde, war es lange Zeit den Siegern überlassen, von ihm und seinen Absichten Bericht zu geben. Das Müntzerbild, richtiger: die Müntzer-Karikatur, wie sie von vielen kritiklos übernommen wurde, fiel entsprechend aus.[1]

So schreibt Philipp Melanchthon im Schicksalsjahr 1525: »Der Teufel hat einen besessen, der hieß Thomas Müntzer, der war in der Heiligen Schrift wohlgelehrt, blieb aber nicht auf der Bahn der Heiligen Schrift, sondern der Teufel narrte ihn und trieb ihn von der Schrift, daß er anfing, nicht mehr vom Evangelium zu predigen und wie die Leute sollten fromm werden, sondern erdichtete sich aus falschem Verstand der Heiligen Schrift falsche und aufrührerische Lehre.«[2]

Martin Luther, von dem der gelehrte Wittenberger Humanist mit seiner Verurteilung letztlich abhängig war, konnte schreiben: »Wohlan, wer den Müntzer gesehen hat, der mag sagen, er habe den Teufel leibhaftig gesehen in seinem höchsten Grimm. O Herr Gott, wo solcher Geist in den Bauern auch ist, wie hohe Zeit ist's, daß sie erwürgt werden, wie die tollen Hunde ...«[3]

Fest steht, daß Müntzer »eine der in der historischen Literatur am meisten umstrittenen Gestalten« ist.[4] Schon in seiner Zeit

---

[1] Gerhard Wehr: Thomas Müntzer in Selbstzeugnissen und Bilddokumenten, Reinbek 1972 (= Rowohlts Bildmonographien Nr. 188).
Max Steinmetz: Das Müntzerbild in der Geschichtsschreibung von Luther und Melanchthon bis zur Französischen Revolution, Jena 1956, Habilitationsschrift, MS.
[2] Philipp Melanchthon: Die Histori Thome Müntzers, Hagenau 1525.
[3] Martin Luther: An Johann Rühel, Brief vom 30. Mai 1525, Weimarer Ausgabe Briefe 3, 515; in: M. Luther, Ausgewählte Werke Bd. IV, 3. Aufl. München 1964, S. 154.
[4] M. M. Smirin: Die Volksreformation des Thomas Müntzer und der große Bauernkrieg, Berlin 1956, S. 637; dort weitere Belege.

galt er als einer der belesensten und gelehrtesten Theologen. Als einen der selbständigsten, originellsten und einflußreichsten Denker im ersten Viertel des 16. Jahrhunderts hat ihn die moderne Müntzer-Forschung bestätigt.[5] Leopold von Ranke, der Müntzer mit Paracelsus verglich, gelangte zu dem Ergebnis: »Die müntzerischen Inspirationen, die sozialistischen Versuche der Wiedertäufer und die paracelsischen Theorien entsprechen einander sehr gut; vereinigt hätten sie die Welt umgestaltet ...«[6] Damit ist auf das demokratische Prinzip der autonomen Gemeinde hingewiesen, die in freier Entscheidung Verfassung und Kultus bestimmt und die daraus sich ergebende gesellschaftliche Verantwortung zu übernehmen gewillt ist.

Es blieb nicht nur den marxistischen Autoren (z. B. Engels, Kautsky, Smirin, Bloch, Bensing) vorbehalten, die Bedeutung des »Theologen der Revolution« (so Ernst Bloch) zu würdigen. Christoph Blumhardt der Jüngere, der Sohn des großen schwäbischen Charismatikers, zögerte jedenfalls nicht, den entschiedenen Widerpart Martin Luthers als »einen der edelsten Menschen« auszuzeichnen. Im Grunde stellen die in vieler Hinsicht divergierenden Äußerungen über Müntzer nur eine einzige große Verlegenheit dar. Gewissen Lutheranern ist er vor allem »der aufrührerische Geist von Allstedt«, ein anarchistischer Rebell und Mordbrenner. Andererseits hat der marxistische Interpret einige Mühe, Müntzers christlich-eschatologische Spiritualität, vor allem seine Verwurzelung in der Mystik Johannes Taulers und in der Zukunftsschau Joachim von Fiores seinem Müntzerbild bruchlos einzuverleiben. Gerade auf diesen einerseits mystischen, andererseits den Anbruch endzeitlicher Verwirklichung einbeziehenden Aspekt in den Zielsetzungen Müntzers kommt es an.

Thomas Müntzer, um 1490 in Stolberg (Harz) geboren und damit nur wenige Jahre älter als der Wittenberger Augustinermönch, hatte früh die Bedeutung der reformatorischen Erkenntnis von der Rechtfertigung des Gottlosen begriffen. So wurde er zunächst Luthers Freund und leidenschaftlicher Parteigänger. Von ihm ließ er sich auf die frei gewordene Predigerstelle an der St. Marien-Kirche ins lutherfreundliche Zwickau empfehlen. In dieser von Handel und Gewerbe beherrschten Stadt am nördlichen Fuße des Erzgebirges, in deren Mauern der reichste Mann Kursachsens lebte, gingen dem gelehrten Magister die Augen für neue Dimensionen der Wirklichkeit auf. Hier wurde er nicht nur mit den später berüchtigten, in Wittenberg gefürchteten »Zwickauer Pro-

---

[5] Heinrich Boehmer: Thomas Müntzer und das jüngste Deutschland, in: Gesammelte Aufsätze, Gotha 1927, S. 222.
O. H. Brandt: Das Müntzerbild der Gegenwart, in: Geisteskultur, Monatshefte der Comeniusgesellschaft für Geisteskultur und Volksbildung 42, 1933, S. 159.
[6] Leopold von Ranke: Deutsche Geschichte im Zeitalter der Reformation, (Ausgabe der Deutschen Akademie) München 1926, V, S. 379f.

pheten« und mit hussitisch-taboritischen Kreisen bekannt, sondern auch mit der sozialen Kluft, die zwischen den silberschürfenden reichen »Fundgrübnern« der Stadt auf der einen, den verarmten Tucharbeitern und Berggesellen auf der anderen Seite bestand. Hier brach sich bereits Müntzers Erkenntnis Bahn. Sie bestand darin: Reformation der Kirche an Haupt und Gliedern, wie sie Luther zu verwirklichen im Begriffe war, darf nicht nur eine Sache der Theologen bleiben. Sie darf sich nicht allein auf den engeren religiösen Bereich beschränken. Sie muß sich vielmehr auch als eine gesellschaftliche Gerechtigkeit auswirken.

Schon seine Zwickauer Antrittspredigt am 13. oder 17. Mai 1520 an der mit ansehnlichen Pfründen ausgestatteten, mit zahlreichen Meßpfaffen besetzten Marienkirche verrät ein Programm: Die Abrechnung mit den Heuchlern, mit den Profitgierigen, mit der Zudringlichkeit der altgläubig gebliebenen Franziskaner der Stadt, die – Pater Tiburtius von Weißenfels an der Spitze – von Menschengeboten mehr zu halten scheinen als von evangeliumsgemäßer Armut, vom Vollzug der herkömmlichen Zeremonien mehr als von der gelebten Christusnachfolge. Der Prediger, der sich nicht scheut, den »großen Hansen« ins Gewissen zu reden, nimmt keine Rücksicht auf sich und auf andere. Denn, so sagt er sich, »keiner mag sagen, daß er ein Christ sei, so er durch sein Kreuz nicht vorhin empfindlich wird, Gottes Wort und Werk zu erwarten ... Es kostet viel Mühe, Gottes Werk zu erdulden.«

Das sind Sätze aus der Predigt vom »bitteren Christus«, der alles andere ist als ein sanftes Jesulein, das, wie Ernst Bloch einmal sagt, »nicht beißt«. Wenngleich diese Predigt nicht einfach mit Luthers Kreuzestheologie zu identifizieren ist, so kommt doch darin zum Ausdruck, was wenig später so von Müntzer formuliert wird: »Gott redet alleine in die Leidlichkeit der Kreaturen, welche die Herzen der Ungläubigen nicht haben ... Der Ungläubige will durch keinen Weg mit seinem Leiden Christus gleichförmig werden (Röm. 8, 29), er will alles nur mit honigsüßen Gedanken ausrichten.« Oder in der Auslegung des Buches Daniel heißt es: »Wenn ein Mensch will seiner Wollust stetiglich pflegen – (Müntzer sieht vor sich die allzu erfolgreichen ›Fundgrübner‹ und die feisten Pfründebesitzer unter seinen Zwickauer Kollegen) – mit Gottes Werk nichts zu schaffen haben und in keiner Betrübnis sein, so kann ihn auch die Kraft des Wortes Gottes nicht umschatten, Luk. 9, 34. Gott, der Allmächtige, weiset die rechten Gesichte und Träume seinen geliebten Freunden am allermeisten in ihrer höchsten Betrübnis.«

Diese Texte nehmen schon Inhaltliches der späteren Schriften vorweg. Vor allem deuten sie auf Einsichten hin, die auch einen modernen Tiefenpsychologen interessieren können. Jedenfalls läßt Müntzer nicht nur eine einseitige rationale theologische Gelehrsamkeit gelten, über die er selbst hinreichend verfügt. Er will auch jene Kunde berücksichtigen, die aus dem Bereich des Unbewußten dem Menschen zufließt. Praktisch bedeutet das eine Erweiterung seines religiösen Erfahrungshorizontes. Daran macht ihn auch der bissigste Spott aus der Feder Luthers nicht irre. Entscheidend ist ihm, daß Gott nicht nur einst zu den Vätern, den Propheten und Aposteln geredet hat, wie es die von ihm sorgfältig studierte und häufig zitierte Bibel dokumentiert, sondern daß Gott jetzt und hier zum Menschen redet, indem er dem Menschen in die jeweilige Situation hinein direkte Weisung gibt, durch Zeichen und Träume.

Die Texte zeigen ferner, an welchem Punkt der zunächst noch in lutherischem Geist wirkende Prediger das lutherische Formalprinzip »Sola scriptura, allein die Schrift« kritisieren und korrigieren wird. Es kommt zu Auseinandersetzungen, an deren Ende die Absetzung durch den Zwickauer Magistrat und die Ausweisung aus der Stadt steht. Das ist im April 1521 der Fall, das heißt eben zu dem Zeitpunkt, da Martin Luther in Worms vor Kaiser und Reich sein denkwürdiges Bekenntnis ablegt und an die Stelle des alten Autoritätsprinzips sein neues, das am Bibelwort sich orientierende Gewissen setzt.

Die Einsicht Müntzers – es ist gewissermaßen der reformatorischen Erkenntnis zweiter Teil – kommt erstmals im sogenannten »Prager Manifest« an eine breitere Öffentlichkeit. In Prag, wo sich Müntzer im Herbst 1521 kurze Zeit aufhält, hat hundert Jahre zuvor Jan Hus gewirkt. Der tschechische Reformator war auf das einst in Konstanz tagende Konzil bestellt worden und wurde dort im Jahre 1415 als Ketzer verbrannt. Von Böhmen aus hatten die hussitischen Taboriten und Calixtiner ihren Kampf um Kelch und Reich angetreten, erfüllt von der Gewißheit, ihnen sei es aufgetragen, die Posaunen des Jüngsten Gerichtes zu blasen und die Handlanger des endzeitlichen Weltenrichters zu sein.

»Der Böhmen Sache betreffende Protestation« überschreibt Müntzer sein Prager Manifest vom 1. November 1521. In zwei deutschen, je einer tschechischen und lateinischen Fassung bringt er es an den Mann. Von einem entsprechenden Echo im Volk ist kaum etwas zu hören. Ein Vergleich mit Luthers 95 Thesen, die genau vier Jahre zuvor wie in Windeseile ihren Gang durch Deutschland gemacht hatten, ist schwerlich angebracht, wenngleich Müntzer gerade eine solche Wirkung gewünscht haben muß. Was will er überhaupt?

»Gott will zu dieser Zeit ausgießen seinen unüberwindlichen Zorn.« Dieser Zorn ist gegen »des Teufels Pfaffen« gerichtet, die der erbarmungswürdigen Christenheit den Schlüssel der Erkenntnis weggenommen, den lebendig machenden Gottesgeist vorenthalten haben und statt dessen nur »tote Wörter«, Buchstaben eines »gedichteten Glaubens« anbieten. Müntzer kommt es nicht in erster Linie auf Wortlaute an, sondern auf eigene, je und je zu machende religiöse Erfahrung. Man übersehe nicht die zeitliche, unbewußte Parallelität: Müntzer schreibt dies, während Luther auf der Wartburg sich anschickt, das griechische Neue Testament ins Deutsche zu übertragen. Wer dem Volk predigen will, müsse nicht nur dessen Sprache sprechen, sondern auch über entsprechende eigene religiöse Erfahrung verfügen. Die »äußerliche Bibel«, »Bibel, Babel, Bubel« und die bei allen Spiritualisten so hochgeschätzte »innere Stimme« sind bei Müntzer jedoch nicht auf die bekannte Weise auseinandergerissen. Wort und Erfahrung sind bei ihm vielmehr aufeinander bezogen. Insofern unterscheidet er sich von jenen religiösen Eiferern, mit denen er von Anfang an verwechselt worden ist.

Die Zeit drängt. Müntzer mag vielleicht auch geahnt haben, daß ihm von da an kaum mehr als drei Jahre intensiven Schaffens gegönnt sind. »Fühlt man denn nicht ein kleines Fünklein, das schier will aufwachen zum Zunderfeuer?« Müntzers Antwort auf seine von ihm im Prager Manifest gestellte Frage duldet keinen Zweifel: »Ja, man fühlet's und ich fühl' es auch«, heißt es da. Deshalb sein ungeduldiges Pochen: »Zu dieser unserer Zeit will Gott den Weizen vom Unkraut absondern ... Oh ho, wie reif sind die faulen Äpfel! Die Zeit der Ernte ist da!« – Dies ist die Sprache des Apokalyptikers. Die apokalyptischen Passagen der Bibel, des Alten Testaments (vor allem Daniel), der Evangelien und der Johannes-Offenbarung haben es ihm besonders angetan. Auf entsprechende Wendungen, Bilder und Anspielungen trifft man bei Müntzer auf Schritt und Tritt. Dies gibt seiner Argumentation den irreal-utopischen Zug, aber auch den erstaunlichen Weitblick. Vordergründige Augenblickslösungen können ihn nicht befriedigen. Und mit prophetischem Pathos fügt der Autor des Prager Manifests hinzu: »Gott hat mich selber angeheuert in seine Ernte. Ich habe meine Sichel scharf gemacht.« Auch das Ziel, das er sich gesteckt hat, wird in diesem frühen Dokument seiner Wirksamkeit genannt: »Ich will die Feinde vor euren Augen im Geist des Propheten Elia zuschanden machen. Denn in eurem (böhmischen) Lande wird die neue apostolische Kirche angehen, danach überall ...« Der im Geist des Baals-Priester mordenden Elia dem Messias vorangeht, das ist Johannes der Täufer. Als ein solcher Johannes, der einen neuen Weltzustand heraufführen hilft, hat sich Müntzer bis zuletzt verstanden.

Man sieht, Thomas Müntzer will nicht nur kirchliche Reform auf alten Fundamenten. Er will nicht nur die Zurückführung auf eine ehemalige Urgestalt, sondern einen Neuanfang, den Anbruch einer neuen Kirche. Dabei darf man freilich nicht übersehen, wie wichtig ihm die spirituelle Substanz des Urchristentums und der auf ihr gründenden kirchlichen Tradition ist. An ihr hält er im Grunde fest.

Aber konnten die Völker schon diese Signale hören? Besaßen die Menschen, an die sich Müntzer wandte, schon die nötige bewußtseinsmäßige und moralische Reife? Wann ist diese Reife überhaupt je erreicht? Besaßen sie den flammenden Geist, der Müntzers ganzes Tun und Denken befeuerte?

Wie sich bald zeigt, ist Müntzers Programm keinesfalls der grobe Keil auf einen groben Klotz. Die Revolution, die er meint, muß im Menschen selbst beginnen. Neue Verhältnisse in Kirche und Gesellschaft setzen einen neuen Menschen voraus. »Entgröbung« haben die mittelalterlichen Mystiker diesen Prozeß genannt, der Wandlung bedeutet und mehr ist als ein äußerer Erziehungs- oder Anpassungsvorgang. Luther selbst hatte Müntzer einst die Lektüre der Schriften Johannes Taulers ans Herz gelegt. Taulers Predigten haben den unruhigen Geist auf seinen vielen Wanderungen und Irrfahrten begleitet. Und als Müntzer nach einer solchen Fahrt, deren einzelne Stationen wir nicht mehr eindeutig feststellen können, im Frühjahr 1523 an der Johanniskirche zu Allstedt eine neue Predigerstelle bekommt, da beginnt für ihn eine letzte Phase intensiver und fruchtbarer Arbeit.

Bezeichnenderweise umfaßt der Aufenthalt in Allstedt, der bis August 1524 dauert und in der der Magister die ehemalige Nonne Ottilie von Gersen heiratet, nicht nur eine soziale und politische Aktivität, in deren Verlauf er bald die Mißgunst und das Mißtrauen der zuständigen Obrigkeit auf sich zieht. Maßnahmen zu einer das gesamte gottesdienstliche Leben umfassenden liturgischen und kultischen Erneuerung sind unabdingbare Bestandteile seines Wirkens. Deshalb kann es nicht wundernehmen, daß ein Großteil des schriftstellerischen Werkes liturgische Texte und kirchenmusikalische Anweisungen darstellen. In Allstedt entstehen »Das deutsche Kirchenamt«, die »Deutsch-evangelische Messe« und »Ordnung und Berechnung des Deutschen Amtes zu Allstedt«. Und da Müntzer auch hier nicht bei der Theorie stehenbleibt, kommt er mit seiner »Deutschen Messe« von 1524 dem Wittenberger Reformator zuvor, dem jede übereilte Handlungsweise, so auch Andreas Karlstadts Wittenberger Reform-Messe von 1521/22, verdächtig schien.

Für die Charakteristik Müntzers ist wichtig, daß er Liturgiker *und* politischer Prediger in *einer* Person sein will. Eine Alternative gibt es für ihn auch hier nicht. Politisch wirksam kann seiner Meinung nach nur der sein, der den Menschen geistlich verändert. Und wer im Sinne einer religiösen Erneuerung wirkt, der muß sich der politisch-gesellschaftlichen Bedeutsamkeit dieser Aktivität bewußt sein. Müntzer bekam dies deutlich genug zu spüren, als beispielsweise der Graf von Mansfeld seinen Untertanen den Gottesdienstbesuch untersagte.[7] Indem nun Müntzer nach Mög-

---

[7] Vgl. Müntzers Briefe Nr. 44 an den Grafen Ernst von Mansfeld und Nr. 45 an Kurfürst Friedrich von Sachsen in dieser Ausgabe.

lichkeiten einer Erneuerung der bis dahin in lateinischer Kultsprache vollzogenen Sakramentsfeier suchte, zog er sich nicht etwa in den Ghettobezirk einer kirchlichen, weltflüchtigen Innerlichkeit zurück. Denn das, was am Altar vor der und mit der versammelten Gemeinde im Namen des gekreuzigten Christus geschieht, ist dazu bestimmt, als die »biblische Wahrheit vor aller Welt« kundgetan zu werden. Dazu gehört das deutende, ausrufende Wort der Predigt. Darin stimmt Müntzer mit Luther überein. Bei Müntzer wird allerdings der Entscheidungscharakter dieses gepredigten Wortes noch verschärft. Den einen – Müntzer nennt sie die »Auserwählten« – ist diese Predigt eine frohe Botschaft; den »Verfluchten« ist es eine grimmige, Gericht und Verderben androhende Botschaft. Der Menschentypus des »Auserwählten« und des »Verfluchten« spielt in den Schriften Müntzers eine wichtige Rolle.

Wenngleich die sozialkritische Predigt in Zwickau und das eine weltweite Revolution ankündigende Prager Manifest der Tätigkeit in Allstedt zeitlich vorausgehen, so ist doch nicht zu übersehen, daß Müntzer seinen »unersättlichen Hunger nach Gerechtigkeit« auf gütlichem Wege, nämlich durch die Begründung eines Bruderbundes zwischen Herren und Knechten, also in der Schaffung eines gesellschaftlichen Modells zu stillen trachtete. Tatsächlich kam ein »getreulicher Bund göttlichen Willens«[8] von rund 500 Männern zustande, in dem Angehörige verschiedener Zünfte und Stände vereinigt waren. Aus naheliegenden Gründen versagten sich die dazu eingeladenen Fürsten und Grundherren einer Gemeinschaft, in der menschlich-brüderliche Gleichheit gelten sollte. Keiner warnte entschiedener vor diesem Plan als Luther, der sich eine Vermengung der »beiden Reiche«, des Reichs der Welt und des geistlichen Reichs Christi, nicht denken konnte. In seiner ersten Bauernkriegsschrift »Ermahnung zum Frieden auf die Zwölf Artikel der Bauernschaft in Schwaben« (1525) und an vielen anderen Stellen hat der Wittenberger Reformator mit allem Nachdruck vor der angeblichen Unvereinbarkeit eines solchen Unterfangens mit der biblischen Botschaft gewarnt.

Was Müntzer indessen treibt, das ist – religiös gesprochen – die Idee des *einen* Reiches Gottes, das im Gegensatz zu Luthers bis heute umstrittener »Zwei-Reiche-Lehre« vor dem Horizont der Zukunft Christi mitten in der Zeit verwirklicht werden soll. Diese Idee des Reiches Gottes, Inbegriff einer einzigen großen Hoffnung, hat bereits die sozialreformerisch aktiven Propheten Alt-Israels bewegt. Sie hat das Spätjudentum und das Urchristentum in gespanntester Erwartung gehalten. In einem grandiosen Zukunftsbild hat der kalabresische Abt Joachim von Fiore im 12. Jahr-

---

[8] Vgl. die sogenannte Bundespredigt, auf die im Brief Nr. 59, an den Allstedter Schösser Johann Zeiß, vom 25. Juli 1524 Bezug genommen wird.

hundert die Ecclesia Spiritualis (Geistkirche) geschaut, deren Verwirklichung sich die Nachfahren des Jan Hus, die böhmischen Taboriten vor allem, vorgenommen hatten. In diese Tradition der christlich-apokalyptischen Reichserwartung gehört Thomas Müntzer hinein.[9] Noch wenige Tage vor dem Zusammenbruch des thüringischen Bauernaufstandes von 1525 schreibt er den Erfurter »Brüdern« vom Revolutionszentrum Mühlhausen aus, »daß das Reich dieser Welt soll Christo zuständig sein ...« Im selben Brief wird die Frage vom politisch-gesellschaftlichen Gesichtspunkt aus beantwortet. Unter Berufung auf das 7. Kapitel des alttestamentlichen Daniel-Buches schreibt Müntzer dort, »daß die Gewalt soll gegeben werden dem gemeinen Volk.« Das Volk selbst soll Träger der staatlichen Gewalt und damit Repräsentant der göttlichen Gerechtigkeit auf Erden werden.

Dieser urdemokratischen Forderung mußte Martin Luther mit größter Entschiedenheit widersprechen. Beide Aspekte aber, der religiöse und der politisch-gesellschaftliche, gehören für Müntzer zusammen.

Dynamisches Vorwärtsdrängen, Ungeduld und leidenschaftlicher Eifer kennzeichnen Müntzers Reden, Schreiben und Agitieren. Dieser Mentalität entspricht seine Interpretation so wichtiger Schriftstellen wie des 13. Kapitels des paulinischen Römerbriefs, in dem das Verhältnis des Christen zur staatlichen Gewalt erörtert wird und das die Hauptstütze für Luthers sozialethische Position darstellt. Während Luther den Schwerpunkt in den einleitenden Versen 1 und 2 erblickt: »Jedermann sei untertan der Obrigkeit ... Wer sich nun der Obrigkeit widersetzt, der widerstrebt Gottes Ordnung ...« – sieht Müntzer den Akzent auf die folgenden Verse 3 und 4 gesetzt. Danach ist die von Gott verordnete Obrigkeit dazu bestimmt, das Schwert gegen die Übeltäter zu führen. Und in dem Maße, in dem sie ihres »Schwertamtes« waltet, erfüllt sie ihren Auftrag in der Verantwortung vor Gott und vor dem Volk. Die entscheidende Frage bleibt freilich, wer eigentlich die Übeltäter sind, die das Schwert der Obrigkeit strafen soll. Während nach Müntzer die Obrigkeit das Schwert zum Schutze des Volkes führen soll, ist Luther fest davon überzeugt, daß sich das strafende Schwert gegen »Herrn Omnes«, den »Pöpel«, wie er sich auszudrücken beliebt, richten muß, sobald der gemeine Mann aufbegehrt und eine Erleichterung seines schweren Loses verlangt.

Der Reformator kann sich jedenfalls nichts Schlimmeres als eine Empörung im Sinne einer Volkserhebung vorstellen, die sich in irgendeiner Form gegen die »von Gott verordnete Obrigkeit«

---

[9] Walter Nigg: Das ewige Reich, Geschichte einer Hoffnung, Zürich und Stuttgart 1954; München und Hamburg 1967 (Siebenstern Taschenbuch 105/106).
Karl Löwith: Weltgeschichte und Heilsgeschehen, Stuttgart 1953.
Ernst Bloch: Das Prinzip Hoffnung, Frankfurt/Main 1959.

richtet. In den berühmt-berüchtigten Bauernkriegsschriften, vor allem in der zweiten »Wider die räuberischen und mörderischen Rotten der Bauern« und in der dritten, die das »harte Büchlein wider die Bauern« auch noch zu rechtfertigen sucht, hat Luther überdeutlich zum Ausdruck gebracht, welche blutigen Konsequenzen er selbst aus seiner Sozialethik im Ernstfall zu ziehen bereit war. Müntzer hingegen hält es durchaus für denkbar, daß die herkömmliche Regierungsform einer gewaltlosen oder auch gewaltsamen Revolution bedürftig ist. Im Gegensatz zu Luther traut er dem gemeinen Mann die Übernahme gesellschaftlicher und politischer Verantwortung zu. Deshalb sein leidenschaftliches Plädoyer für eine demokratische Neuordnung von Staat und Kirche. Eine »Fürstenreformation« ohne oder gar gegen das Volk, wie sie nach der gewaltsamen Niederschlagung der Bauernaufstände (1525) von den Anhängern Luthers faktisch durchgeführt worden ist, wäre für den »Theologen der Revolution« unannehmbar gewesen.

»Wenn sich das wird umkehren, so wird das Schwert ihnen (d. h. den Fürsten) genommen werden und wird dem inbrünstigen (wutentbrannten) Volke gegeben werden zum Untergange der Gottlosen«, lesen wir in Müntzers Brief vom 4. Oktober 1523 an Kurfürst Friedrich von Sachsen. »Müntzer hatte damit aus demselben Römerbriefkapitel, das das traditionelle religiöse Argument für die gottgewollte Unterordnung unter die Obrigkeit war und auch den Ausgangspunkt für Luthers Staatslehre bildete, das revolutionäre Widerstandsrecht des Volkes interpretiert, das zugleich zu dem Gedanken der Souveränität des Volkes hinleitet. Denn ihm ›zugut‹, zu seinem Schutz, hat Gott den Fürsten das Schwert gegeben; kehren sie das Verhältnis um, werden sie gewissermaßen vor Gott vertragsbrüchig; indem sie auf die Seite der Bösen und Gottlosen treten, so übergibt Gott das Schwert dem Volke direkt zur Bekämpfung der Gottlosen und damit auch der Fürsten.«[10] – So haben beide Theologen aus ein und derselben Bibelstelle zwei prinzipiell unterschiedliche Interpretationen geliefert und damit ihre ebenso gegensätzliche sozialethische Entscheidung motiviert.

Thomas Müntzer liegt sehr viel daran, seine Gedanken nicht nur in Form von Parolen unter das Volk zu bringen, als dessen »Seelwarter«, d. h. Seelsorger er in Allstedt und von Allstedt aus fungiert. Da er sich von den Wittenbergern im Stich gelassen fühlt, vor allem da er zu spüren bekommt, welchen großen Einfluß Luther auf die Inhaber der politischen Macht auszuüben versteht, nützt er jede Gelegenheit, seinen Landesherren Rede und Antwort zu stehen. Am 13. Juli 1524 sind Herzog Johann, der Bruder und Mitregent an der Seite Friedrichs des Weisen, sowie Kur-

---

[10] Carl Hinrichs: Luther und Müntzer, ihre Auseinandersetzung über Obrigkeit und Widerstandsrecht, Berlin 1952, S. 35f.

prinz Johann Friedrich von Sachsen Müntzers erlauchte Hörer der berühmten »Fürstenpredigt« in der Kapelle des Allstedter Schlosses. Bemerkenswerterweise legt der Prediger seiner Ansprache nicht etwa die fragliche Stelle aus dem Römerbrief zugrunde, um seine Intentionen gegenüber denen Luthers klar abzugrenzen, sondern das 2. Kapitel aus dem Propheten Daniel, das vom Geschichtshandeln Jahves Zeugnis ablegt. Schon allein die Vision des jüdischen Apokalyptikers mußte einen Mann wie Müntzer reizen, denn sie bietet einem »Theologen der Revolution« die besondere Möglichkeit zu einer situationsbezogenen Auslegung; sie eröffnet zugleich weite geschichtlich-heilsgeschichtliche Horizonte, um die es Müntzer immer zu tun ist. Es gilt nicht etwa nur Vergangenes zu aktualisieren, sondern das in der Gegenwart noch verborgene Zukünftige mit dem Schlüssel des prophetischen Wortes aufzuschließen. Der Prediger hält sich daher nicht lange bei der Erörterung der Situation von einst auf. Er gibt vielmehr eine Analyse des Zustandes »der armen elenden, zerfallenden Christenheit, der weder zu raten noch zu helfen ist«. Ein Heilmittel gibt es jedoch, sagt Müntzer; nicht etwa in erster Linie die gewaltsame Veränderung der gesellschaftlichen Strukturen oder der bestehenden Herrschaftsverhältnisse, wie man dies von dem Allstedter Pfarrer erwarten könnte. Sein eindringlicher Rat ist vielmehr, »daß die fleißigen, unverdrossenen Gottesfreunde täglich die Bibel treiben mit Singen, Lesen und Predigen«. Im Vordergrund steht also die geistliche Übung und das gottesdienstliche Tun. Damit aber der eventuelle Verdacht vermieden wird, der durch sein politisches Engagement bekannte Eiferer rede nun auf einmal seinen Landesvätern nach dem Munde und getraue sich nicht, im Ernstfall Farbe zu bekennen, fügt er rasch hinzu, sie sollten sich von ihren »heuchlerischen Pfaffen nicht verführen (lassen) mit gedichteter Geduld und Güte ... Denn der Stein, ohne Hände vom Berge gerissen, ist groß geworden. Die armen Laien und Bauern sehen ihn viel schärfer an als ihr.« Daß mit den »heuchlerischen Pfaffen« nicht nur die römischen gemeint sein werden, dürfte den sächsischen Regenten eingeleuchtet haben, um so erstaunlicher, daß sie den Allstedter Heißsporn zunächst gewähren lassen.
Was lawinenartig auf die ganze Gesellschaft herabzustürzen droht – auch Luther hat auf gefährliche Folgen für Volk und Land hingewiesen –, kommt mit der Unberechenbarkeit einer Naturkatastrophe.[11] Die Zeit passiver Neutralität und des geduldigen Zuwartens ist damit zu Ende. Die Männer, die als Vertreter der staatlichen Gewalt zu Müntzers Füßen sitzen, dürfen nicht länger feiern. Das hatte ihnen, freilich unter völlig anderem Vorzeichen auch Luther immer wieder eingeschärft. Jedoch *die* Re-

---

[11] Vgl. Müntzers beschwörende Worte in den Briefen Nr. 57–59 an den Allstedter Schösser Johann Zeiß.

formation, die der Allstedter Seelwarter im Sinne hat, muß durch eine eschatologische, auf das Ende aller Dinge bezogene Tat in Gang gebracht und vollführt werden. So betont es Müntzer an vielen Stellen seiner Schriften und Briefe. »Anders mag die christliche Kirche zu ihrem Ursprung nicht wiederkommen. Man muß das Unkraut ausraufen aus dem Weingarten Gottes in der Zeit der Ernte, dann wird der schöne rote Weizen beständige Wurzeln gewinnen und recht aufgehn, Matth. 13. Die Engel aber, welche ihre Sicheln dazu schärfen, sind die ernsten Knechte Gottes, die den Eifer göttlicher Weisheit vollführen.«

Diesen Ton kennen wir bereits vom Prager Manifest. Es sind Worte der Beschwörung, mit denen Müntzer seine höchsten Vorgesetzten zur Entscheidung ruft und zum bruderschaftlichen Verbündnis einlädt. Aber die Antwort, die Müntzer für sich und seine Sache erhofft, bleibt aus. Luther behält seinen großen Einfluß bei den Fürsten. Seine Beschwörung, den »aufrührerischen Geist von Allstedt« unschädlich zu machen, ehe auch in Mitteldeutschland das von ihm befürchtete Unheil ausbricht, erweist sich als wirkungsvoller, wenngleich auch Luthers Autorität beim Volk nicht ausreiche, den »thüringischen Aufruhr« im April und Mai 1525 abzuwenden.

Vermochte es der Wittenberger Reformator nicht, in diesen kritischen Monaten die breiten Volksschichten auf seine Seite zu ziehen, als er eine Reihe von mitteldeutschen Ortschaften bereiste und seine Predigten bisweilen gar mit Hohn beantwortet wurden, so hatte er bei Müntzers hauptsächlichen Gegnern sichtlichen Erfolg. Dazu trug nicht zuletzt Luthers ebenfalls im Juli 1524 ergangener »Brief an die Fürsten zu Sachsen von dem aufrührerischen Geist« bei. Über Müntzer heißt es dort beispielsweise: »Nachdem der ausgetriebene Satan jetzt ein Jahr oder drei ist umhergelaufen durch dürre Stätte, und Ruhe gesucht und nicht gefunden, hat er sich in Euer Fürstlich Gnaden Fürstentum niedergetan und zu Allstedt ein Nest gemacht und denkt unter unserm Frieden, Schirm und Schutz wider uns zu fechten.« Er, der Reformator, habe nie von einem hochmütigeren, stolzeren Geist gelesen oder gehört als von diesem. Auch gibt er zu bedenken, was wohl geschehen werde, wenn Müntzer »des Pöbels Anhang gewönne« und »Herr Omnes«, wie der nicht gerade demokratisch denkende Reformator das Volk zu titulieren beliebt, auf den »Weltfressergeist«, den »lügenhaften Teufel«, den »schlechten Teufel« und »Satan« – so Luther über Müntzer – hereinfiele. »Darum – so folgert Luther im fraglichen Brief an die sächsischen Fürsten – Euer Fürstlich Gnaden hier nicht zu schlafen noch zu säumen ist: denn Gott wird's fordern und Antwort haben wollen um solch hinlässigen Brauch und Ernst des befohlenen Schwerts. So würde es auch vor den Leuten und der Welt nicht zu entschuldigen sein, daß Euer Fürstlich

Gnaden aufrührerische und frevlerische Fäuste dulden und leiden sollten.«[12] Von den beiden einander feindlichen Lagern aus werden die Fürsten auf ihre obrigkeitliche Verantwortung hin angesprochen.

Inzwischen war die schon lange sich vorbereitende Erhebung der Bauern in Gang gekommen. Im Juni 1524 hatte der Bauernkrieg als ein zunächst regional begrenzter Aufstand in der Grafschaft Stühlingen im Südschwarzwald begonnen. Rasch breitete sich die Bewegung in Oberdeutschland aus, zumal anfangs weder Gegenmaßnahmen noch geeignete Abhilfen getroffen wurden. Im Spätsommer hatte die Welle auch Mitteldeutschland erreicht. In einer Reihe von Flugschriften legten die Bauern ihre Programme nieder. Eine der wichtigsten enthält die »Zwölf Artikel der Bauernschaft«, abgefaßt Ende Februar 1525. Enthalten sind darin u. a. die Einschränkung der Fronarbeit, die Verminderung der Abgaben, die Reduzierung der Leibeigenschaft. An der Spitze aber steht die »demütig Bitt und Begehr«, daß jede christliche Gemeinde, in der die lautere und reine Lehre des Evangeliums gepredigt werden soll, ihren Pfarrer selbst wählen dürfe. Bezeichnend ist der letzte dieser »Zwölf Artikel«, in dem sich die Bauern im Fall einer unchristlichen Forderung dem Zeugnis der Bibel unterwerfen wollen, »wenn man uns mit Grund der Schrift erklärt«. Man sieht, und zwar nicht nur in den »Zwölf Artikeln«, daß das Landvolk wenige Jahre nach dem Thesenanschlag und dem Wormser Reichstag von den Reformatoren bereits Wesentliches gelernt hatte und, vor allem von Luther, noch einiges zu erhoffen wagte. Luther selbst konnte nicht umhin, in einer seiner ersten Bauernkriegsschriften zuzugeben, wie sehr ihm dieser zwölfte Artikel gefallen hätte. Doch von einer grundlegenden Veränderung der sozialen Verhältnisse will er aufs Ganze gesehen nichts wissen, da er dem ausgebeuteten Volk eigennützige Motive unterstellt und er jede Auflehnung gegen die Obrigkeit, auch gegen die korrupte, ausbeuterische als eine unverzeihliche Verfehlung verurteilt. So wurden Deutschlands Bauern, vornean die für die Reformation aufgeschlossenen, schmachvoll enttäuscht, und zwar von Luther selbst. Dabei waren die »Zwölf Artikel« wie auch ähnliche Verlautbarungen jener Zeit kein radikales oder unerfüllbares Programm. »Sie brachten ernsthaft begründete Reformvorschläge, die durchführbar waren ... Die Artikel gliedern sich ein in den Kampf zwischen Landeshoheit und Autonomie, Herrschaft und Genossenschaft, die schon die Bauernerhebung des 15. Jahrhunderts beherrschte«, schreibt der Historiker Günther Franz.[13]

---

[12] Martin Luther: Ein Brief an die Fürsten in Sachsen von dem aufrührischen Geist, WA 15, 210ff; in: Ausgewählte Werke a. a. O. S. 63.
[13] Günther Franz: Der deutsche Bauernkrieg, 8. Aufl. Bad Homburg 1969, S. 125.

Es ist festzuhalten, daß Müntzer erst in dem Augenblick vom Appell zur Aktion übergeht und sich erst zu dem Zeitpunkt an die Spitze der Aufständischen in Thüringen stellt, mit Feuer und Schwert Zeichen letzter Entschlossenheit setzt, als ihm klar ist, daß sich ihm die »großen Hansen«, wie er die Machthaber nennt, versagen. Wenige Wochen nach der Allstedter Fürstenpredigt verläßt er bei Nacht und Nebel das Städtchen und findet im thüringischen Mühlhausen Unterschlupf. Er verbindet sich dort mit denen, die in dem verhältnismäßig großen Gemeinwesen neue Herrschaftsverhältnisse zu schaffen im Begriffe sind. An seine Seite tritt der ehemalige Mönch Heinrich Pfeiffer.
Gleichzeitig unterhält er durch Botengänger und Briefe mit Gleichgesinnten und Verbrüderten in anderen Ortschaften Verbindung. Im Herbst 1524 verläßt er zwangsweise für wenige Monate Mühlhausen und reist nach Süddeutschland, wo er mit den dortigen Aufständischen Kontakt aufnimmt. Bei einem kurzen Aufenthalt in Nürnberg, bei dem er auf jegliche Agitation verzichtet, obwohl er auch hier einen bereiten Boden gefunden hätte, stellt er den Druck zweier Manuskripte sicher. Im thüringisch-mitteldeutschen Raum fand sich zu der Zeit offenbar kein Drucker mehr, der das Risiko einer Veröffentlichung dieser Art auf sich genommen hätte. Durch den fahrenden Buchhändler Hans Hut hatte er bei dem Nürnberger Drucker Johann Hergot seine »Ausgedrückte Entblößung des falschen Glaubens« in Auftrag gegeben. Ihm selbst gelingt es, in Hieronymus Höltzel einen Verleger für seine »Hochverursachte Schutzrede und Antwort wider das geistlose, sanftlebende Fleisch in Wittenberg« zu gewinnen. Es handelte sich hierbei um Müntzers letzte Streitschrift, ein ausgesprochenes Pamphlet gegen einen gewissen »Doktor Lügner«. Niemand anders als Martin Luther ist mit dem »geistlosen, sanftlebenden Fleisch zu Wittenberg« gemeint. Luthers Beschimpfung und Verleumdung, wie sie im erwähnten »Brief an die Fürsten zu Sachsen« und in anderem Zusammenhang ausgesprochen worden war, gibt Müntzer mit nicht geringerer Münze zurück.

Und was den Vorwurf anlangt, Thomas Müntzer verhetze das unwissende Volk und treibe zum Aufruhr an, so wird ihm, dem »Vater Leisetritt«, erwidert: »Die Herren (auf deren Seite sich der Wittenberger geschlagen hat) machen das selber, daß ihnen der arme Mann feind wird. Die *Ursache* des Aufruhrs wollen sie nicht wegtun, wie kann das auf die Dauer gut werden. So ich das sage, *muß* ich aufrührerisch sein, wohlan!«

Damit ist der Punkt erreicht, an dem sich Müntzer offen zur Revolte bekennt. Es sind die Ursachen, das heißt Unterdrückung, Ausbeutung, Entrechtung der Bauern, die ihn zur Solidarisierung mit dem Volk genötigt haben. So stört es ihn nun nicht mehr, daß er als Aufrührer beschimpft wird. Kein Wunder, daß

Nürnbergs Magistrat diese Schmähschrift noch vor der Verbreitung unterdrücken mußte. Die freie Reichsstadt wollte dem großen Reformator, dessen Lehre sie gerade zu übernehmen im Begriffe war, nicht in den Rücken fallen.

Müntzer gelangte im Spätherbst 1524 bis in die Schweiz. Auch kam er mit dem Basler Reformator Johann Ökolampadius zusammen. Das ist nicht zuletzt deswegen erwähnenswert, weil das Urteil dieses von der Wittenberger Zweckpropaganda unbeeinflußt gebliebenen Theologen über Müntzer wesentlich günstiger ausfiel.[14]

Aus Süddeutschland zurückgekehrt, findet Müntzer Anfang 1525 in Mühlhausen Verhältnisse vor, die ihm den Augenblick der Mobilisierung aller revolutionären Kräfte anzuzeigen schienen. Es war, im Gegensatz zur Meinung anderer Aufständischen, die nur an lokale Bedürfnisse dachten, Müntzers Plan, über Mühlhausen hinausgreifend ganz Thüringen dem Einfluß der Fürsten und Grafen (z. B. des Grafen von Mansfeld) zu entreißen und so auf breiter geographischer Basis die Verwirklichung seiner Ideen fortzusetzen, mit der er in Allstedt und in Mühlhausen begonnen hatte. Eine Reihe kleinerer Einzelaktionen der »räuberischen und mörderischen Rotten der Bauern« zeigte an, daß es auch Müntzer ernst war, mit der »Bestrafung« der »großen Hansen« zu beginnen und damit jene Gewalt auszuüben, die er als die legitime politische und richterliche Gewalt des Volks bezeichnete. Man muß nur wissen, daß er diese Maßnahmen und Übergriffe in einem größeren Rahmen sah. Denn schon im Prager Manifest hatte er angekündigt, daß die Neubegründung der von ihm in den Blick gefaßten apostolischen Kirche, in der die bisher vorenthaltene politische Gewalt geübt wird, in aller Welt zur Auswirkung kommen müsse.

Aus dieser Zeit des revolutionsschwangeren Frühlings von 1525 besitzen wir ein Dokument aus der Hand Müntzers, das als »eines der großartigsten Zeugnisse revolutionären Geistes und Müntzers Sprachgewalt« (Manfred Bensing) gelobt worden ist. Es handelt sich um das sogenannte Manifest an die Bergknappen im Mansfeldischen. Aufgezeichnet ist es in einem Brief vom 26. April 1525 an die Allstedter Verbündeten. »Und gewiß brennt dieser Aufruf, stählt diese Kriegserklärung gegen die Behausungen Baals und Nimrods, des starken Tyrannen, der zuerst die Menschen mit Mein und Dein übermochte, als leidvollstes rasendstes Revolutionsmanifest aller Zeiten«, hebt Ernst Bloch in seiner Müntzer-Monographie hervor.[15]

Nun ist es wichtig festzuhalten, daß Müntzer selbst in diesem von der Ungeduld und vom Eifer diktierten Brief auf mystische Begriffe anspielt, die geeignet sind, die Seelenverfassung näher

---

[14] Gerhard Wehr: Thomas Müntzer a. a. O., S. 106 ff.
[15] Ernst Bloch: Thomas Müntzer, Frankfurt/Main 1963, S. 76.

zu bestimmen, in der »die Ernte Gottes« einzubringen ist. Auch als Revolutionär in Aktion verlangt Müntzer eine Gemütsverfassung, die von den Mystikern des Mittelalters als »Gelassenheit« bezeichnet worden ist. Und das hängt eng mit dem zusammen, was Müntzer seinen Brüdern angesichts der bevorstehenden Entscheidung immer wieder einschärft: Es ist nicht euer, sondern es ist letztlich des Herren Streit! Der Wille jedes einzelnen müsse sich »gelassen« dem Willen des einzigen und allerhöchsten Herren unterordnen, dann könne er es mit den sehr relativen irdischen Herren aufnehmen. Und er fährt fort: »Darum hütet euch, seid nicht also verzagt, nachlässig, schmeichelt nicht länger den verkehrten Phantasten, den gottlosen Bösewichtern, fanget an und streitet den Streit des Herrn! Es ist hohe Zeit, haltet eure Brüder alle dazu, daß sie göttliches Gezeugnis nicht verspotten, sonst müssen sie alle verderben. Das ganze deutsche, französische und welsche Land ist wach, der Meister will das Spiel machen, die Bösewichter müssen dran.«[16]

Es ist interessant zu sehen, wie der als Phantast und als Utopist Verschriene seine Gegner als solche einschätzt. Im Manifest folgen einige aktuelle Informationen. Dann kommen die klassischen Sätze: »Dran, dran, dieweil das Feuer heiß ist! Lasset euer Schwert nicht kalt werden, lasset das Schwert nicht lahm werden! Schmiedet pinkepanke auf den Ambossen Nimrods, werfet ihnen den Turm zu Boden! Es ist nicht möglich, solange sie leben, daß ihr der menschlichen Furcht solltet leer werden. Man kann euch von Gott nicht(s) sagen, dieweil sie über euch regieren. Dran, dran, solange es Tag ist, Gott geht euch voran, folget, folget!« So redet nur ein vom Geist Ergriffener, und damit niemand einen Zweifel habe, woher Müntzer die Vollmacht zu solch flammender Rede nimmt, fügt er für die Schriftstellen bei, die ihn dazu anleiten. Es sind durchwegs prophetisch-apokalyptische Texte aus dem Alten und Neuen Testament. Ausdrücklich wird vermerkt, daß Müntzer aus dieser Sicht der Dinge das so umstrittene 13. Kapitel des paulinischen Römerbriefs interpretiere.

Mit diesem Manifest hat der »Knecht Gottes wider die Gottlosen«, wie er sich in dieser Stunde der Entscheidung nennt, und der »das Schwert Gideons« schwingt, das Signal zum Losschlagen gegeben. Die Bauern beginnen sich zu formieren, unterstützt von plebejischen Gruppen aus den Ortschaften, in denen Müntzers Verbündete wohnten. Desgleichen formieren sich die Fürsten. Es ist nicht uninteressant zu beobachten, daß die zerstrittenen Religionsparteien, die lutherische und die antilutherische, plötzlich gemeinsame Sache machen, als es darum geht, die ums Recht und die demokratische Mitbestimmung kämpfenden Bauern mundtot zu machen und den von Luther als Mordbrenner und Teufel verschrienen Müntzer zu vernichten. Diese Einigkeit der

---
[16] Vgl. Müntzers Brief Nr. 75.

Herrschenden im Kampf gegen die Unterdrückten unterstreicht, wie sehr es sich hierbei um eine Auseinandersetzung zweier sozialer Klassen handelt. Da empfindet mit einem Schlag der von Luther rückhaltlos gehaßte als Lutherhasser bekannte Herzog Georg von Sachsen mit einem Male »lutherisch«! Und Luther hatte in seiner berüchtigten zweiten Bauernkriegsschrift mit aller Deutlichkeit gesagt, wie man einen Bauern behandeln müsse, der aufmuckt, nämlich wie einen »tollen Hund«, den man kurzerhand totschlägt. Keinen Deut anders verfuhren die, die sich von dem Wittenberger Theologen beraten und das »gute Gewissen« für ihr Bauernmorden geben ließen.

Bei Frankenhausen am Fuße des Kyffhäusers kam es am 15. Mai 1525 zu einer blutigen Schlacht, in der das vereinigte Fürstenheer die schlecht bewaffneten, in der Kriegführung ungeübten Bauern vernichtend schlug. Müntzer geriet in Gefangenschaft und wurde nach harter Folterung am 27. Mai vor Mühlhausen mit dem Schwert hingerichtet. Thomas Müntzer scheiterte. Mit ihm die Volksreformation. Auf Jahrhunderte blieben die Bauern und damit ein Großteil des deutschen Volkes von gesellschaftlicher, politischer und religiöser Mitgestaltung ausgeschlossen. Luthers Appell zur gnadenlosen Zerschlagung der »räuberischen und mörderischen Rotten der Bauern« erwies sich als wirkungsvoller als Müntzers ungestümes, bisweilen mißverständliches Verlangen nach Brüderlichkeit und Gleichheit aller, und zwar nicht nur der Christenmenschen. In seinen Schriften finden sich Andeutungen, wonach er eine Ökumene des Geistes im Sinne hatte, die auch »den Römer« und den »geborenen Türken« einbezog. Doch ehe sich dieses Denken klarer zu artikulieren vermochte, verfiel Müntzers Haupt dem Henker. Wie immer man Luthers problematische Rolle im Bauernkrieg und im Gegenüber zu seinem Widerpart beurteilen mag, sein Eingeständnis wird man nicht unberücksichtigt lassen dürfen, wenn er sagte: »Ich habe im Aufruhr alle Bauern erschlagen...« Und noch in einer Tischrede aus dem Jahre 1533 findet sich der Satz: »Ebenso (wie Erasmus) habe ich auch Müntzer getötet; der Tod liegt auf meinem Hals. Ich tat es aber deshalb, weil er selbst meinen Christus töten wollte.«

So unterblieb die religiös motivierte grundlegende gesellschaftliche Veränderung, die von der Reformation erwartet worden war und – denkt man an Luthers Frühschriften, etwa »An den christlichen Adel deutscher Nation...« »von 1520 – auch erwartet werden konnte. »Die Abstützung der lutherischen Reformation auf die Landesfürsten und Magistrate behinderte die gebotene Entwicklung der neuen Kirchen zu Gemeindekirchen von gleichgestellten Gliedern. Sie behinderte darüber hinaus mittelbar auch eine staatsbürgerliche Gleichstellung, wie sie einer Demokratie eigen ist.« So Bundespräsident Gustav Heinemann anläßlich des

450. Jahrestags des Wormser Reichstags von 1521 in seiner von nicht wenigen »Lutheranern« heftig kritisierten Gedenkrede.[17] Gewiß, Thomas Müntzer, »der gleich einer roten Mohnblume auf dem steinigen Acker der Christenheit blühte« (so Walter Nigg), konnte man töten. Man konnte ihn für einige Jahrhunderte in das Gespinst der Legende einhüllen. Noch heute wird es nicht schwerfallen, ihm religiösen Überschwang, Gewalttätigkeiten und allerlei Grobheiten nachzusagen. Unwirksam machen konnte und kann man ihn auf die Dauer nicht. Der Enthauptete, noch als Leichnam von manchen seiner Zeitgenossen gefürchtet, erhebt abermals sein Haupt, nicht weniger gebieterisch, nicht weniger herausfordernd und nicht weniger anklagend als der Prediger unter den Zwickauer Propheten, als der Verfasser des Prager Manifestes oder als der Insurgent inmitten der Bauern und der Mansfelder Bergknappen. Christen und Marxisten haben entdeckt, daß mit dem Namen des Mannes aus Stolberg die permanente Frage nach der sozialen Gerechtigkeit eng verknüpft ist und daß das mystische Entbrennen, die Sehnsucht nach dem kommenden Reich, die Suche nach der Realität des Spirituellen in der Schrift nicht in das Ghetto einer weltfernen Innerlichkeit gehören. Die mystische Innenerfahrung vermag nach Müntzers Überzeugung Impulse freizusetzen für eine Sendung und Aktivität mitten in den Realitäten dieser Welt. Unter diesem Aspekt lohnt es sich, seine Schriften und Briefe aufs neue zu lesen.

---

[17] Gustav Heinemann: Zum Gedenken an den Wormser Reichstag von 1521; Abdruck in: Bulletin der Bundesregierung Nr. 59, S. 613 ff, Bonn, den 20. 4. 1971.

Zu Müntzers Schriften

Thomas Müntzer hat ein literarisches Werk hinterlassen, das hinsichtlich seines Umfangs verhältnismäßig leicht überschaubar ist. Einschließlich der rund 95 erhaltenen deutschen und lateinischen Briefe, der Notizen sowie der nachgelassenen Aufzeichnungen umfaßt die erstmals von Günther Franz veranstaltete kritische Gesamtausgabe von 1968 rund 550 Seiten. Wenig mehr als ein Drittel dieses Schriftguts ist allein liturgischen Fragen gewidmet, umfaßt Notenunterlagen und Erläuterungen zu der von Müntzer in Allstedt erstmals praktizierten Deutschen Messe.
Als Carl Hinrichs 1950 eine kritische Ausgabe einiger Müntzer-Texte herausbrachte, wählte er den Titel »Politische Schriften«. Aus dem oben Gesagten dürfte deutlich geworden sein, daß bei Müntzer eine Unterscheidung zwischen Theologie bzw. Religion und Politik und politischer Aktion kaum möglich ist. Wir haben es daher stets mit theologisch-politischen Schriften zu tun. Diese sachliche Einheit trifft selbst für die erwähnten liturgischen Schriften zu, wenn man im Auge behält, welche Aufgabe der deutschsprachige Gottesdienst einschließlich der sakramentalen Feier im Rahmen des Müntzerschen Erneuerungsprogrammes zu erfüllen hatte. Spätestens beim Zusammenstoß Müntzers und dem Grafen von Mansfeld wurde deutlich, daß Kultus und Verkündigung des Allstedter Predigers eine nicht zu übersehende politische Dimension hat. Dieser Zug tritt in den einzelnen Texten mehr oder weniger sichtbar in Erscheinung.
Zweifellos spiegeln Müntzers Schriften seine Wesensart am überzeugendsten wider: sein dynamisches Vorwärtsdrängen, seine Ungeduld angesichts der riesigen Aufgaben und Ziele, seine Leidenschaft und ungebrochene Impulsivität. Abgesehen von dieser Besonderheit ist nicht zu übersehen, daß Müntzers Veröffentlichungen, auch seine Briefe zu den schwierigsten Texten der deutschen Sprache gehören. Der Leser und Interpret sieht sich allerlei Hindernissen gegenüber, die auch eine modernisierte Textgestaltung nicht völlig beseitigen kann und darf. Die Mühe lohnt sich jedoch. Ernst Bloch, Manfred Bensing und viele andere haben je auf ihre Weise darauf hingewiesen, daß Müntzers Bücher zu den eindrucksvollsten gehören, die jemals in deutscher Sprache verfaßt worden sind. Alexander Weill, der elsässische Freund Heinrich Heines, hat gewisse Teile, z. B. das berühmte Manifest an die Allstedter Bundesgenossen und die Mansfelder Berg-

gesellen als ein Meisterstück populärer Beredsamkeit ausgezeichnet.

Der hohe Schwierigkeitsgrad mancher Passagen darf nicht darüber hinwegtäuschen, daß Müntzer von seinen Zeitgenossen, nicht zuletzt von den kleinen Leuten, zu denen er sprach und deren Sache er zu seiner eigenen machte, sehr wohl verstanden worden ist. Dabei wird man freilich auch in Rechnung stellen müssen, daß Müntzers Aufrufe, Predigten und Bibelauslegungen ohne die lutherische Theologie und Sprachkunst wohl kaum gediehen wären. Aber wenn einer neben Luther dem Volk »aufs Maul« geschaut hat, dann war es der Prediger, der in Allstedt in Wort und Schrift eine Bastion gegen Rom und gegen Wittenberg zu errichten im Begriffe war, – mit unzulänglichen Kräften, wie wir wissen.

Dies war aber nur dadurch möglich, daß der belesene und humanistisch geschulte Magister mehr und mehr auf die Verwendung der lateinischen Sprache verzichtete. Die Adressaten, denen er einen lateinisch abgefaßten Brief zumuten kann, werden zusehends weniger. Je mehr Müntzer die Sache des Volkes treibt, desto ausschließlicher bedient er sich der Sprache dieses Volkes. Bensing hat gewiß richtig beobachtet, wenn er darauf hinweist, daß selbst die an Luther gerichtete Schmähschrift der »Schutzrede« von 1524 im Grunde für das Volk bestimmt war und – so läßt sich hinzufügen – den Ausdruck einer tiefen Enttäuschung über jenen Reformer darstellt, auf dessen Person sich die Hoffnungen Ungezählter richteten.

Nun darf die Wertschätzung des Deutschen in Kirche und Öffentlichkeit jedoch nicht den Eindruck erwecken, als überbetone Müntzer nationale oder gar nationalistische Gesichtspunkte. Dieser Verdacht ist am allerwenigsten bei ihm begründet, denn Müntzer ist es ja, der politisch gesprochen nach einer Internationale, religiös gesehen nach einer Ökumene aller Gläubigen Ausschau hält. Offensichtlich hat er sich – zur Unzeit müssen wir heute sagen – Gedanken über jenes Verbindende gemacht, das imstande ist, die ständisch-klassenmäßigen, völkisch-rassischen und religiös-konfessionellen Klüfte zu überbrücken. Nur weil er von der weitgespannten Zukunftsvision einer Verbrüderung der »Auserwählten«, also von der Idee einer Gemeinschaft des Geistes erfüllt war, konnte er wiederholt betonen, daß er auch den Römer, ja selbst den Türken (eine furchterregende Gestalt in den zwanziger Jahren des 16. Jahrhunderts!) dabei haben wollte.

Weil seit geraumer Zeit ein neues Fragen nach Thomas Müntzer begonnen hat, stellt die vorliegende Ausgabe seiner Schriften den Versuch dar, den großen Gegenspieler der Wittenberger Reformatoren, vor allem den religiösen Revolutionär, den Streiter für die Sache des Volkes aufs neue zu Wort kommen zu lassen. Fol-

gende Gesichtspunkte waren bei Auswahl und Textgestaltung zu beachten:
1. Es galt einen Text herzustellen, der angesichts der genannten Schwierigkeiten auch für den philologisch nicht Geschulten lesbar ist.
2. Die Auswahl sollte sich nicht auf Auszüge beschränken; sie sollte Zusammenhänge sichtbar machen. Deshalb wurden die Texte ungekürzt wiedergegeben. Lediglich bei den vorangestellten liturgischen Schriften war eine Beschränkung auf die grundsätzlichen Ausführungen Müntzers unerläßlich.
3. Die Einheit von Leben und Werk sollte unterstrichen werden. Aus diesem Grunde wurden exemplarische Briefe ausgewählt.

So hat diese Ausgabe in erster Linie an das Denken und Wollen Thomas Müntzers heranzuführen. Es versteht sich, daß sie mit wissenschaftlichen Editionen nicht konkurrieren kann und will. Deshalb wird in der beigefügten Bibliographie auf die maßgeblichen kritischen Ausgaben verwiesen, in erster Linie auf die kritische Gesamtausgabe von Günther Franz, an der sich der vorliegende Text orientiert, sodann die Ausgaben von C. Hinrichs und M. Bensing und Bernd Rüdiger.

Bei der vorliegenden Textgestaltung kam es nicht primär darauf an, die ursprünglichen Wortlaute wiederzugeben, sondern die Sache selbst, das heißt Müntzers Intentionen möglichst deutlich zu machen und dabei doch so behutsam wie möglich mit dem Grundtext umzugehen. Mitunter war um der besseren Lesbarkeit eine umschreibende Neuformulierung nötig. Die Einschübe des Herausgebers sind in Klammern gesetzt. Um den Text durch interpretierende Zutaten nicht zu stark zu belasten, ließen sich interpretierende Fußnoten nicht ganz vermeiden.

An der Spitze der hier gebotenen Texte stehen die beiden deutschen Fassungen des *Prager Manifestes* vom November 1521, die zu Müntzers Lebzeiten nur handschriftlich kursierten. Das Original der kürzeren Fassung, auf einem etwa 42 mal 33 cm großen Bogen, wird in Dresden aufbewahrt. Er trägt die Bemerkung: »Thomas Müntzer von Stolberg, der Wiedertäufer, tut ein Bekenntnis seiner verführerischen Lehre«. Bezeichnend ist es, daß Müntzer – ähnlich wie Paulus im Galaterbrief – großen Wert darauf legt, nicht von Menschen, nicht von einem »geistscheinenden Mönch« oder von einem »verfluchten Pfaffen« unterrichtet worden zu sein, sondern daß er, abgesehen von theologischer Formalkenntnis, aus ursprünglicher geistiger Erfahrung schöpfe. Diese Erfahrung des göttlichen Geistes ist es, die ihn zu religiöser und zu politischer Aktion legitimiert. Durch diese von Gott selbst im Seelenabgrund gewirkte Erfahrung unterscheidet er sich samt allen »Auserwählten« von den »Verdammten«. Es gilt, die seit dem Tod der Apostelschüler dekadent gewordene, ihrer ursprünglichen Wesensart verlustig gegangene Kirche von Grund auf zu erneuern. Dabei rechnet Müntzer mit denen ab, die die Sache Christi verraten, »die Schrift gestohlen« und ihren Auftrag an der »erbarmungswürdigen Christenheit« nicht erfüllt haben. Vor allem in der erweiterten deutschen Fassung des »Prager Manifests« gibt Müntzer zu erkennen, welche Konsequenzen sich für ihn und für die zu erneuernde Kirche ergeben. Eine einzige große Auseinandersetzung zwischen Auserwählten und Verdammten kündigt sich an: »Nach diesem wütenden Entbrennen wird der Antichrist in eigener Person regieren, das Gegenteil Christi, der in Kürze das Reich dieser Welt seinen Auserwählten geben wird in alle Ewigkeit.« Damit bekommt die Sprache des vom Geist der Mystik Erfüllten eine unverkennbare apokalyptische Note. »Thomas Müntzer will keinen stummen, sondern einen redenden Gott«, signiert der Autor. Dieser redende Gott redet jetzt und hier. Gott redet für jeden Auserwählten ohne Rücksicht auf etwaige Bekenntnisgrenzen – dies ist die mystische Seite der Müntzerschen Thematik – und Gott verlangt energische Konsequenzen, die »im Geist des Elia« zu ziehen sind, – damit wird die apokalyptische Komponente hervorgehoben. Die Bildworte vom kommenden »Bräutigam«, von der herannahenden »Ernte Gottes«, von der Vertilgung des »Unkrauts« durch die zur Ernte gerufenen »Schnitter« mit der »scharfen Sichel« sind ihr zugeordnet. Das Ziel aller Aktivitäten, der nach innen und der nach außen gerichteten, ist die Verwirklichung der »neuen apostolischen Kirche« und des einen »Reichs«. Damit ist Müntzers Programm in allen seinen wichtigen Punkten entworfen. Was zunächst an die Adresse der »allerliebsten Böhmen«, der Nachfahren des kämpferischen Jan Hus, gerichtet ist, soll weltweite Bedeutung erlangen. Selbst an den Einsatz und an das Risiko ist gedacht, als hätte Müntzer im Spätherbst 1521 geahnt, was ihm weniger als vier Jahre später bevorstehen sollte: »Daß ich solche Lehre an den Tag bringe, bin ich bereit, um Gottes willen mein Leben zu opfern ... Ich will euch Rechenschaft geben: Kann ich diese Kunst nicht, der ich mich hoch rühme, so will ich sein ein Kind des zeitlichen und ewigen Todes. Ich habe kein höheres Pfand!«

Die drei *liturgischen Schriften* »Deutsches Kirchenamt«, »Deutschevangelische Messe« sowie »Ordnung und Berechnung der Deutschen Messe zu Allstedt« aus dem Jahr 1523 stellen den literarischen Niederschlag seiner Arbeiten zu einer kultischen Erneuerung dar. Es wurde schon darauf hingewiesen, daß Müntzers »Deutsche Messe« der lutherischen vorausging. Die Fachkritik mußte Müntzers Traditionstreue bestätigen. Wie aus der Überschrift zu »Ordnung und Berechnung« hervorgeht, hat Müntzer bereits kurz nach seiner Anstellung als Pfarrer an der Allstedter Johanniskirche im Frühjahr 1523 mit der Einführung des deutschsprachigen Amtes begonnen. Darauf war er offensichtlich gut vorbereitet. Seine Klosteraufenthalte, z. B. im Nonnenkloster Frose in den Jahren 1516/17, boten ihm reichlich Gelegenheit, die liturgischen Wortlaute zu beten. Große Teile der Psalmenlesungen hat er unter Zugrundelegung der lateinischen Vulgata, teilweise auch des hebräischen Textes übersetzt. Nur wenige Fassungen lehnen sich an Luthers Wortlaute an. Da es uns darum zu tun ist, die Motive und Grundsätze kennenzulernen, die den Allstedter Pfarrer bei seinen Bemühungen um eine Erneuerung der gottesdienstlichen Feiern leiteten, übernehmen wir die hierfür aufschlußreichen Vorreden aus »Deutschevangelische Messe« sowie den Hauptteil von »Ordnung und Berechnung«. Gerade diese Texte können deutlich machen, wie das religiöse und politisch-revolutionäre Engagement für Müntzer eine Einheit darstellen.

Zunächst ergibt sich für seine Betrachtung der Kirchengeschichte der schon aus dem »Prager Manifest« bekannte Abfall der Christenheit von der ursprünglichen apostolischen Gestalt, aber auch die Möglichkeit zur Weiterentwicklung des alten Traditionsgutes: »Es wäre aber verwunderlich, wollte man diese Anfänge nicht verbessern, denn aller vernünftige Wandel der Menschen strebt danach, solches von Tag zu Tag zu verbessern; und Gott sollte so ohnmächtig sein, daß er sein Werk darüber nicht sollte voranbringen?« (Deutsch-evangelische Messe). Dazu kommt die Einsicht in die Notwendigkeit, durch den Gottesdienst volkserzieherisch zu wirken. Was das ungebildete Volk bisher in der unverstandenen lateinischen Kultussprache nur passiv hinnahm und damit selbst zum Opfer einer priesterlichen Zauberei wurde, das soll sich von nun an an den ganzen Menschen, also auch an sein rationales Bewußtsein wenden. Er soll einsehen und verstehen können, was im Gottesdienst gesungen und gesprochen wird. »Entgröberung« heißt die von Müntzer wiederholt gebrauchte Vokabel für den spirituellen Läuterungsprozeß, dem sich jeder einzelne und die gottesdienstliche Gemeinde in ihrer Gesamtheit aussetzen sollen. Diese Funktion haben die fünf sich durch das ganze Kirchenjahr hindurch erstreckenden »Ämter« zu erfüllen. Sie vergegenwärtigen den ganzen Christus in den einzelnen Stufen seines Erdenwegs und seiner Vollendung. Die Menschen sollen »christförmig« werden. Das versteht der von der Mystik nachhaltig beeinflußte Müntzer unter der »Aufrichtung und Erbauung der ganzen Gemeinde«. Kennzeichnend ist für sein Vorgehen das Streben nach Ganzheit und nach innerer Kontinuität, eine Forderung, die er auch auf die Bibelauslegung angewandt wissen will. Das bruchstückhafte Rezitieren biblischer Abschnitte wird mit aller Entschiedenheit verworfen.

Entscheidend aber für diejenigen, die am Altar handeln und das Wort vor der versammelten Gemeinde verkündigen, ist die

Geisteserfahrung des Priesters und Predigers, »damit die des Geistes bedürftige Versammlung nicht einen gottlosen Menschen zum Prediger habe«, heißt es in »Ordnung und Berechnung« ausdrücklich. »Denn wer den Geist Christi nicht hat, der ist nicht Gottes Kind. Wie kann er dann um das Werk Gottes wissen, das er nicht (auf Grund eigener Erfahrung) erlitten hat?« – Wir werden sehen, daß sich diese Linie durch Müntzers gesamtes Schaffen und Agieren hindurchzieht.

Bruchlos ist daher der Übergang von den liturgischen zu den übrigen theologischen und politischen Schriften, ja selbst zu der antilutherischen Schmähschrift am Schluß. Es ist der »Seelwarter zu Allstedt«, der 1524 *»Von dem gedichteten Glauben«* jener Menschen Zeugnis ablegt, die »unversucht«, »unerprobt«, ohne die notwendige geistige Innenerfahrung zwar das Bibelwort im Munde führen, von einer Theologie des Wortes reden, es jedoch als eine Wirklichkeit und als eine den Menschen umwandelnde geistliche Kraft noch gar nicht kennen. Es sind nur »wollüstige Schriftgelehrte«. Müntzer fragt demnach nicht nur nach dem schriftlichen Dokument der Bibel, sondern nach der lebendigen Stimme, die einst zu den ersten Schreibern der Bibel geredet hat, bevor diese in der Lage waren, Bericht zu geben. Die Stimme dieses Wortes ist für Müntzer nicht etwa mit der letzten Zeile der Schrift an ihr Ende gekommen, sondern sie spricht heute aufs neue. Deutlich zu vernehmen ist sie freilich nur dem »rechtschaffenen, ungedichteten Herzen« und dem Ohr, das »vom Getön der Sorgen und Lüste (leer) gefegt« ist. Die existentielle Seite des Gemeinten wird durch die Betonung des Kreuzes und des Leidens hervorgehoben, das der »Gottesfreund« auf sich zu nehmen bereit ist. Im Brief Nr. 38, der wenige Monate vor der Niederschrift zu einem Zeitpunkt entstand, als sich Müntzer noch in großer wirtschaftlicher Not befand, wurde dieser Gesichtspunkt hervorgehoben. Im Hintergrund steht seine Auffassung vom »bitteren Christus«, der sich gerade in den Tiefen und an den Krisenpunkten des Menschseins offenbart. »Gott hat vom Anbeginn (der Welt) keine andere Weise gehabt«, heißt es im 3. Abschnitt unserer Schrift. Das wird anhand biblischer Beispiele belegt. Die Zuflucht zur »Kreatur« ist jedoch verbaut. Nur die Betrübnis stellt den Armen im Geist zufrieden. Darum schreibt Müntzer zum achten: »Solange die arme, elende, erbarmungswürdige, jämmerliche Christenheit ihren Schaden nicht erkennt, ist ihr nicht zu helfen, solange sie in der Gestalt des wahrhaftigen Glaubens wie unter einem Schanddeckel ihren gedichteten Glauben nicht wegtun lassen will, ist ihr weder zu raten noch zu helfen.«

»Protestation oder Erbietung«, vermutlich unmittelbar nach dem »Gedichteten Glauben« noch im Dezember 1523 geschrieben,

jedoch ebenfalls Anfang 1524 von Nikolaus Widemar in Eilenburg gedruckt, stellt eine Bestandsaufnahme dar. Läßt die Schrift »Vom gedichteten Glauben« bereits durchblicken, daß sich der Verfasser gegen einen billigen Glauben wendet, also gegen das bisweilen mißverstandene reformatorische Prinzip »Rechtfertigung allein aus Glauben«, so wird hier Müntzers innerkonfessionelle Kritik deutlicher. »Darum ist es ein mißfallender Greuel, (der) an heiliger Stätte sitzt, (wonach) das Kind keine (straffe) Zucht haben und frei leben soll wie ein Vieh«, heißt es im dritten Abschnitt. Müntzer will demnach die Rechtfertigung aus Gnaden und durch den Glauben durch ein ernstes Heiligungsstreben ergänzt sehen. Nur ein »gedichteter Glaube« meint ohne »mancherlei Leiden und Zucht« auskommen zu können.

Müntzer argumentiert jeweils, so auch hier, biblisch-theologisch. Er ersetzt also keinesfalls das Schriftzeugnis durch die »innere Stimme«, wie es ihm seine Gegner unterstellt haben. Um so größeren Wert legt er auf die Berücksichtigung des gesamtbiblischen Kontextes. Erst vom Zeugnis der ganzen Bibel her fällt ein Licht auf die einzelnen Stellen. Müntzer rechnet offensichtlich mit einer kompositionellen Struktur der Bibel. Damit ist ihm das Buch der Bücher qualitativ mehr als nur eine beliebige Anhäufung von einzelnen theologischen Sätzen. Diese ganzheitliche Betrachtungsweise gleicht Widersprüche aus, erhellt Dunkelheiten und macht die Symbolhaltigkeit biblischer Rede einsichtig. Bei der Behandlung des Taufproblems im siebten Abschnitt veranschaulicht er, was gemeint ist. Luthers späterer Vorwurf vom »Bibel, Bubel, Babel« trifft daher Müntzers tatsächliche Hochschätzung der Bibel nicht. Diese Bibeltreue Müntzers, die sich nicht nur in der Überfülle an Bibelstellen zeigt, ist bis zur letzten Schrift durchgehalten.

Während der erste Teil der Schrift eine Selbstkritik und eine auf brüderliche Zurechtweisung angelegte Ermahnung enthält, die der Überwindung der eigenen Blindheit dienen soll, ist eine polemische Note im Schlußteil nicht ganz zu übersehen. Der Autor der »Protestation« wendet sich gegen »falsche Brüder«, »ungetreue, unerprobte Schriftgelehrte«, gegen »Mastsäue«, die in der Gestalt »falscher Propheten« ihr Unwesen treiben. Luther wird noch nicht persönlich attackiert. Wie dessen »Brief an die Fürsten zu Sachsen« vom Sommer desselben Jahres zeigt, hat er einige Argumente Müntzers auf sich bezogen. Doch im ganzen handelt es sich nicht um eine Streitschrift. Es dominiert die Bereitschaft, sich selbst korrigieren und in sachgemäßer Weise berichtigen zu lassen. Eben die Ernsthaftigkeit dieser Bereitschaft Müntzers zieht Luther in dem erwähnten Brief in Zweifel. Aufgrund der anderen Zielsetzung ist auch nicht zu verwundern, daß der Wittenberger Reformator auf das Anliegen seines Allstedter Konkurrenten so gut wie gar nicht eingeht.

Zweifellos hatte Müntzer guten Grund, seine »*Auslegung des zweiten Kapitels Danielis des Propheten*«, »Fürstenpredigt« genannt, möglichst rasch drucken zu lassen und so der Öffentlichkeit zugänglich zu machen. Der Text, der am 13. Juli 1524 vor Herzog Johann und Kurprinz Johann Friedrich auf dem Allstedter Schloß gehaltenen Predigt lag immerhin bereits nach dem 20. des Monats in gedruckter Form dem kursächsischen Hofprediger Georg Spalatin vor. Durch ihn hat Luther von dem Vorgang Kenntnis bekommen. Diese Gelegenheit, seine Landesherren an Ort und Stelle seiner Wirksamkeit zu informieren, sie vor allem zu umwerben, durfte sich Müntzer nicht entgehen lassen. Kurfürst Friedrich der Weise war nicht unter den Zuhörern. Er verhielt sich ohnehin abwartend. Er meinte, als Laie könne und solle er am besten schweigen. Wie er in der Sache der Bauern und Aufrührer dachte, geht aus einer Äußerung hervor, die er im April 1525, also unmittelbar vor seinem Tod, tat: »Will es Gott also haben, so wird es also hinausgehen, daß der gemeine Mann regieren soll.« Müntzers Briefe an ihn und an seinen Bruder Johann hatten offenbar ihre Wirkung nicht verfehlt. Schließlich hatten sich die Landesherren auffallend milde gezeigt, als in der Auseinandersetzung zwischen Müntzer und dem Grafen Ernst von Mansfeld zu vermitteln war (vgl. Brief Nr. 44 und 45). Diese und ähnliche Entwicklungen mußte Luther mit größter Besorgnis verfolgen, wie der oben genannte »Brief an die Fürsten zu Sachsen«, ebenfalls aus den Julitagen 1524, zu erkennen gibt. Müntzers Hoffnung konnte dadurch nur gesteigert werden. Seine Position in jenen Tagen wird ferner nachträglich durch eine Bemerkung in Luthers Schrift »Wider die himmlischen Propheten von den Bildern und Sakrament« von 1525 markiert, wo es (WA 18, 85) heißt: »Wohl ists wahr, daß ich durch M. Spalatinus oft geschrieben habe und anhielt, sonderlich daß man dem Allstedtischen Geist wehren sollte. Aber ich richtete nichts aus, also daß michs auch hoch verdroß auf den Kurfürsten ...«

Angesichts dieser Lage konnte es Müntzer wagen, sein religiös-revolutionäres Programm in der Form einer politischen Predigt seinen Landesvätern mit zündenden Worten zu unterbreiten. Römer 13 und Daniel 7, Müntzers Hauptbelegstellen, bekommen durch die Auslegung von Daniel 2 eine nochmalige Verstärkung, einerseits hinsichtlich der Tiefe des welt- und heilsgeschichtlichen Hintergrundes, andererseits durch die Möglichkeit, die apokalyptische Botschaft Daniels in die unmittelbare Gegenwart hineinzusprechen. Auf der Basis seiner Analyse der Situation von einst und jetzt geht der Prediger zum Appell und zur Agitation über. Der Erkenntnis der Lage muß die Tat, der Interpretation muß die Aktion folgen. Schon allein unter diesem Gesichtspunkt ist die Fürstenpredigt geeignet, die Einheit seiner religiösen Motivation und seiner revolutionären Intention zu veranschaulichen.

Auch angesichts der sozialpolitischen oder gar der revolutionären Erfordernisse bleibt die religiöse Erkenntnis in Kraft, ja erst in diesem Stadium kann sie sich voll entfalten und bewähren. Da gilt einerseits: »Wir müssen wissen und nicht allein in den Wind glauben«; da nützt eine im theologisch-rationalen Bereich bleibende Beschäftigung mit »gestohlener Schrift« nichts, solange das »innerliche Wort« fehlt, das durch die Offenbarung Gottes im Abgrund der menschlichen Seele zu vernehmen ist. Daß diese Offenbarung im Seelengrund einzig und allein durch Gott »von oben her« geschieht und jeder menschlichen Machbarkeit enthoben ist, sagt Müntzer unmißverständlich. Wenige seiner Kritiker haben das zur Kenntnis genommen. Diese Offenbarung hat aber auch zur Folge, daß sich der Mensch gemäß der Anweisung der mystischen Exerzitienmeister aller »Kurzweil« entschlägt, in den Zustand der »Gelassenheit« eintritt und so die Seelenverfassung der mystisch verstandenen »Langeweile« erlangt. Das ist das eine.

Andererseits ergibt sich für Müntzer aus der Situation in Kirche und Welt, daß vor allem die Fürsten als Träger des Schwertes entschlossen handeln und mit Gewalt »die Bösen, die das Evangelium verhindern, wegtun und absondern«. Der Appell, der sich nicht zuletzt auf Worte Christi beruft, ist unmißverständlich: »Wollt ihr rechte Regenten sein, so müßt ihr das Regiment bei der Wurzel anpacken und wie Christus es befohlen hat. Treibt seine Auserwählten (weg), denn ihr seid die zuständigen Mittler!« Was Müntzer auf diese Weise den Fürsten gegenüber zu begründen sucht, ist ein Gewaltrecht der Liebe und des Gehorsams gegenüber der Majestät Gottes und der Forderung Christi. Aber damit ist abermals der kritische Punkt bezeichnet, der Luthers energische Ablehnung und sein Verlangen nach der Beseitigung Müntzers hervorrief. Im Zusammenhang des gleichzeitig verfaßten Briefs an das sächsische Fürstenhaus ist auf diese Gegensätzlichkeit zurückzukommen.

»Ausgedrückte Entblößung des falschen Glaubens«, die unmittelbar im Anschluß an die »Fürstenpredigt« im Sommer 1524 veröffentlichte Schrift, will der »Innerung«, das heißt dem Innewerden und dem Bewußtwerden der »elenden, erbarmungswürdigen Christenheit« dienen und gemäß dem als Motto vorausgestellten Prophetenwort eine »eherne Mauer« gegen die »großen Hansen« aufrichten. War Müntzer bis zum Sommer dieses Jahres der Meinung, daß auf evolutionärem Wege und mit Unterstützung der christlich handelnden unter den Fürsten eine Veränderung der Verhältnisse vor allem durch volkserzieherische Maßnahmen herbeigeführt werden könne, so tritt nun eine merkliche Akzentverschiebung zur revolutionären Aktion hin ein. Die »Ausgedrückte Entblößung« markiert dieses Stadium. Manfred Bensing kommt

deshalb zu dem Ergebnis: »Die Schrift ist gerade Ausdruck endlich erlangter Klarheit über den zu beschreitenden Weg, ein Zeugnis dafür, daß sich Müntzer auf die gesellschaftlichen Realitäten und Erfordernisse einzustellen begann, sich von Illusionen befreite und die Überwindung der äußeren, gesellschaftlichen Hindernisse als für die sittliche Höherentwicklung des Menschen entscheidend betrachtete. Müntzers Lehre floß mit der revolutionären Volksbewegung zusammen.« (M. Bensing i. d. Einleitung zu Müntzer: Politische Schriften, Leipzig 1970, S. 27.) Luthers »Brief an die Fürsten zu Sachsen von dem aufrührischen Geist«, der etwa gleichzeitig mit der »Fürstenpredigt« verbreitet worden war, trug zweifellos zu dieser Klärung im Sinne einer deutlicheren Profilierung der Fronten bei (siehe dort).

Um so bemerkenswerter ist es, daß Müntzer dem erkannten Übel auch noch zu diesem Zeitpunkt, da die Bauernhaufen sich bereits in Süddeutschland zu bilden begannen, durch eine geistliche Aktion zu begegnen trachtete, nämlich »durch Auslegung der Heiligen Schrift in der Belehrung des Heiligen Geistes Christi durch Vergleichung aller Geheimnisse und Urteile Gottes«. Das heißt, daß Müntzer seinen Auslegungsgrundsätzen auch jene Bedeutung beimißt, von der wir bereits in vorausgegangenen Texten gehört haben. Müntzer erblickt in einer Schriftauslegung, die den biblischen Kontext mißachtet, geradezu einen »unaussprechlichen Schaden«. Ihn will er »behutsam« an den Tag bringen. Dazu bedient er sich der Auslegung des 1. Kapitels aus dem Lukasevangelium, das u. a. das Magnificat der Maria enthält. Der Autor bemüht sich um eine ausführliche – manchmal weitschweifige – biblische Beweisführung. Er will zeigen, wie das Heilshandeln Gottes bei den kleinen Leuten einsetzt. Ihnen gilt der revolutionäre Satz: »Die Gewaltigen stößt er vom Stuhl und erhebt die Niedrigen« (Luk. 1,51). Zusammen mit Dan. 7 und Röm. 13 gehört diese Stelle zu den wichtigsten Waffen in Müntzers biblischem Arsenal.

Er bemüht sich sodann darzustellen, daß christlicher Glaube alles andere als eine leichte Sache ist. Es gehe vielmehr darum, die Tiefpunkte menschlicher Existenz, die Stationen des Zweifels und der Verzweiflung zu durchschreiten, um zu voller Glaubensgewißheit zu gelangen. »Es kann auch Gott den Glauben niemandem vermehren und ihn (als einen Glaubenden) ansehen, es sei denn, daß er solcher Herkunft erdulde mit höchstem Zittern und Fürchten ...« Dabei handelt es sich um einen Bestandteil jener religiösen Erfahrung, deren Unerläßlichkeit Müntzer seinen Lesern und Hörern immer wieder einschärft. Selbst ein Mann wie Mose »mußte erst der Kraft Gottes gewahr werden im Abgrund der Seele«. Und weiter: »Das arme, gemeine Volk muß das Innewerden des Geistes pflegen«. Dem sollen zwei Maßnahmen dienen: die Predigt eines »neuen Johannes« – damit deutet der Schreiber auf sich und auf seinen Auftrag, den er im Geist des Elia zu vollziehen gedenkt – und die Beseitigung der »wuchersüchtigen Bösewichter«. Wesentlich ist und bleibt, daß der Mensch »von Gott gelehrt« wird und auf diese Weise die nötige geistig-religiöse Unabhängigkeit erlangt. Das hat aber zur Voraussetzung, daß der Mensch seinen »gestohlenen Glauben« in der Bejahung von Leid und Trübsal zertrümmert. Die Erfahrung dieser »bitteren Wahrheit« zieht Müntzer unter Berufung auf die Schrift der Deklamation der »großen Köpfe mit prächtigen Titeln« entschieden vor.

Die »Ausgedrückte Entblößung« liegt in zwei Fassungen vor, in einer kürzeren, mit der Überschrift »Gezeugnis des ersten Kapitels des Evangeliums Luce«, die Müntzer als Manuskript für die Vorlage bei der kursächsischen Zensur gedacht hatte, und die ausführlichere, die im Oktober 1524 durch die Gesellen des Druckers Johann Hergot in Nürnberg gedruckt wurde. 400 der aus 500 Exemplaren bestehenden Auflage wurden alsbald durch den Nürnberger Magistrat beschlagnahmt. In der Textwiedergabe beziehen wir uns auf diese Fassung. (Vgl. G. Wehr: Thomas Müntzer in Selbstzeugnissen und Bilddokumenten, Reinbek 1972, S. 101 ff.)

Zeigt sich schon im Blick auf die »Ausgedrückte Entblößung«, daß Müntzer im Herbst 1524 in Mitteldeutschland keinen Verleger für seine Schriften gefunden hat, so trifft das vor allem auf seine letzte Veröffentlichung *»Hochverursachte Schutzrede und Antwort wider das geistlose, sanftlebende Fleisch zu Wittenberg«* aus eben jener Zeit zu. Nach seiner Vertreibung aus Mühlhausen hatte Müntzer das Manuskript persönlich nach Nürnberg gebracht und – so darf man, Manfred Bensing folgend, mit großer Wahrscheinlichkeit annehmen – hier vollendet. Der Nürnberger Hieronymus Höltzel hat die Schrift gedruckt, doch auch sie wurde bis auf wenige Exemplare vom Magistrat konfisziert.

Daß es sich um eine antilutherische Schmähschrift handelt, wurde bereits gesagt. Das ergibt sich schon aus dem Titel. In seiner Abrechnung mit dem Wittenberger kennt Müntzer nun keinen Pardon mehr. Er selbst versteht sich als Gottes »unverdrossenen Landsknecht«, der mit den »schmeichelnden Schelmen zu Wittenberg« schonungslos abrechnet, mit jenen »verschmitzten Schriftstehlern«, die »die ganze Heilige Schrift« in Frage stellen und sich damit eines Auslegungsprinzips bedienen, das Müntzer hier wie zuvor radikal ablehnt. Was für die Bibel gilt, das gilt für die Einheit von Gesetz und Evangelium. Auf diesen – wie Müntzer überzeugt ist – falschen theologischen Voraussetzungen basiert der soziale Mißstand: »Es ist der allergrößte Greuel auf Erden, daß sich niemand der Not der Bedürftigen annehmen will, die Großen machens, wie sie wollen!« Indem er sich über die Ursachen klarzuwerden sucht, kommt er zu dem Ergebnis, daß sie in der feudalistischen Gesellschaftsstruktur begründet sein müsse und in den hier üblichen Besitzverhältnissen: »Unsere Herrn und Fürsten nehmen alle Kreaturen zum Eigentum.« Bauern und Handwerker, die Lohnabhängigen, die Deklassierten sind es, die darunter zu leiden haben. Und nach den Symptomen des gesellschaftlichen Umbruchs gefragt, erklärt Müntzer: »Die Herren machen das selber, daß der arme Mann ihnen feind wird. Die Ursache des Aufruhrs wollen sie nicht wegtun ...« Und weil dem so ist, weil alle seine Bemühungen, das Übel abzuwenden, einsichtige Fürsten auf seine Seite, auf die Seite des Volkes zu ziehen, im Spätherbst 1524 als gescheitert angesehen werden müssen, deshalb kann und muß er sich zur Revolution mit allen Mitteln bekennen: »So ich das sage, muß ich aufrührerisch sein, – wohl an!«

Aber wie versteht Müntzer diesen seinen Aufruhr? Liest man nur seine flammenden Appelle zum Losschlagen, und zwar einschließlich der noch zu besprechenden Briefe aus dem Jahr 1525, dann könnte der Eindruck entstehen, hier rede und schreibe nur ein blutdürstiger Revoluzzer. Alle diese Appelle und Proklamationen haben aber für Müntzer zumindest noch einen sehr ernsten religiösen Aspekt. Er erinnert sich an das Schicksal seines Herrn: »Christus wurde (auch) als ein Teufel gescholten«, als ein ketzerischer Samariter, mit dem kein echter Israeliter etwas zu schaffen haben wollte. Sein Leben, das am Kreuz endigte, war eine einzige Passion. Diese Passion Christi ist für Thomas Müntzer nicht nur eine in sich abgeschlossene Tatsache der Historie; sie dauert fort, und diese Fortdauer muß von den Auserwählten dadurch bejaht werden, daß sie dem Mann der Passion »gleichförmig« werden. Müntzers Feinde können demnach im anhaltenden Passionsprozeß nur die Rolle der Feinde Jesu von einst übernehmen. Doch wichtiger als diese provokatorische Analogie ist der Satz, mit dem die »Hochverursachte Schutzrede« endet, indem Müntzer ein letztes Mal Ziel und Hoffnung seines Kampfes zusammenfaßt: »Das Volk wird frei werden und Gott will allen der Herr darüber sein!«

Die Schriften

Das Prager Manifest (1521)

a) Kürzere deutsche Fassung

Ich Thomas Müntzer von Stolberg bekenne vor der ganzen Kirche und der ganzen Welt, da diese Briefe gezeigt werden mögen – (was) ich auch mit Christus und allen Auserwählten, die mich von Jugend auf gekannt haben, bezeugen mag – daß ich einen höheren Unterricht des heiligen unüberwindlichen Christenglaubens gehabt und erlangt habe. So habe ich mein Lebetag – Gott weiß, daß ich nicht lüge – durch keines Mönchs oder Pfaffen (Vermittlung) die rechte Übung des Glaubens gelernt, auch die nützliche Anfechtung, die den Glauben im Geist der Furcht Gottes verklärt, (und zwar) des Inhalts, daß ein Auserwählter den Heiligen Geist siebenmal empfangen muß. Von keinem Gelehrten habe ich auch nur ein einziges Wörtlein von der in allen Kreaturen ausgedrückten Ordnung Gottes vernommen; auch nicht, daß vom Ganzen her ein Weg verläuft, alle Teile zu erkennen habe ich nicht von denen gehört, die Christen sein wollen, sonderlich nicht von den verfluchten Pfaffen.

Ich habe wohl von ihnen die bloße Schrift gehört, die sie aus der Bibel gestohlen haben wie Mörder und Diebe. Diebstahl heißt es Jeremia im 23. Kapitel, das Wort Gottes aus dem Munde des Nächsten stehlen, welches sie selber aus dem Munde Gottes keinmal gehört haben. Ich meine, das sind ja feine Prediger, die der Teufel dazu geweiht hat. Aber Sankt Paulus schreibt den Korinthern am dritten der anderen Epistel[1], daß die Herzen der Menschen das Papier oder Pergament sind, da (hinein) Gott mit seinem Finger, nicht mit Tinte, seinen unverrücklichen Willen und ewige Weisheit einschreibt. (Dies ist) eine Schrift, welche jeder Mensch lesen kann, wenn er eine aufgetane Vernunft hat. Dasselbe schreiben Jeremia und Hesekiel: Gott schreibt sein Gesetz am dritten Tag der Besprechung, wenn die Vernunft der Menschen geöffnet wird. Das tut Gott deshalb von Anbeginn in seinen Auserwählten, damit sie nicht ein ungewisses, sondern ein unüberwindliches Zeugnis vom Heiligen Geist haben, der da genugsam Zeugnis gibt unserm Geist, daß wir Gottes Kinder sind. Denn wer den Geist Christi nicht in sich spürt, ja der ihn nicht gewiß hat, der ist nicht ein Glied Christi, sondern des Teufels, nach Röm. 8.

Nun hat die Welt infolge Verirrung vieler Sekten eine lange Zeit die Wahrheit unaussprechlich begehrt. So ist der Spruch des

[1] II. Kor. 3.

Jeremia wahr geworden: Die Kinder haben nach Brot verlangt; es war aber niemand da (gewesen), der es ihnen gebrochen hätte.[2] Es sind ihrer viele da gewesen, auch heutzutage, die ihnen das Brot – das ist das Wort Gottes im Buchstaben – vorgeworfen haben wie Hunden; gebrochen aber haben sie es ihnen nicht (wie es Kinder verdienen). O merkt (auf), merkt (auf)! Sie haben es den Kindern nicht gebrochen. Sie haben nicht erklärt den rechten Geist der Furcht Gottes, in welchem sie wahrhaftigen Unterricht genommen, daß sie unverrückliche Kinder Gottes sind. – Daher kommt es, daß die Christen zur Verteidigung der Wahrheit so (un)geschickt sind wie die Memmen. Hernach dürfen sie wohl (auch noch) herrlich schwätzen, daß Gott nicht mehr (unmittelbar) mit den Leuten rede, als sei er nun stumm geworden. Sie meinen, es sei genug, daß es in den Büchern geschrieben steht und sie es so roh ausspeien wie der Storch seinen Jungen Frösche ins Nest bringt. – Sie sind nicht wie die Henne, die ihre Küken um(fängt) und sie wärmt. Sie teilen auch nicht das gute Wort Gottes, das in allen auserwählten Menschen lebt, den Herzen mit, wie eine Mutter ihrem Kinde Milch gibt, sondern sie machen es den Leuten in der Weise Bileams.[3] Sie haben (zwar) den armen Buchstaben im Maul, aber das Herz ist wohl über hunderttausend Meilen davon entfernt.

Um solcher Torheit willen wäre es kein Wunder, wenn uns Gott uns samt solchem närrischen Glauben in Trümmer geschlagen hätte. Es wundert mich auch nicht, daß alle Geschlechter der Menschen uns Christen verspotten und verspeien und gar nicht anders können. Da und da ist es geschrieben. Ja, liebe Herren, es ist eine schöne ›Bewährung‹, im Hühnerstall erdichtet. Wenn ein Einfältiger oder ein Ungläubiger zu uns in die Versammlung käme und wir wollten ihn mit unserem Geschwätz übertölpeln, würde er sprechen: ›Seid ihr toll oder töricht? Was liegt mir an euerer Schrift?‹
Wenn wir aber das rechte lebendige Wort Gottes lernen, können wir den Ungläubigen überzeugen und klar beurteilen. Wird die Heimlichkeit seines Herzens offenbar, muß er demütig bekennen, daß Gott in uns ist.
Siehe, das alles bezeugt Paulus in der ersten Epistel an die Korinther im 14. Kapitel. Dort sagt er, daß ein Prediger Offenbarung haben soll, anders mag er das Wort nicht predigen. Der Teufel glaubt, daß der Christen Glaube recht sei. Sollte das von den Knechten des Antichrists verworfen werden, so müßte Gott ja toll und töricht sein, der da sagt, sein Wort soll nimmermehr vergehn. Wäre es nicht vergangen, wenn Gott aufgehört hätte zu reden?

---

[2] Klagelieder Jeremias 4, 4.
[3] Nach 4. Mose 22 sprach der Heide Bileam Dinge prophetisch aus, die er selbst nicht verstand.

Merke doch auf den Text, wenn du Hirn im Kopf hast: Himmel und Erde werden vergehen, meine Worte werden nimmermehr vergehen.[4] Ist es nur allein in die Bücher geschrieben und hat es Gott (nur) einmal geredet und ist es so in der Luft verschwunden, so kann es ja nicht des ewigen Gottes Wort sein. So ist es nur Kreatur[5], das von außen her in das Gedächtnis hineingezogen ist. Da alles ist wider die rechte Ordnung und wider die Regel des heiligen Glaubens, wie Jeremia schreibt. Darum haben alle Propheten die Weise zu reden: ›Dies sagt der Herr (jetzt)‹. Sie sprechen nicht etwa: Dies hat der Herr gesagt, als wenn es vergangen wäre, sondern sie sagens in der Zeit(form) der Gegenwart.

Dieses unerträglichen und bösen Schadens der Christenheit habe ich mich erbarmt und zu Herzen genommen, nachdem ich mit ganzem Fleiß der alten Väter Geschichte gelesen habe. Ich finde, daß nach dem Tode der Apostelschüler die unbefleckte jungfräuliche Kirche durch den geistlichen Ehebruch zur Hure geworden ist, und zwar der Gelehrten halber, die immer oben sitzen wollen, welches denn Hegesippus und nach ihm Eusebius in 4. Buch am XXII. Kapitel schreibt.[6] Auch finde ich in keinem Konzil die wahrhaftige Rechenschaft nach lebendiger Ordnung des unbetrüglichen Gotteswortes. Es sind (laut den Konzilsprotokollen der frühen Kirche) nichts als kindische Possen gewesen.

Durch den nachsichtigen Willen Gottes ist das alles zugelassen worden, damit aller Menschen Werk hervorkommen konnte. Es soll aber – Gott sei gebenedeit – nicht noch länger so zugehen, daß die Pfaffen und Affen die christliche Kirche (darstellen). Es sollen vielmehr die auserwählten Freunde des Gotteswortes auch prophezeien lernen, wie Paulus lehrt, damit sie wahrhaftig erfahren, wie freundlich Gott – ach so herzlich gerne – mit allen seinen Auserwählten redet.

Daß ich solche Lehre an den Tag bringe, bin ich bereit, um Gottes willen mein Leben zu opfern. Gott wird wunderliche Dinge mit seinen Auserwählten, sonderlich in diesem Lande,[7] tun. Wenn die neue Kirche hier anfangen wird, wird dieses Volk der ganzen Welt ein Spiegel (und Beispiel) sein.

Darum rufe ich einen jeglichen Menschen an, daß er dazuhelfe, damit Gottes Wort verteidigt werden kann. Und auch darauf will ich dich deutlich hinweisen im Geist des Elia, (nachdem) sie dich lehrten, dem Abgott Baal zu opfern: Wirst du das nicht tun,

---

[4] Matth. 24, 35.
[5] Im Gegensatz zum schöpferischen Geist.
[6] Kirchengeschichte des Eusebius von Cäsaräa, IV, 22, 4: »Da die Kirche noch nicht durch eitle Lehren befleckt war, wurde sie als Jungfrau bezeichnet.« Euseb bezieht sich u. a. auf den Kirchenschriftsteller Hegesippus (2. Jahrhundert).
[7] In Böhmen.

so wird dich Gott durch den Türken im zukünftigen Jahr erschlagen lassen. Ich weiß fürwahr, was ich rede, es ist genauso. Darüber will ich leiden, was Jeremia ertragen mußte.
Nehmt es zu Herzen, liebe Böhmen! Rechenschaft fordere ich nicht allein von euch, wie mich der Spruch Petri lehrt, sondern auch Gott gegenüber. Aber auch ich will euch Rechenschaft geben: Kann ich diese Kunst nicht, der ich mich hoch rühme, so will ich sein ein Kind des zeitlichen und ewigen Todes. Ich habe kein höheres Pfand. In diesem Sinne seid Christus befohlen!
Gegeben zu Prag im Jahr 1521 am Tage Allerheiligen.

b) Erweiterte deutsche Fassung

Der Böhmen Sache betreffende Protestation
Ich, Thomas Müntzer, gebürtig von Stolberg mit Wesen zu Prag, der Stadt des teuren und heiligen Kämpfers Johannes Hus, gedenke: die lauten und beweglichen[8] Trompeten erfüllen (diesen Ort) mit dem neuen Lobgesang des Heiligen Geistes.
Mit ganzem Herzen bezeuge ich und klage ich (voll) Jammer der ganzen Kirche der Auserwählten, auch der ganzen Welt, da diese Briefe hinkommen. Christus und alle Auserwählten, die mich von Jugend auf gekannt haben, bekräftigen ein solches Vorhaben. Ich sage bei meinem höchsten Pfand[9], daß ich meine (ganze) Aufmerksamkeit und allerhöchsten Fleiß aufgewandt habe, um vor den anderen Menschen zu erkennen, wie der heilige, unüberwindliche Christenglaube gegründet ist. Ich bin (so) kühn in der Wahrheit zu sagen, daß kein pechgesalbter Pfaffe, kein noch so geist(voll) scheinender Mönch auch nur am allerwenigsten (in der Lage ist), (etwas über) den Grund des Glaubens auszusagen. Auch haben es gar viele Menschen mit mir beklagt, daß sie durch den unerträglichen und wahrhaften Betrug (der Mönche) beschwert, niemals getröstet werden konnten, um ihr Wollen und Wirken im Glauben zuversichtlich zu führen und sich (durch alle Hindernisse) hindurchzuarbeiten. Auch die (Heilsamkeit der) Anfechtungen und die nützliche (Vertiefung), die in der Leermachung des vorsehenden Geistes (begründet ist), konnten sie[10] nicht aufdecken; nimmermehr vermögen sie das. Denn der Geist der Furcht Gottes hat dieselben nicht besessen. (Dieser Geist) ist der Auserwählten einziges Ziel und Grundlage. In einem Überguß, den die Welt nicht empfangen kann, sind (die Auserwählten von diesem Geist) überströmt und getränkt. Kurz: es muß ein jeder Mensch den Heiligen Geist siebenmal (empfangen) haben,

[8] in Bewegung versetzenden.
[9] auf Ehr und Gewissen.
[10] Pfaffen und Mönche.

anders kann er den lebendigen Gott weder hören noch verstehen.

Frei und frisch sage ich, daß ich (noch) keinen eselforzigen Doktor von der in Gott und alle Kreaturen gesetzten Ordnungen auch nur im allermindesten haben lispeln, geschweige denn laut[11] habe reden hören. Auch die vornehmsten unter den Christen – die höllengrundfesten Pfaffen meine ich – haben kein Mal (auch nur) gerochen, was das Ganze oder das ungeteilte Vollkommene sei, (das Eine, das not tut), welches laut I. Kor. 13, Luk. 6, Eph. 4, Apostelg. 2; 15; 17 allen anderen Teilen überlegen ist. Oft und immer wieder habe ich von ihnen (nichts anderes als) die bloße Schrift gehört, welche sie aus der Bibel schalkhaft gestohlen haben wie die tückischen Diebe und grausamen Mörder. Sie werden mit diesem Diebstahl von Gott selber verdammt, der durch Jeremia am 23. spricht: ›Nimm wahr, ich habe zu den Propheten gesagt: Die da stehlen meine Worte, ein jeglicher von seinem Nächsten, denn sie betrügen mein Volk; zu ihnen habe ich keinmal gesprochen; und sie maßen sich meine Worte an, um dieselben faulfessig[12] zu machen in ihren stinkenden Lippen und ihrem hurerischen (Rachen). Denn sie verleugnen, daß mein Geist zu den Menschen gesprochen habe.

Denn sie kehren ihr Mönchtum mit höhnisch hohem Spott hervor, wenn sie sagen, daß ihnen der Heilige Geist ein unüberwindliches hohes Zeugnis gebe, sie seien Kinder Gottes, Röm. 8 und im Psalm. Es ist gar nicht verwunderlich, daß die verdammten Menschen solchen entgegen sind mit frechem Gemüt, denn Jeremia sagt im oben genannten Kapitel 23 von ihrer Person: ›Wer ist im Rat des Herrn gewesen? Wer hat die Rede Gottes gesehen und gehört? Wer hat es beobachtet oder wer kann sagen, daß er Gott reden gehört habe?‹ –

Über solche verhärtete, (wie) Eichenblöcke zu allem Guten verhärtete Menschen, Titus am 1., will Gott zu dieser Zeit seinen unüberwindlichen Zorn ergießen, um die Auserwählten gegen die (feindlichen) Lästerer zu verteidigen, wie Ezechiel im 3. Kapitel sagt. Ihnen aber geht nichts anderes aus ihrem Herzen, Hirn und Maul hervor als das zu verlachen. Wer möchte da noch unter allen Menschen sagen, daß diese die rechten Diener Gottes wären, das göttliche Wort zu bezeugen und daß sie die unerschrockenen Prediger der göttlichen Gnaden wären. (Denn sie sind) vom nimrodischen[13] Papst mit dem Öl des Sünders, Psalm 141, geschmiert, welches vom Haupt bis auf die Füße fließt zur Verschmutzung und Vergiftung der ganzen christlichen Kirche.

Das heißt: Vom Teufel ist ihr Anfang, welcher in ihren Herzen Grund und Boden verdorben hat, wie im 5. Psalm geschrieben

---

[11] in aller Deutlichkeit.
[12] madig.
[13] von Nimrod, dem Prototyp des Heidnischen, Widergöttlichen.

steht, denn sie sind ganz ohne Besitz des Heiligen Geistes. Darum sind sie von dem Teufel geweiht, ihrem (eigentlichen) Vater, der mit ihnen gemäß Joh. 8, Jes. 23 und Hos. 4 das rechte lebendige Gotteswort nicht hören will. Auch sagt Sacharia am 11., daß Vogelscheuchen in den Schoten stehen. In Summa: es sind verdammte Menschen, Joh. am 3., die (schon) lange gerichtet sind. Ja, es sind nicht kleine, sondern ganz große Bösewichter, es hat sie von Anbeginn der ganzen Welt nicht (gegeben), (und zwar) zu einer Plage des armen Volkes bestimmt, das so sehr grob[14] ist. Sie haben gar kein Recht, weder vor Gott noch vor den Menschen, wie es Paulus den Galatern[15] hinreichend (deutlich) ausdrückt, wenn er zweierlei Menschen beschreibt.

Darum, solange Himmel und Erde stehen können diese bösartigen, verräterischen Pfaffen der Kirche am allerwenigsten nützen, denn sie verleugnen die Stimme des Bräutigams[16], ein (untrügliches) Zeichen, daß sie lauter Teufel sind. Wie können sie dann Gottes Diener sein, Träger seines Wortes, wenn sie mit ihrer hurerischen Stirn unverschämt lügen? – Denn es sollen alle rechten Pfaffen Offenbarungen haben, damit sie ihrer Sache gewiß sind, I. Kor. 14. Aber sie sprechen mit verstocktem Herzen, das sei unmöglich. Da sie meinen, die ganze Schrift gefressen zu haben, sollten sie billig mit des Sankt Paulus Worten II. Kor. 3 wie mit Blitz und Donner erschlagen werden, (zumal) er einen Unterschied zwischen Auserwählten und Verdammten macht.

Etlichen ist das Evangelium und die ganze Schrift zugeschlossen, Jes. 29 und 22, vom Schlüssel Davids aus dem verschlossenen Buch der Apokalypse (des Johannes). Ezechiel hat es verschlossen[17] (empfangen). Christus sagt Lukas am 11., daß die Pfaffen[18] den Schlüssel von diesem Buch, das verschlossen ist, stehlen. Sie schließen die Schrift zu und sagen, Gott darf nicht in eigener Person mit dem Menschen reden. Wo (aber) der Same auf den guten Acker fällt, das ist in die Herzen, die der Furcht Gottes voll sind, das ist dann das Papier und das Pergament, darein Gott nicht mit Tinte, sondern mit seinem lebendigen Finger schreibt (als in) die rechte heilige Schrift, die die äußere Bibel (dann) recht bezeugt. Und es ist auch kein gewisseres Gezeugnis, das die Bibel wahrmacht[19], als die lebendige Rede Gottes, da der Vater den Sohn im Herzen des Menschen anspricht.

Diese Schrift können alle auserwählten Menschen lesen, die mit ihren (geistlichen) Pfunden[20] wuchern. Aber die Verdammten werden das wohl (sein) lassen. Ihr Herz ist härter als ein Kiesel-

---

[14] geistlich unentwickelt im Sinne der Mystik.
[15] Gal. 4, 22ff.
[16] des kommenden Christus.
[17] in verschlüsselter bildhafter Form
[18] Schriftgelehrten.
[19] als Wahrheit ausweist.
[20] Matth. 25, 14–30. Gemeint ist die Entfaltung der spirituellen Gaben (Charismen).

stein, welcher den Meisel des Meisters von sich abstößt auf ewig. Darum werden sie von unserem lieben Herrn ›Steine‹ geheißen, darauf der Same (des Wortes) fällt, die jedoch keine Frucht bringen, wiewohl sie das Wort mit Freude, (angeblich) mit großer Freude und Rühmen aufnehmen. Bei meiner Seel, es sind Menschen unter den Studenten, Pfaffen und Mönchen, die mit herzlich (scheinender) Heuchelei und mit Gepränge die Wahrheit aus den Büchern aufnehmen. Aber wenn ihnen Gott ins Herz schreiben will, ist kein Volk unter der Sonne, das dem lebendigen Wort Gottes feindlicher ist als sie. Auch leiden sie keine Anfechtung des Glaubens im Geist der Furcht Gottes, denn sie sind in den (feurigen) See[21] geschickt, in dem die falschen Propheten mit dem Antichrist gepeinigt werden – in saecula saeculorum[22]. Amen.

Auch wollen sie vom Geist der Furcht Gottes nicht geängstigt sein. Darum verspotten sie die Anfechtungen des Glaubens in Ewigkeit. Es sind eben die Leute, von denen Jeremia im 8. Kapitel spricht; denn sie haben eben keine eigenen Erfahrungen aufzuweisen, wenn sie die Heilige Schrift erklären. Sie haben keine andere Art zu schreiben als die der Blender, die das wahrhaftige Wort wegwerfen und (bedienen) sich gleichwohl desselben, das sie in alle Ewigkeit nimmer hören werden. Denn Gott redet allein in die Leiden(sgestalt) der Kreaturen hinein, welche die Herzen der Ungläubigen nicht haben. Denn sie werden immer mehr und mehr verstockt. Denn sie können und wollen nicht leer[23] werden. Sie haben einen schlüpferigen Grund; es eckelt (sie) davor. Darum fallen sie in der Zeit der (prüfungsreichen) Anfechtung vom Wort, das Fleisch geworden ist, ab[24]. Der Ungläubige will auf keinem Weg in seinem Leiden Christus gleichförmig werden; nur mit honigsüßen Gedanken will es ausrichten.

Darum sind diejenigen verdammte Pfaffen, die den rechten Schlüssel wegnehmen und sagen, ein solcher Weg sei phantastisch und närrisch, und es sei das ganz unmöglich. Dieselben sind jetzt mit Haut und Haaren zum ewigen Verdammnis (bereits) gerichtet. Warum sollte ich sie nicht auch verdammen, Joh. 3, denn sie sind nicht mit dem Geist der Furcht Gottes am dritten Tag besprengt; wie mögen sie dann am siebenten Tag geläutert werden, 4. Mose 19. Denn sie sind in den Abgrund des (endgerichtlichen feurigen) Pfuhls geschickt.

Aber am Volk zweifle ich nicht. Ach du rechtes armes, erbarmungswürdiges Häuflein, wie durstig bist du nach dem Wort Gottes! Denn es ist am Tage, daß niemand oder sehr wenige wissen, was sie tun sollen oder welchem Haufen sie sich (anschließen) sollen. Sie wollen gern das allerbeste tun und können es

---

[21] Offb. 19, 20.
[22] in alle Ewigkeit.
[23] und damit aufnahmebereit.
[24] d. h. von Christus.

doch nicht wissen. Denn sie wissen sich nicht in die Zeugnisse zu schicken und zu fügen, die der Heilige Geist in ihren (eigenen) Herzen redet. Darum sie (wegen) des Geists der Furcht Gottes so sehr geängstet hat, daß die Weissagung des Jeremia wahr geworden ist: ›Die Kinder haben um das Brot gebeten; es ist aber niemand da gewesen, der es ihnen gebrochen hätte!‹

Ach, ach, es hat es ihnen (tatsächlich) niemand gebrochen! Der geltungsdurstigen Buben sind viele da gewesen, die dem armen, armen, armen Völklein die päpstlichen unerprobten Texte der Bibel vorgeworfen haben, wie man den Hunden das Brot vorzuwerfen pflegt. Sie haben es ihnen (jedoch) nicht durch die Kunst des heiligen Geistes[25] gebrochen; das ist: sie haben ihre Vernunft nicht (aufnahmefähig) gemacht, daß sie den Heiligen Geist in sich zu erkennen vermochten. Denn das vermögen die Pfaffen – wären sie auf einem Haufen versammelt – alle miteinander nicht, einem einzigen Menschen (überzeugend) klar zu machen, daß er zum ewigen Leben vorgesehen sei.

Was soll ich viel sagen? Es sind (mir) die Herren, die nur fressen und saufen und stehlen, die Tag und Nacht suchen, die trachten, wie sie sich ernähren und viele Pfründen kriegen, Ezechiel am 34. Sie sind nicht wie Christus, unser lieber Herre, der sich mit einer Henne vergleicht, die ihre Kinder wärmt.[26] Sie geben den trostlosen, verlassenen Menschen auch keine Milch vom Brunnen der unausschöpflichen Vermahnungen Gottes. Denn sie haben den Glauben nicht versucht.[27] Sie sind wie der Storch, der in den Wiesen und Sümpfen die Frösche aufliest; danach speiht er sie (genau) so roh seinen Jungen ins Nest. Ebenso sind auch die wuchersüchtigen und zinserhebenden Pfaffen, welche die toten Wörter der Schrift verschlingen; danach schütten sie den (bloßen) Buchstaben und unerfahrenen Glauben, der nicht (einmal) eine Laus wert ist, unter das (ge)rechte, arme, arme Volk. Damit machen sie, daß keiner seiner Seelen Seligkeit gewiß ist. Denn die beelzebubischen Knechte bringen (nur) ein Stück aus der Heiligen Schrift zu Markte. Ei, da weiß der Mensch nicht, ob er die Liebe oder den Haß Gottes verdient. Dieselbige Gabe kommt aus dem Abgrund, (denn) ein jeglicher hurenhengstartiger Pfaffe hat die allertrügerischten und boshaftesten Fürsten der Teufel, wie die Offenbarung Johannis anzeigt. Dadurch verstreuen sie die Schafe Gottes so sehr, daß keines mehr auf die Kirche (schaut). Denn es ist niemand da, der die Guten von dem unbekannten Haufen absonderte.

Es ist auch keine Erkenntnis des Krankhaften und des Gesunden (vorhanden), das ist: daß niemand (darauf) acht hat, wie die Kirche mit verdammten Menschen in Grund und Boden verdirbt. Denn die Schafe wissen nicht, daß sie die lebendige Stimme Gottes hören

---

[25] d. h. auf Grund eigener Erfahrung und geistlicher Vollmacht.
[26] Matth. 23, 37; Luk. 13, 34.
[27] d. h. nicht erprobt.

sollen. Das ist: sie sollen alle Offenbarungen haben, Joel 2 und der 87. Psalm Davids. Der rechten Hirten Amt ist kein anderes, als daß die Schafe dahin geführt werden und von der lebendigen Stimme erquickt werden, denn die Kunst Gottes lehrt ein Meister, Matth. am 23. Daß dies lange Zeit nicht geschehen ist, kommt daher, daß die Auserwählten den Verdammten in vielen Dingen ganz und gar gleich sind und (von ihnen) fast verschlungen werden. Es meint auch fast die ganze Welt, es sei nicht nötig, daß Christus den Auserwählten sein Evangelium selber vorpredigen müsse.

Ich bekräftige und schwöre bei dem lebendigen Gott: Wer nicht (unmittelbar) aus dem Munde Gottes das rechte lebendige Wort hört (und unterscheidet,) was Bibel und was Babel ist, der ist nichts anderes als ein totes Ding. Aber Gottes Wort, das durch Herz, Hirn, Haut, Haar, Gebein, Mark, Saft, Macht, Kraft hindurchdringt, darf wohl anders (ein)hertrapen als unsere närrischen hodensäckischen Doktoren plappern. Anders kann keiner selig werden. Es muß der Auserwählte samt dem Verdammten zerbrechen und seine Kräfte müssen ihm (vergehen). Anders könnt ihr nicht hören, was Gott sei. Wer aber den Heiligen Geist einmal empfängt wie er soll, der kann nimmermehr verdammt werden, Jes. 55 und 60; Joh. 6.–0 ho, wehe, wehe den Predigern, die nach Bileams Weise[28] lehren, denen die Worte ins Maul gesagt sind, aber ihre Herzen sind mehr als tausend mal tausend Meilen davon entfernt.

Darum lebt das Volk ohne rechte Hirten, denn es wird die Erfahrung des Glaubens ihm niemals gepredigt. Die jüdischen, ketzerischen Pfaffen dürfen (sogar) sagen, es sei ein solches (außerordentliches) Ding nicht vonnöten. Sie sagen, man kann den Zorn Gottes mit guten Werken und kostbaren Tugenden[29] fliehen. Doch lernen sie daraus nicht, was Gott (auf Grund eigener) Erfahrung sei, welches der rechte Glaube, starke Tugend und was vor Gott gute Werke seien. Darum wäre es kein Wunder, wenn Gott uns alle, den Auserwählten mit dem Verdammten, in einer viel ernsteren Sintflut als vor Zeiten mit Leib und Leben zu Staub und Trümmern vernichten würde. Es wäre auch kein Wunder, wenn er die Leute alle verdammte, die (die Opfer) der verfluchten Verführung geworden sind. Ist doch unser Glaube mehr dem Lucifer und dem Satan (zugewandt); auch ist er grober als Holz und Stein.

(Meiner Ansicht nach) ist es nicht ohne Ursache, wenn andere Völker unseren Glauben ein Affenspiel heißen. Es ist offenbar, man wird es nicht leugnen, daß die Ungläubigen (überzeugende) Rechenschaft von uns verlangen. Wir haben ihnen (gleichsam) eine Antwort aus dem Hühnerstall gegeben. Mit Stolz haben wir

---

[28] der heidnische Prophet Bileam, der unbewußt Israel segnet; 4. Mose 22–24.
[29] gemeint sind wohl finanzielle Leistungen, der Kauf von Ablässen u. ä.

große Bücher vollgekleckst; sagen: Wir haben unserem Gesetz gemäß das und das geschrieben, was Christus geredet hat, Paulus hat dies geschrieben, die Propheten haben dies und das geweissagt; dies und das hat die Mutter im Hurenhaus der ›heiligen‹ Kirche (in Gestalt von Dogmen) aufgesetzt; ja diese und jene große Dinge hat die heilige, (will sagen) der allerverstockteste Papst und Brunztopf zu Rom im Bordell geboten. Ja wahrlich, bei dem Bann, der über der Meinung der stohernen Doktoren um des Gewissens willen auch nicht zu verachten ist.

Laß', mein guter Leser, die Worte (meinetwegen) auch anders gesetzt sein; den Christenglauben können sie mit (ihrer) unerfahrenen Bibel nicht bewähren, (wenn sie gleich ein noch) so großes Geschwätz machen. Ach Zeter, Zeter, wehe, wehe, wehe über die höllenfeurigen und (dämonischen) Pfaffen, die das Volk offensichtlich verführen. Noch will niemand sehen oder hören, daß solche und ähnliche Begründungen unseres Glaubens den Ungläubigen vorgelegt werden. Meinst du, daß sie nicht auch Hirn in den Köpfen haben? Mögen sie (doch) selber bei sich bedenken, was das für eine Bewährung ist, (die nur) aus den Büchern kommt. Könnten die (nicht auch) gelogen haben, die sie schrieben? Wie kann man wissen, ob es wahr sei, (was geschrieben steht)?
Ohne Zweifel, die Türken und Juden möchten gerne unsere unüberwindliche Begründung (unseres Glaubens) hören, viele Auserwählte auch desgleichen. Aber des Teufels Pfaffen runtzeln ihre Nasen, sie alsbald zu verdammen, und haben doch nicht das (Urteilsvermögen), das Menschen haben können, als lügten (jene). Sie sprechen mit bloßen Worten: ›Wer da glaubt und getauft ist, der wird selig.‹ Eine solche grundlegende[30] Rechenschaft geben sie den Widersachern, und keine andere. Es kann nicht anders sein – ich vernehme es auch nicht anders –, als daß sie gar zu toll und zu töricht sind, wenn sie den Glauben so schlecht ihren Feinden (gegenüber) darlegen wollen. Man sollte eine solche ›Rechenschaft‹ mit den Lumpen hinauswerfen und, (die sich so hinausreden), sollte man in den Abgrund der Hölle stoßen. Ist diese (angebliche Rechenschaft) doch viel toller als die Torheit selber. Wer kann sie genug beklagen und beweinen? Auch haben wir doch kein Blut in Leib und Leben; will es denn auch so toll und töricht sein?
Fühlt man denn nicht (wenigstens) ein kleines Fünklein, das beinahe aufwachen will zum Zunderfeuer? – Ja, man fühlt es und ich fühl es auch! Ich habe mich sehr ernstlich (darüber) erbarmt, daß die christliche Kirche so sehr zerknirscht ist, daß sie Gott nicht heftiger plagen könnte, (es sei denn) er wollte sie ganz auslöschen. Das wird er (jedoch) nicht tun, außer mit den Dünnscheißern, die den Baal anzubeten gelehrt haben. Diese sind soviel

[30] jedoch völlig ungenügende.

wert, daß man sie mitten auseinandersägte, wie Daniel spricht, denn sie haben die Gerichte Gottes nicht geübt.[31]

Ich habe hin und her in der Geschichte der alten (Kirchen-)Väter gelesen. Da finde ich, wie die unbefleckte jungfräuliche Kirche durch die verführerischen Pfaffen alsbald nach dem Tod der Apostelschüler zu einer Hure geworden ist. Denn die Pfaffen wollten allezeit oben sitzen, welche alles Hegesipp und Eusebius neben anderen bezeugen. Weil das Volk bei der Wahl der (leitenden) Priester in den Hintergrund gedrängt wurde, ist es nicht möglich gewesen, infolge dieses Versäumnisses ein rechtes Konzil zu halten.[32] Es sei, wie es wolle, es ist vom Teufel; denn bei den Konzilen und Beratungen ist von nichts anderem als von (selbstsüchtigen) Kindereien verhandelt worden, (nämlich) vom Glockenläuten, von Kelchen, Kappen und Lampen, (kirchlichen Titeln) und Mesnern; wegen des lebendigen Wortes Gottes ist keinmal, (nein) keinmal das Maul aufgetan worden, auch die (grundlegende) Ordnung ist nicht bedacht worden.

Solche Irrtümer haben geschehen müssen, damit die Werke aller Menschen, der Auserwählten und der Verdammten (in Erscheinung) treten mußten. Denn zu unserer Zeit will Gott den Weizen vom Unkraut absondern, damit man (gleichsam) am hellen Mittag ergreifen kann, wer die Kirche so lange verführt hat. Es mußte die Büberei (mit aller Deutlichkeit) an den Tag kommen. – O ho, wie reif sind die faulen Äpfel! O ho, wie mürb sind die Auserwählten geworden! Die Zeit der Ernte ist da. Darum hat mich Gott selber angemietet in seine Ernte. Ich habe meine Sichel scharf gemacht, denn meine Gedanken sind heftig auf die Wahrheit (gerichtet) und meine Lippen, Haut, Hände, Haar, Seele, Leib, Leben verfluchen die Ungläubigen.

Damit ich das füglich tun kann, bin ich in euer Land gekommen, meine allerliebsten Böhmen. Ich begehre nichts anderes von euch, als daß ihr das lebendige Wort Gottes aus Gottes (eigenem) Munde selber mit Fleiß studieren sollt; dadurch werdet ihr selber sehen, hören, greifen, wie die ganze Welt durch die tauben Pfaffen verführt worden ist. Helft mir um des Blutes Christi willen, wider solche große Feinde des Glaubens zu fechten! Ich will sie vor euren Augen im Geist des Elia zuschanden machen. Denn in eurem Lande wird die neue apostolische Kirche angehen, danach überall. Ich will bereit sein, daß mich das Volk in der Kirche auf der Kanzel frage, und ich will einem jeglichen (Rede und Antwort stehen). Wenn ich diese kunstreiche Meisterschaft nicht unter Beweis stellen kann, so will ich ein Kind des zeitlichen und des ewigen Todes sein. Ein größeres Pfand habe ich nicht. Wer diese Vermahnung verachten wird, der ist jetzt schon in die Hände des

---

[31] gemeint ist wohl: dem Gericht Gottes standhalten, sein Gericht erfahren.
[32] Anspielung auf die Entdemokratisierung und Klerikalisierung der Kirche, die rückgängig gemacht werden soll.

Türken (gegeben). Nach diesem wütenden Entbrennen wird der Antichrist in eigener Person regieren, das (radikale) Gegenteil Christi, der in Kürze das Reich dieser Welt seinen Auserwählten geben wird in alle Ewigkeit.
Gegeben zu Prag am Tage (der Hl.) Katharina anno domini 1521.

Thomas Müntzer will keinen stummen,
sondern einen redenden Gott anbeten.

Deutsch-evangelische Messe

Vorrede ins Buch dieser Lobgesänge

Unser wahrhaftiger Seligmacher Jesus Christus hat allen Schaden der Christenheit zuvor verkündigt Matthäus am 13. Kapitel: »Da die Menschen schliefen (welche er bald hernach Engel heißt), kam der Feind und säte Unkraut zwischen den Weizen.« – Christus hat die rechte Christenheit angefangen. Aber die Gottlosen haben sie verunreinigt durch Nachlässigkeit aller trägen Auserwählten. Darum sagt Paulus in den Geschichten der Boten Gottes[1] mit dörren Worten also: »Habt acht auf euch selbst und auf die ganze Herde, unter welche euch der Heilige Geist gesetzt hat zu Wächtern, zu weiden die Gemeinde Gottes, welche er durch sein eigenes Blut erworben hat. Denn das weiß ich, daß nach meinem Abschied werden unter euch kommen reißende Wölfe, die die Herde nicht verschonen werden. Auch aus euch selbst werden aufstehen Männer, die da verkehrte Lehre reden, die Jungen nach sich selbst zu ziehen. Darum seht darauf!«
Daß aber nun niemand mit seinem betrügerischem Verstand diese Worte Christi und Pauli verändere nach seinem Gutdünken, (und nicht) die verhinderte Kirche weiter zu Schaden bringe, so muß man alle glaubwürdigen Geschichtsbücher durchsehen. Da wird es sich gewiß zeigen, daß die Worte Christi und Pauli, auch aller heiligen Propheten von der zerfallenen Christenheit über die Maßen ganz und gar ins Unwesen geführt worden sind.[2]
Hegesippus,[3] ein glaubwürdiger Schreiber der Geschichte, ein Schüler der Apostel, am fünften Buch seiner Erklärungen, und Eusebius[4] am vierten Buch der Kirchengeschichte sagen stracks heraus, daß die heilige Braut Christi eine Jungfrau geblieben ist bis nach dem Tode der Apostelschüler und danach alsbald zu einer unzüchtigen Ehebrecherin wurde. In solchen und dergleichen klaren Geschichtsbüchern ist nicht allein zu merken, sondern (mit Händen) zu greifen, wie geschickt die Christenheit war, als unsere Voreltern vor sechshundert Jahren zum Glauben kamen.
Die frommen, gutherzigen Väter, die unser Land bekehrt haben, taten, was sie nach Gelegenheit der Leute wußten. Sie waren welsche und französische Mönche. Bis zur Verbesserung war ihre Ankunft zu dulden, denn es ist wohl leicht einzusehen, daß sie

---

[1] Apg. 20, 28–31.
[2] verfälscht worden sind.
[3] Kirchenschriftsteller, schreibt um 180 seine »Denkwürdigkeiten« gegen die Gnostiker seiner Zeit. Vgl. Seite 41 Anmerkung 6.
[4] Kirchengeschichtsschreiber d. 4. Jahrhunderts.

lateinisch gesungen haben, weil die deutsche Sprache ganz unbekannt war und um die Leute zur (glaubensmäßigen) Einheit anzuhalten; denn mit einem Mal fiel ganz Asien ab.[5] Es wäre aber verwunderlich, wollte man diese Anfänge nicht verbessern; denn aller vernünftige Wandel der Menschen strebt danach, sich von Tag zu Tag zu verbessern, und Gott sollte so ohnmächtig sein, daß er sein Werk darüber nicht sollte voranbringen? – Nein, und zwar sagt Christus und gibt ernstlich zu bedenken Matthäus am fünften und am zehnten: »Offenbarlich soll die Stadt auf dem Berge erscheinen. Man soll das Licht nicht unter den Deckel stürzen. Es soll allen leuchten, die im Hause sind.« Was ist das anderes als Paulus sagt 1. Kor. 14 und Epheser am fünften: »Wenn die Leute zusammenkommen, sollen sie sich ergötzen mit Lobgesängen und Psalmen, auf daß alle, die, die zu ihnen hineingehen mögen, gebessert werden.«

Es läßt sich nicht länger aushalten, daß man den lateinischen Worten will eine Kraft zuschreiben, wie die Zauberer tun, und das arme Volk viel ungelehrter aus der Kirche heraus- als hineingeht, so doch Gott gesagt hat Jesaja am 54. und Jeremia am 31., Johannes am 6., daß alle Auserwählten von Gott gelehrt werden sollen. Und Paulus sagt[6]: »Die Leute sollen durch Lobgesänge erbaut werden.« – Darum habe ich zur Besserung der deutschen Eigenart gemäß, jedoch am Heiligen Geist ausgerichtet die Psalmen verdolmetscht, und zwar mehr nach dem Sinne als nach dem Wortlaut. Es ist eine schlechte Sache, (buchstäblich) Männlein gegen Männlein zu malen, nachdem wir zum Geist (der Schrift) zur Zeit noch viel Musterns bedürfen, bis daß wir entgröbert[7] werden von unserer angenommenen Weise.

(Als Ordnung gilt:) Es werden fünf Ämter das ganze Jahr über zu singen sein, in welchen die ganze Bibel anstatt der Lektion gesungen wird. Zum ersten von der Zukunft Christi, welche angeht im Weinmonat[8] oder auf den Allerheiligentag[9], wenn man die Propheten anfängt. Zum andern von der Geburt Christi bis auf die Opferung im Tempel.[10] Zum dritten vom Leiden Christi bis auf Ostern. Zum vierten von der Auferstehung Christi bis auf Pfingsten. Zum fünften vom Heiligen-Geist-(Sonntag) bis auf Allerheiligentag. So wird Christus durch den Heiligen Geist in uns durch sein Zeugnis erklärt, wie er verkündigt ist durch die Propheten, geboren, gestorben und auferstanden ist, welcher mit seinem Vater und demselbigen Heiligen Geist ewig regiert und uns zu seinen Schülern machen möge. Amen.

[5] Infolge der Ausbreitung des Islam seit dem 7. Jahrhundert.
[6] Eph. 5, 19.
[7] Entgröberung entspricht einem geistlichen Läuterungsprozeß, auf den Müntzer großen Wert legt.
[8] Oktober.
[9] 1. November
[10] 2. Februar.

Vorrede

Allen auserwählten Gottesfreunden wünsche ich, Thomas Müntzer, ein Knecht Gottes, Gnade und Frieden mit der reinen rechtschaffenen Furcht Gottes!

Es sind neulich etliche Ämter und Lobgesänge auf Deutsch durch mein Anregen hinausgegangen[11], welche durch die päpstlichen Pfaffen und Mönche lange Zeit zum Nachteil des Christenglaubens lateinisch gefeiert worden sind. Etliche Gelehrte haben mir das aus gehässigem Neid verargt und mit Fleiß verhindern wollen. Ja sie beschuldigen mich, ich hätte damit die alten päpstlichen Zeremonien, Messen, Metten und Vesper wieder aufrichten oder bestätigen helfen wollen. Doch das ist meine Meinung oder Absicht nie gewesen. Vielmehr wollte ich zur Errettung der armen, elenden, blinden Gewissen der Menschen das beitragen, was bisher auf Lateinisch durch betrügerische, falsche Pfaffen, Mönche und Nonnen in Kirchen und Klöstern gesungen und gelesen und dadurch dem armen Haufen der Laien zum Untergang ihres Glaubens, als das Evangelium und Wort Gottes entgegen der klaren hellen Lehre des heiligen Apostels Paulus 1. Kor. 14 vorenthalten worden ist.

Deshalb ist es meine ernstliche Absicht, noch an diesem heutigen Tag der armen zerfallenen Christenheit mit der Deutschen Messe zu helfen, damit ein jeglicher gutherzige Mensch sehen, hören und vernehmen mag, wie die verzweifelten[12] päpstlichen Bösewichter die heilige Bibel der armen Christenheit zum großen Nachteil gestohlen und ihr rechtes Verständnis verbaut haben. (Es sind dieselben), die die Güter armer Leute verschlangen, wie Christus von ihnen sagt Matth. 23 und 2. Tim. 3, ebenso der heilige Apostel Petrus 2. Petr. 2 samt allen lieben Propheten von ihrer Hantierung sagt.

Weil aber nun der arme gemeine Mann seinen Glauben auf nichts als (leere) Larven gestellt hat, ja auf abgöttische Zeremonien mit Singen und Lesen in den Kirchen, und was der päpstlichen Possen (noch mehr ist), ist es billig und ziemt es sich, wie denn die evangelischen Prediger selbst bekennen, daß man der Schwachen schonen soll, 1. Kor. 3. Es gibt kein besseres oder füglicheres Verschonen als das, diese Lobgesänge auf Deutsch zu singen, damit die armen, schwachen Gewissen nicht geschwind herabgerissen (erniedrigt) oder mit losen, unerprobten Liedern vollgestopft werden. Vielmehr sollen die aus dem Lateinischen übertragenen Psalmen und Gesänge dem Wort Gottes und dem rechten Bibelverständnis dienen. (Geschehen soll dies) gemäß der Absicht der guten Väter, welche solche Gesänge einst zur Erbauung und zur Entfachung des Glaubens zusammengestellt haben. (Schließlich soll das so sein), damit durch solche Gesänge und Psalmen die

---

[11] Gemeint ist Müntzers Deutsches Kirchenamt (1523).
[12] ratlosen.

Gewissen (der geistlich Unmündigen) von den kirchlichen Larven befreit und zum biblischen Gotteswort hingezogen werden. Nimmer sollen sie so grob und unverständig wie ein Hackstock bleiben.

Daß ich aber allein fünf Ämter[13] habe hinausgehen lassen, soll mir niemand verargen. Denn ich habe einem jeglichen (Benützer) anheimgestellt, (die Entwürfe) zu kürzen oder zu erweitern. Desgleichen bei den Gesängen, etwa beim Gloria oder Vaterunser, wenn einmal das Getön zu viel wird. Jeder mag hinzunehmen oder weglassen, wie es sich fügen will. Doch damit will ich nicht etwa den päpstlichen Greuel[14] erhalten oder wieder aufrichten. Es mag ein jeglicher zulegen oder wegnehmen, soweit es sich um Menschensatzung handelt, nicht aber von dem, was Gott gesetzt oder befohlen hat. Entsprechend mag er mit den Gesängen und Noten verfahren.

Auch mag einer von einer Fest(liturgie) so lange singen, als er will, es sei vom Pfingstfest bis Advent, vom Advent bis Weihnachten, von Weihnachten bis Mariä Reinigung[15], von Mariä Reinigung (und) vom Leiden Christi bis auf Ostern, von Ostern bis Pfingsten, (jeweils) wie es einem jeglichen gut dünkt, wenn nur die Psalmen den armen Laien (in verständlicher Form) wohl vorgesungen und gelesen werden. Denn (erst) daran wird die Wirkung des Heiligen Geistes ganz klar erkannt, wie man sich gegen Gott verhalten und zum rechten Christenglauben kommen soll.

Ja, auch wie der Glaube mit viel Anfechtung bewährt werden soll, das alles ist vom Heiligen Geist in den Psalmen sehr klar ausgedrückt. Darum lehrt der heilige Paulus, wie man sich üben und ergötzen soll in geistlichen Lobgesängen und Psalmen, Eph. 5. Aber da müssen die zarten Pfaffen dem armen Volk zugute ihre Köpfe hinhalten[16] oder sie müssen ihr Pfaffenhandwerk an den Nagel hängen. Sollten sie (etwa) so faulenzen und allein am Sonntag eine Predigt halten und die ganze Woche über Junker sein? Nein, so nicht! Aber ich weiß gut genug, wie sie die Nase darüber rümpfen und einen Spott daran haben werden. Wahr ists trotzdem. Sie sollen keine Entschuldigung haben, denn man kann die arme, grobe Christenheit nicht so schnell aufrichten, wenn man nicht das grobe, unverständige Volk seiner Heuchelei[17] mit (Hilfe) deutscher Lobgesänge entgröbert.

Es sage ein jeder, was er will. Darum soll sich der gemeine Mann gar nicht um die faulen Schelme, die Pfaffen kehren, die ihre Zartheit schonen wollen und sie wollen (statt handfester geistlicher Kost) erst Milch (für geistliche Säuglinge) geben. Ja, Drachenmilch geben sie. Sie fürchten ihre Haut und wollen doch

---

[13] Liturgische Formulare für fünf Kirchenjahreszeiten.
[14] einer starren, formalistischen Verbindlichkeit.
[15] Lichtmeß am 2. Februar.
[16] sich Gedanken machen.
[17] D. h. seines oberflächlichen, lediglich an äußeren Formen hängenden Scheinglaubens.

Prediger des Glaubens und des Evangeliums sein. Wann wird (eigentlich) ihr Glaube wie das Gold im Feuer bewährt, 1. Petr. 1. Es soll sich ein Priester stellen, wie Sankt Paulus lehrt, Christus nachzufolgen, wie er ihm nachgefolgt ist, 1. Kor. 11. Ja, er soll das Wüten der Tyrannen nicht ansehn[18], sondern das Testament Christi (in aller) Offenheit[19] vollziehen, deutsch singen und erklären, damit die Menschen (dadurch) christförmig werden, Röm. 8. Alsdann wird aller Geiz, Wucher und hinterlistige Tücke der Pfaffen, Mönche und Nonnen samt der Wurzel (in sich) zusammenfallen, die jetzt in gutem Schein den Glauben verhindern. Das helfe uns Gott allein. Amen.

[Im Originaltext folgen hier die biblisch liturgischen Formeln und das Notenmaterial.]

---

[18] Seinem eigenen Beispiel gemäß rechnet Müntzer mit Priestern und mit einem Kirchentum, die sich in keiner Weise durch staatliches Reglement beeinträchtigen lassen.
[19] Öffentlichkeit; beabsichtigt ist ein Gottesdienst, der auch politisch-gesellschaftliche Konsequenzen nach sich zieht und damit Müntzers weitgesteckten Zielen entspricht: der einzelne soll »christförmig«, die Welt soll Christus unterstellt werden.

Ordnung und Berechnung des Deutschen Amtes zu Allstedt

durch Thomas Müntzer, den Seelwarter letzte Ostern eingerichtet. 1523.

Öffentlich das (Kirchen)Amt zu treiben, ist einem Knechte Gottes (auf)gegeben, nicht (etwa verdeckt) unter dem Hütlein zu spielen, sondern zur Aufrichtung und Erbauung der ganzen Gemeinde, welche durch den getreuen Schaffner (Christus) gespeist wird, der das Maß des Weizens zur rechten Zeit austeilt. Dasselbige (ist) nicht unter dem hinterlistigen Deckel zu verbergen, sondern der ganzen Christenheit und dazu der ganzen Welt nicht (zu) verdecken oder heimlich (zu) halten; denn das pflegen die zu tun, die den Schlüssel der Kunst Gottes hinwegnehmen, welchen man (vielmehr) einem jedem Auserwählten vortragen soll, (um) aufzutun[1], wie durch Jesaja im 22. Kapitel der ewige lebendige Gott geredet hat.

Demnach nimmt man bei uns den Eingang[2] (in) das Geheimnis Gottes aus dem Psalter, da der Schlüssel Davids (gemäß Jes. 22) auf den Schultern Christi liegt, zu eröffnen alles, was gesungen wird, damit man ja klar sehe (und) ohne Stückwerk den ganzen Psalm singe, wie es im Anfang der Christenheit durch die frommen Nachfolger der heiligen Apostel geschah. So legt man zuvor vor dem Altar die allgemeine Beichte ab und fügt nach dem Eingangsgesang das ›Kyrieleison‹ hinzu, damit die Freunde Gottes seine ewige Barmherzigkeit (er)fassen, seinen Namen aufs höchste zu preisen. Darnach (folgt) das ›Gloria in excelsis‹, in welchem wir danksagen, daß wir durch Gottes Sohn zum ewigen Leben und (zu den) höchsten Gütern Gottes gefördert worden sind und in unseren ersten Ursprung kommen.[3] Darüber wird das Volk nach solchem Danksagen getröstet mit dem Spruch des Boas, den er seinen Mähern (bei der Ernte) sagte[4], wenn wir zum ›reinen Weizen‹, (das ist) den Söhnen Gottes singen: ›Der Herr sei mit euch!‹

Hernach wünscht die ganze Kirche(ngemeinde) dem Knecht Gottes[5] einen reinen Geist, wie Sankt Paulus seinem Schüler Timotheus (2. Tim. 4, 22) lehrt, wenn er sagt: ›Und mit deinem Geist‹, damit die (des Geistes) bedürftige Versammlung nicht

---

[1] d. h. offenzulegen.
[2] Gemeint ist der Eingangsteil (Introitus) der Messe. Abweichend von der Deutschen Messe wird hier der ganze Psalm gesungen.
[3] Hinweis auf den Urstand des Menschen vor dem Fall.
[4] Buch Ruth 2, 4.
[5] d. h. dem Pfarrer.

einen gottlosen Menschen zum Prediger habe. Denn wer den Geist Christi nicht hat, der ist nicht Gottes Kind. Wie kann er dann um das Werk Gottes wissen, das er nicht (auf Grund eigener Erfahrung) erlitten hat? Weiß er es aber nicht, wie will er (etwas darüber aus)sagen? Denn (nur) ein Blinder pflegt mit solcher Unwissenheit einen anderen zu leiten. Deshalb bitten wir danach in allen Gebeten über der ganzen Versammlung der großen christlichen Kirche[6] (fürbittend) wider die tief eingerissenen erbarmungswürdigen Gebrechen, welche den hochwürdigsten Namen Gottes verhindern vor aller Welt aufzuleuchten.

Darnach wird das Volk durch die heiligen Lesungen und durch die Sendbriefe[7] der lieben Apostel (daran) erinnert, wie ein jeder der Wirkung Gottes stattgeben soll ehe denn Gott der Vater seinen allerliebsten Sohn durch das Evangelium reden läßt. Hernach wird das Gradual und Halleluja gesungen, damit der Mensch ermutigt wird, sich auf Gottes Wort fest zu verlassen. Denn aus solchen, den Psalmen entnommenen Lobgesängen sieht er, wie es Gott der Allmächtige mit seinen lieben Auserwählten gehalten hat, sie an sich zu ziehen, sie mit väterlicher Strafe – in seiner Güte – zu unterrichten. Anstelle der Prosa oder der Sequenzen singt man den Psalm ›Miserere mei deus‹ etc.[8]

Zum andern ist zu wissen, daß wir allezeit ein ganzes Kapitel anstatt der Epistel und des Evangeliums lesen, damit so die bruchstückhafte Weise verworfen und die (ganze) heilige Schrift der Bibel dem Volk vertraut werde. Ja auch die abergläubischen Zeremonien oder Gebärden sollen (auf diese Weise) durch stetiges Anhören des göttlichen Wortes hinfällig werden. Dies alles (soll) jedoch durch sanfte und behutsame Unterbrechung der genannten Zeremonien (erfolgen), damit so alle Dreistigkeit gelindert und die Leute mit gewohntem Gesange in (ihrer) eigenen Sprache geleitet werden, wie man Kinder mit der Milch aufzieht und der (abartig) bösen Weise keinen Raum gibt. Obgleich man zwar viel Ärgernis bei den Gegnern erregt, so ist doch allezeit die (reformerische) Verbesserung dieses Amtes wirksamer, die Widersacher zu dämpfen. Darum singen wir auch in dem Geheimnis Gottes[9] die Episteln und das Evangelium in unserer (deutschen) Sprache, wie der heilige Apostel Paulus seine Sendbriefe öffentlich vor der ganzen Gemeinde verlesen ließ. Und Christus, unser Heiland, hat befohlen, das Evangelium einer jeden Kreatur vorzupredigen, (und zwar) unverwickelt und unverblümt, weder mit Latein noch in einer anderen Beigabe (versehen), sondern wie es ein jeder in seiner (eigenen) Sprache vernimmt oder vernehmen kann, ohne Ausnahme.

[6] d. h. in Gemeinschaft mit der ganzen Christenheit.
[7] Es handelt sich um die Epistel-Lesung.
[8] Psalm 51.
[9] in der sakramentalen Feier.

Zum dritten: Nach dem Evangelium singt man am Sonntag oder an Feiertagen das Zusammengetragene und Übereingekommene aller Hauptartikel des Glaubens[10], in welchen den groben Irrtümern der Kirche begegnet wird, nachdem das Geheimnis Gottes der ganzen Welt unverhohlen vorgetragen wird.
Zum vierten geschieht danach die Predigt; denn die ist so gelegt, damit der Gesang erklärt werde, den man im Amt hört. Denn David sagt: ›Die Erklärung deiner Worte gibt Verstand den kleinen (Leuten).‹ Nach der Predigt singt man: Nun bitten wir den Heilgen Geist etc., danach das Benedictus, damit der Prediger sich wieder rüste, Atem zu holen und das (Kirchen-)Volk für das gehörte Gotteswort lobe. Wir halten kein Offertorium im Geheimnis (Sakrament) Gottes.[11]
Zum fünften singt man die Praefation, durch welche die Christenheit erinnert wird, daß sie den Erstgeborenen aller Kreaturen erkenne in der Fülle und Erkenntnis göttlichen Willens und der Kunst Gottes, die er von ihm selbst hat mit allen Auserwählten.
Zum sechsten singt man das Sanctus, damit erklärt werde, wie der Mensch geschickt sein soll, um ohne Schaden seiner Seele das Sakrament zu vollziehen. Nämlich er soll und muß wissen, daß Gott in ihm sei, daß er nicht (irgend etwas) ausdichte oder ersinne, als sei er tausend Meilen von ihm entfernt, sondern (vielmehr erkenne), wie Himmel und Erde voll, voll von Gott sind und wie der Vater den Sohn in uns ohne Unterlaß gebiert und der Heilige Geist nichts anderes als den Gekreuzigten in uns durch herz(bewegende) Betrübnis erklärt. Darüber gebricht[12] uns nichts anderes, als daß wir unsere Blindheit nicht erkennen. Auch wollen wir nicht vernehmen, wann uns Gott in die höchste Ehre durch Schande setzt, in die Gesundheit des Geistes durch Krankheit des Leibes etc.[13] Denn so kommt er in seinem Namen, wenn unser Name verunehrt und ungeachtet unseres falschen Handeln und unserer Unachtsamkeit erniedrigt wird.
Zum siebten: Damit wir nun solche hohe, mächtige Anfechtung geduldig ertragen mögen, nehmen wir die Weise, die Jesus Christus, der Sohn Gottes, seiner Kirche ein-zu-halten befohlen hat, (das heißt) seiner dabei durch alle Trübsal hindurch zu gedenken, damit unsere Seele (geradezu) schmachte und hungrig werde nach der Speise des Lebens. So ist es uns vonnöten, aufs allerherrlichste die allerherrlichsten Worte Christi zu halten, alle Menschen das Festhalten an diesem Leben[14] zu zeigen, (und zwar) durch den, der sein Gedächtnis, Wesen und Wort in der Seele des Menschen haben will, nicht (etwa) wie im Vieh, sondern

---

[10] das apostolische Glaubensbekenntnis.
[11] In der Ablehnung des katholischen Opfergedankens stimmt Müntzer mit Luther überein.
[12] fehlt.
[13] d. h. Unehre, Leiden und Krankheit müssen letztlich als Wege zu Gott und zum Geiste dienen und in dieser Funktion vom Menschen erkannt werden.
[14] Nach Johannes: das Bleiben in Christus.

als in seinem Tempel, welchen er mit seinem kostbaren Blut ganz teuer erworben hat (1. Petr. 1,18 f).

Zum achten: Die Worte der Wandlung sind im ersten Anfang der Kirchen(geschichte) auch öffentlich gesprochen worden. (Es wurde davon) abgegangen allein um eines Blendwerks willen, welches sich durch etliche Hirten auf dem Felde erhoben hat. Aber um Aberglauben zu vermeiden, welcher durch Mißbrauch des Geheimnisses Gottes in der Kirche ist, singen wir dieselben Worte der Wandlung, nicht (als seien sie) zu einem gesagt oder verborgen (gehalten), sondern zu allen, wie es der Text des Evangeliums klar anzeigt. Er redet da immer wieder: ›Nehmet hin und esset‹ etc. ›Nehmet hin und trinket alle daraus‹ etc. Daneben ist auch die Konsekration eine Wandlung, welche nicht allein von einem, sondern durch die ganze versammelte Gemeinde geschieht[15]. Damit sei unseren Widersachern geantwortet, die ohne rechtschaffenen Grund uns verfolgen, wenn sie sagen, wir lehrten die Roßbuben auf dem Felde auch das Messehalten. Aus welchen Urteil ein jeder frommer wohlmeinender Mensch wohl ermessen kann, was sie vom Sohne Gottes halten, als wäre er gleichsam ein gemaltes Männlein oder ein Gaukelspiel, bei dem man den Teufel mit Worten beschwört, bezaubert.

Also lassen sich diese auch dünken, man solle Christus, den Sohn Gottes, mit Worten hin und her bezaubern, wo die Frechheit der Menschen hinwolle[16]. Nein, nicht also! Christus erfüllt allein die Hungrigen im Geist und die Gottlosen läßt er leer.[17] Was sollte denn dann Christus im Sakrament bei den Menschen tun, wenn er (bei ihnen) keine hungrige und (zum Empfang des Geistes bereite,) leere Seele findet? Darum muß er mit den Verkehrten verkehrt sein und mit den Guten gut. Was soll einem das Zeichen (nützen), der das Wesen verleugnet? Nun hat ja die ganze (Gemeinde-)Versammlung ohne Zweifel viele fromme Menschen, und eben wegen des Glaubens solcher Menschen kommt er wahrhaftig dorthin, ihre Seele zu sättigen etc.

Zum neunten: So singt man die Form der Wandlung oder des Abendmahls im (Psalm-)Ton der Praefation im Wortlaut wie folgt:

›Einen Tag bevor Jesu wollte leiden, nahm er das Brot in seine heiligen, würdigen Hände und hob seine Augen gen Himmel zu dir, Gott, seinem allmächtigen Vater, sagte dir Dank, segnete es, brach es und gab's seinen Jüngern, als er sagte: Nehmet hin und esset alle davon! – Mit erhobener Hand spricht er: Das ist mein Leib, der für euch gegeben wird. – Es wendet sich der Diener, nimmt den Kelch und spricht vor dem Volk: Desselbigen gleichen,

---

[15] Damit betont Müntzer die Kultusmündigkeit der Gemeinde.
[16] d. h. wie es der Mutwille der Menschen verlangt.
[17] Matth. 5, 3; Luk. 1, 53. Ferner Th. Müntzers Auslegung des Lobgesangs der Maria (Magnifikat) in: Ausgedrückte Entblößung.

da man gegessen hatte, nahm er den Kelch in seine heiligen, würdigen Hände und sagte dir Dank, segnete ihn und gab ihn seinen Jüngern indem er sagte: Dies ist der Kelch meines Blutes, des neuen und ewigen Testamentes, ein Geheimnis des Glaubens, der für euch und für viele vergossen wird zur Verzeihung der Sünde. – Wieder zum Altar gewandt spricht er: ›So oft ihr das tut, sollt ihr meiner dabei gedenken etc.‹

Zum zehnten: Bald nach dieser Elevation[18] singt man im selben (Psalm)ton flugs darauf also: ›Darum laßt uns alle beten, wie uns Jesus Christus, der wahrhaftige Sohn Gottes, gelehrt hat, und sprechen: Vater unser, der du bist in den Himmeln etc.‹ Und alles Volk singt darauf: ›Amen.‹ Danach wird es stille, ein wenig Atem zu holen, während der Priester der Kommunikanten wegen das Sakrament austeilt und singt: ›Durch alle Ewigkeit der Ewigkeit.‹ So antwortet das gemeine Volk: ›Amen.‹ Der Priester erwidert: ›Der Friede des Herren sei allezeit mit euch.‹ So antwortet das Volk: ›Und mit deinem Geist.‹ Bald danach singt das Volk – um im Geheimnis den Tod und die Auferstehung Christi zu betrachten und dasselbe weiter zu erklären – das Zeugnis Johannes des Täufers Christi, dreimal: ›O Lamm Gottes, das wegnimmt die Sünde der Welt etc.‹ Dazu singt man aus dem Evangelium des Lukas Kap. 17: ›Erbarme dich unser!‹ Und zum letzten: ›Gib uns deinen Frieden‹. Denn Christus ist um unserer Sünde willen gestorben und auferstanden, um uns zu rechtfertigen, welches er allein tut, und wir müssen sie erleiden. Auf solchen Glauben gibt man dann den Leuten das hochwürdigste Sakrament unter dem Agnus dei, (und zwar) ohne die päpstliche heuchlerische Beichte. Denn (die Leute) werden in allen Predigten allgemein vermahnt, wie ein jeder Mensch sein altes vergangenes Leben bedenken soll, daß er sehe, mit wie vielen Lüsten er sein Kreuz verdient habe etc. Der Mensch tut die Sünde, Gott legt die Buße auf, und es (liegt am) Menschen, sich danach zu richten. Es kann kein Mensch vor Gott ein gutes, reines und friedvolles Gewissen haben, wenn er es nicht vollkommen erkennt. Darum beschließt man im dritten Agnus dei: ›Gib uns deinen Frieden‹, und: ›Laß deinen Knecht, o Herr, nach deinem Wort in Frieden (gehen)‹. Denn allein alle langmütigen Menschen sind würdig des Heilands des Lebens etc.

Zum elften gibt man das hochwürdige Sakrament unter beiderlei Gestalt[19], ohne Rücksicht auf alles Geplauder der Krämer auf diesem oder jenem Markt, auf diesem oder jenem Teil. Denn wenn wir das Sakrament, das heilige Zeichen, nicht vernehmen, wie wollen wir dann das Wesen verstehen, welches das Zeichen bedeutet? Darum sagt man nach der Kommunion: ›Gott Dank‹ über dem Volk und ›Gesegnet sei der Herr etc.‹.

[18] Erhebung des Kelchs
[19] d. h. der Kelchentzug der mittelalterlichen Kirche wird rückgängig gemacht.

Zuletzt soll sich niemand verwundern, daß wir zu Allstedt Deutsche Messe halten. (Sie mag zu einem anderen Zeitpunkt besser und eingehender erläutert werden.) Es ist auch nicht allein der Brauch nach anderer als römischer Weise die Messe zu halten[20], weil auch die zu Mailand in der Lombardei eine ganz andere (Gestalt der Messe) haben als die zu Rom. Ein jedes Bistum hält an seinen besonderen Zeremonien und (kultischen) Gebärden fest. Warum sollten wir uns dann nicht nach der (Situation dieser Zeit) richten, zumal wir in Allstedt Deutsche sind und keine Italiener und wollten uns gern durch das Getümmel[21] hindurchfressen, um zu wissen, was wir glauben sollen. Es will sich keine andere Weise dazu (finden) lassen als so das rechte Wort Gottes zu (vollziehen). So sind (beispielsweise) die Kroaten (dem Kirchenritus nach) Römer und halten (dennoch) die Messe und alle Gottesdienste in ihrer (Volks-)sprache. Die Armenier halten sie in ihrer Sprache und sind ein großes Volk; sie zeigen das Sakrament auf der Patene[22] dem Volk. Desgleichen halten die Böhmen in ihrer Sprache die Messe (unter Beachtung) von mancherlei Gebräuchen. Desgleichen die Mozaraber und die Russen, die viele andere Gebärden haben und deswegen keine Teufel sind. Desgleichen im (Ursprungs)land des Christenglaubens, wo es wohl 14 Sekten gibt, beachten alle einen anderen Ritus als wir.

Ach, wie blinde, unwissende Menschen sind wir, daß wir uns vermessen, allein Christen zu sein, in äußerlichem Gepränge, und uns darüber (auch noch) zanken wie wahnsinnige, viehische Menschen! (Warum) mag ein jeder Diener des Wortes nicht (das Recht haben), seinen Pfarrkindern eine Weise zu lehren, damit sie erbaut werden möchten mit Psalmen und Lobgesängen aus der Bibel, wie Sankt Paulus mit klaren Worten Epheser 5 sagt: ›Ihr sollt, spricht er, erfüllt werden mit dem heiligen Geiste; redet untereinander mit Psalmen und Lobgesängen und geistlichen Liedern und Gesängen; singet und spielet dem Herren und sagt allezeit Dank vor jedermann!‹ Desgleichen lehrt er I. Korinther 14. – Wollen wir dann aber das deutsche Singen und Lesen in der Kirche unchristlich heißen, was wollen wir dann sagen, wenn wir unsere Bewegung zum Glauben vortragen sollen? etc.

(Es folgen Anweisungen wie die Taufe vollzogen, die Eheschließung gesegnet werden soll, wie Kranken das Sakrament zu bringen und wie die Toten zu bestatten sind.)

---

[20] d. h. Müntzer verweist darauf, daß er in Allstedt durchaus nach ökumenischer Weise verfährt, wenn er die Deutsche Messe einrichtet.
[21] nämlich der lateinischen, für das Volk unverständliche Form der Messe.
[22] Oblatenteller.

Von dem gedichteten Glauben

auf nächste Protestation, ausgegangen (von) Thomas Müntzer, (des) Seelwarters zu Allstedt. 1524.

Wider den gedichteten Glauben der Christenheit

Zum ersten.
Der Christenglaube ist eine (Zu)sicherung, aufs Wort (und auf) die Zusage Christi sich zu verlassen. Soll nun jemand dieses Wort mit rechtschaffenem, ungedichteten Herzen fassen, so muß sein Ohr vom Getön der Sorgen und Lüste (leer)gefegt sein. Denn ebensowenig wie der Acker ohne die Pflugschar vielfältigen Weizen zu tragen vermag, so wenig mag einer sagen, daß er ein Christ sei, wenn er nicht durch sein Kreuz(tragen) zuvor empfänglich wird, Gottes Werk und Wort zu erwarten. In solcher Erharrung erleidet der auserwählte Freund Gottes das Wort (gleichsam), ist nicht der gedichteten Zuhörer einer, sondern ein emsiger Schüler seines Meisters, welchen er mit (unverminderten) Fleiß allenthalben (als Vorbild) ansieht, damit er mit ihm (seinem Wesen gemäß in jeder Hinsicht) verglichen werden möge.

Zum andern.
Was ein Mensch (von dem) hört oder sieht, das Christus weist, nimmt er zum wunderbaren Gezeugnis, seinen Unglauben dadurch zu verjagen, zu töten und zu (zer)malmen. In dem Maße sieht er die ganze Heilige Schrift wie ein zweischneidiges Schwert[1], denn alles, was darinnen ist, ist (dazu da), uns allezeit eher zu würgen denn als lebendig zu machen.[2] Ein (geistlich) unerprobter Mensch, der (nur) auf Gottes Worten pocht, wird nichts ausrichten als Wind fangen. Gott hat seine Auserwählten von Anfang an aufs höchste erprobt und vor allem seinen einzigen Sohn nicht verschont, damit er das rechte Ziel der Seligkeit sein und den einzigen engen Weg zeigen sollte, den die wollüstigen Schriftgelehrten ewig nicht finden können. Darum mag ein auserwählter Freund Gottes nicht so leicht zum Glauben kommen. So viele Leute davon ruhmredig sind, so hinterlistig und ganz gedichtet ist ihr Glaube, es sei denn, daß sie (über) ihres Glaubens Herkunft[3] Rechenschaft ablegen, wie es allen, die in der Bibel (genannt sind), geschehen ist. Ist das nicht möglich, (dann) sollte man solche wahnsinnige und (auf bloße Annahmen fußenden) Menschen (nicht) vernünftige Heiden, geschweige denn Christen heißen.

[1] Hebr. 4, 12.
[2] Gemeint ist der kritisch-analytische Aspekt des in die Existenz hineinredenden Wortes.
[3] gemeint ist die Grundlage des Glaubens.

Solche Leute sind die, die sich in einen Engel des Lichts verkleiden, vor dem wir uns wie vor dem Teufel hüten sollen.

Zum dritten.
Gott ließ Abraham deshalb elend und verlassen werden, damit er an keiner Kreatur, sondern allein bei Gott sicher sein sollte. Darum wurde er mit der Zusage Gottes gepeinigt. Als sie nun beinahe angehen sollte, wurde er der Zusage (wegen) gepeinigt, mit weit hinausgezögerten Trost in ein fremdes Landes zu wandern, (mit einem Trost), welchen er nach natürlichem Verstand für abwegig fand, wie es der heilige Stephanus den zarten, spitzfingerigen Schriftgelehrten in den Geschichten der Boten Gottes[4] vorwirft. Verdammte Menschen wollen allezeit sich in sich selbst verbergen und nicht destoweniger den (am Kreuz) erhöhten Christus (er)fassen. Das 10. und 11. Kapitel (um)faßt das 12. des Buchs der Schöpfung[5], wenn (sie) gegeneinandergehalten werden. Abraham wurde nach großem Jammer und Mühsal gewürdigt, den Tag Christi zu sehen. Denn Gott hat vom Anbeginn (der Welt) keine andere Weise dazu gehabt. Ist (schon) in Abraham das Licht der (Verstandes)natur so gründlich vertilgt, was muß (dann) in uns geschehen?

Zum vierten.
Mose, der die Erkenntnis des falschen Lichts der Natur[6] durchs Gesetz anzeigt, wollte der lebendigen Zusage Gottes nicht glauben. Denn in ihm mußte der Unglaube zuvor ganz (gründlich) erkannt werden, wenn er sich (untrüglich) auf Gott verlassen sollte, daß er sicherlich wüßte, daß der Teufel ihm keinen Hund vor die Schnautze schlüge. Mochte (etwa) Mose Gott für einen Teufel gehalten haben, wenn er der (menschlichen) Kreatur Hinterlist und Gottes (unverfälschte) Einfalt[7] nach der Ordnung nicht erkannt hätte, die in Gott und in (die) Kreaturen gesetzt ist. Wenn schon die ganze Welt etwas wie von Gott (gegeben) annimmt, so kann es doch den Armen im Geist nicht (zufrieden) stellen, außer er befinde sich in der Betrübnis.

Zum fünften.
Aufs kürzeste sehe ein jeder frommer, biederer Auserwählter die Bibel ohne (die Mühe) eines besonderen Suchens durch. Er wird finden, daß alle Väter, die Patriarchen, Propheten und besonders die Apostel sehr schwer zum Glauben gekommen sind. Keiner hat so (in den Glauben) hineinplatzen wollen wie unsere wahnsinnigen wollüstigen Schweine[8], die (wenn es drauf ankommt)

---

[4] Apostelgeschichte, Kap. 7.
[5] d. h. I. Mose 10–12.
[6] d. h. des natürlichen Verstandes.
[7] Gegenteil von Zwiespältigkeit.
[8] an die man gemäß Matth. 7, 6 die Perlen der Glaubenserkenntnis nicht vergeuden soll.

sich vorm Sturmwind, vor brausenden Wellen und vorm (großen) Wasser der Weisheit entsetzen. Denn ihr Gewissen merkt wohl, daß sie zuletzt in einem solchen Ungewitter verderben werden. Darum sind sie mit allen ihren Verheißungen einem närrischen Manne gleich, der auf den Sand baut. Da(rauf) fallen alle Gebäude (zusammen) etc.

Zum sechsten.
Die Boten Gottes hatten den Träger des Evangeliums selbst gehört, und Christus sagt zu Petrus[9], daß ihm weder Fleisch noch Blut offenbart hätte[10]. Dennoch vermochten sie (sich) an keine Zusage zu halten, ohne schamrot zu werden und der Lästerung zu (ver)fallen, damit ihr Unglaube so tief (ver)sucht würde. Denn sie[11] wollten alle miteinander nicht glauben, daß er auferstanden wäre. Sie meinten, es wäre ein Gespenst oder ein Trugbild. Und wir unerprobten Menschen halten so viel von uns selbst, da wir uns mit gedichtetem Glauben und mit ausgedichteter Barmherzigkeit Gottes behelfen, nehmen ein natürliches Versprechen oder Zusage und wollen damit den Himmel stürmen. Ach nein, allerliebste Christen, laßt uns die heilige Bibel dazu benützen, dazu sie geschaffen ist, (nämlich) – wie oben gesagt – zu töten und nicht lebendig zu machen, wie (es) nur das lebendige Wort (tun kann), das eine leere Seele hört.[12] Laßt uns nicht (etwa) ein Stücklein hier, das andere dort nehmen, sondern (laßt uns) in der Leere (für den) Geist und nicht (für das) Fleisch das zusammenfassen, das an allen Stellen der Schrift zu (finden) ist, (nämlich) daß sie tröstet und erschreckt. Wo der hinterlistige Glaube nicht zu Boden entdeckt[13] wird, nimmt man immer (nur) das äußerliche Wort an, aber in dem Ungewitter verfehlt es der Tor. Darum müssen die Leute in die allerhöchste Un(ge)wißheit und Verwunderung gebracht werden, sollen sie ihres gedichteten Glaubens los und mit dem rechtschaffenen Glauben recht unterrichtet werden.

Zum siebenten.
Einem gerechtfertigten[14] Prediger sind die Worte Gottes nicht mit honigsüßen Worten und Heuchelei in den Mund gesetzt, sondern mit einem inbrünstigen und rechten, ernsten Eifer, um die gedichteten Christen zu entwurzeln, zu (zer)brechen, zu zerstreuen und allen ihren bösewichtischen Glauben, den sie durchs (bloße) Hörensagen oder aus den Büchern von Menschen wie tückische Diebe gestohlen haben, zu zerstören.

---

[9] Matth. 16, 17.
[10] wer Christus sei.
[11] die Jünger Jesu.
[12] eine Seele, die sich aufnahmebereit gemacht hat.
[13] d. h. bis auf den Grund durchschaut.
[14] einer, der die Gerechtigkeit an sich als eine Tat Gottes erfahren hat.

Zum achten.
Solange die arme, elende, erbarmungswürdige, jämmerliche Christenheit ihren Schaden nicht erkennt, ist ihr nicht zu helfen; solange sie in der Gestalt des wahrhaftigen Glaubens wie unter einem Schanddeckel ihren gedichteten Glauben nicht wegtun lassen will, ist ihr weder zu raten noch zu helfen. Darin (liegt die Ursache) alles Gebrechens, daß keiner der Türken, Heiden, Juden und aller Ungläubigen der Grundlage seines Glaubens (nach) gleich sein will, sondern ein jeder putzt sich mit seinem Glauben und (mit seinen) Werken, deren beider Grund(lage) und (Nähr)boden er nicht kennt.[15] Darum haben unsere groben tölpischen Väter alle Welt – ohne sich allein – dem Teufel gegeben und niemandem Rechenschaft abgelegt (und dadurch) alle Sekten oder Teilungen verursacht. Des größeren Teils der Zeremonien und kirchlichen Gebärden wegen sind sie uneins geworden, ohne den gedichteten und rechten Glauben (zu unterscheiden).

Zum neunten.
Um der elenden, groben Christenheit von solchem mißlichen Greuel abzuhelfen, muß man zum ersten vor allem einem ernsten Prediger zuhören, der mit Johannes dem Täufer erbarmungswürdig und (an)klagend in der Wüste schreit, damit die tollen, tobenden Herzen der Menschen die (rechte) Weise im Werk Gottes lernen, wie sie (für) Gottes Wort nach mannigfaltiger Bewegung empfänglich werden, wonach (Christus als) der Brunnen[16] zur Seligkeit angezeigt wird, der Sohn Gottes als ein mildes Lämmlein, das seinen Mund nicht aufgetan hat, als es geschlachtet wurde, das die Sünde der Welt getragen hat, daß wir mit ihm (gleichsam) als Schafe den ganzen Tag (hindurch totgeschlagen werden). Dadurch sollen wir wahrnehmen, wie wir in unserem Leiden nicht murren und knurren sollen wie heulende Hunde, sondern wie Schafe seiner Weide, die er nicht anders als mit dem Salz seiner Weisheit (in Gestalt des) Leiden (speist).

Zum zehnten.
Durch böse Weide werden die Schafe vergiftet, aber durch (dieses) Salz werden sie gespeist. Daß man einen süßen Christus der fleischlichen Welt predigt, ist das (schlimmste) Gift, das von Anbeginn (je) den Schäflein Christi gegeben wurde. Denn dadurch[17] will der Mensch gottförmig sein, wenn er nicht mehr will, auch nicht mehr begehrt (als) christförmig zu werden. Auch ist er (zutiefst) sich selber nicht ähnlich, sondern (er ist) wie ein Molch oder Panther in all seinem Tun unbeständig. Darum hat Christus (ausdrücklich) gesagt: ›Meine Schafe hören meine Stimme

---

[15] Müntzer denkt hier an eine geistige Basis, auf der letzlich alle Religionen fußen.
[16] Joh. 4, 14.
[17] Gemeint ist wohl das Annehmen des Leidens.

und folgen nicht nach der Stimme des Fremdlings.‹ [18] Der ist ein Fremdling, der den Weg zum ewigen Leben verhindert, Dornen und Disteln stehen läßt und spricht: Glaube, glaube! Halte dich fest, fest mit einem starken, starken Glauben, daß man damit Pfähle in die Erde stoße.

Zum elften.
Man soll nicht zum Fenster hineinsteigen [19]; einen anderen Grund des Glaubens als den ganzen und nicht den halben Christus [20]. Wer den bitteren Christus nicht haben will, wird sich am Honig totfressen. Christus ist ein Eckstein [21]. Wie mit dem (beim Behauen) umgegangen wurde, so muß der Werkmeister auch mit uns umgehen, damit wir erwachsen zum rechten Bau des Lebens. Es muß nicht (ein Pfennig) dran fehlen, daß ein jeder Christ durch und durch (dem rechten Bau des Lebens) nach seinem Pfund oder Maß (möglichst) gleich werde. Denn wer mit Christus nicht stirbt, kann nicht mit ihm auferstehen. Wie kann er denn in der Wahrheit seines (neuen) Lebens sein, der den alten Rock [22] niemals ausgezogen hat? Darum sind (jene) Diebe und Mörder [23], die trösten bevor (sie) betrüben, die wirken wollen, bevor Christus kommt, aber nicht wissen Ja oder Nein zu sagen.

Zum zwölften.
Keine (größere) Liebe hat Christus seinen Auserwählten erzeigt, unwandelbar mit seinem Vater, als daß er sie nach seinem Fleiß zu Schafen gemacht hat, die in der Küche dienen, den Verdammten zum Verderben, (und) die nur (darauf bedacht sind), vertrieben und umgebracht zu werden, damit ihr Gedächtnis von der Erde aufgehoben werde. Wer in solcher Weise auf das Lämmlein blickt, wie es die Sünde der Welt wegnimmt, wird sagen: Mit meinen Ohren habe ich gehört, was die alten Väter in der Bibel mit Gott gehandelt haben und Gott mit ihnen, daß keiner mit dem andern einig geworden ist – bis daß er, durch sein Leiden (Gott) ewig zugewandt, überwunden hatte. Das (läßt) das Aufleuchten Gottes im Licht zum Licht gelangen. Das ist da, wenn der Herr sagt: ›Die Schafe, die mir mein Vater gegeben hat, kann mir niemand aus meiner Hand reißen.‹ – Die Auslegung dieses Wortes ist die Weide des Schafs, (dessen Name) im Himmel verzeichnet ist. Denn nach aller Schlachtung sagt es: O Herr, stehe auf vom Schlaf! Warum wendest du dein Antlitz von mir ab? Hilf mir um deines Namens willen, daß meine Füße auf den (Felsen) gegründet sind [24]. Da will ich dann sagen: Du hast (es) allein getan. Da will

[18] Joh. 10, 3.
[19] Joh. 10, 1.
[20] zu ergänzen: gibt es nicht, kann man nicht haben.
[21] Eph. 2, 20.
[22] des alten Adam.
[23] gemäß Joh. 10, 1.
[24] d. h. einen festen Stand haben.

ich mir meine Lippen nicht zubinden lassen, die Gerechtigkeit, die du allein anfängst, in deiner großen Kirche zu verkünden.

Zum dreizehnten.
Auf einen solchen Grund wird die wahrhaftige Christenheit gebaut, die zum ewigen Leben vorgesehen ist, danach lerne man (sich) zu hüten und den Sauerteig[25] der bösewichtischen Gelehrten wegzutun, die auch das reine Wort Gottes mit ihrem vom Wurmfraß befallenen Lamentieren zu Sauerteig machen. Denn ihre Lehre macht, daß sich die Menschen in einer gedichteten Weise mit unproblem Glauben aufbrüsten und fälschlich meinen, sie (könnten) aller Anfechtung mannsgenug sein mit ihren Verheißungen, so sie doch nicht lernen, wie ein Mensch dazu kommen möge.

Zum vierzehnten.
Sieh an, du auserwählter Bruder, das 16. Kapitel Matthäi durch und durch, (Wort für Wort)! Du wirst finden, daß niemand an Christus glauben kann, er muß ihm zuvor gleich werden. Durch den Unglauben (hindurch), wenn ihn der Auserwählte findet, verläßt er allen seinen gedichteten Glauben, alles was er nach der Weise der Schrift gelernt, gehört oder gelesen hat; denn er sieht, daß ein (bloß) äußerliches Gezeugnis in ihm kein Wesen (hervorbringen) kann, sondern es dient allein dazu, wozu es geschaffen ist. Darum kehrt er sich nicht an alles (bloße) Sagen der unerfahrenen Menschen, sondern ist (begierig nach) der Offenbarung, wie Petrus, der allen (Jüngern) zuvorkommt und sagt: ›Ich weiß fürwahr, daß Christus des lebendigen Gottes Sohn ist‹[26]; denn der Unglaube, in meinem Fleisch und Blut verborgen, ist zum Teil überwunden durch die Begier, die das Senfkorn und der gute Sauerteig durchdringen und in allem Unglauben einen Durchbruch (herbeiführen). Verzweiflung und allen (starken Widerstand) muß man erlitten haben. Es muß die Hölle erst erlitten werden, soll man sich vor der Hinterlist der verschlingenden Pforte hüten. Das Annehmen[27] des Verdammten und des Auserwählten ist nicht ein und dasselbe. Der Gottlose nimmt (zwar) die Schrift über die Maßen gerne an. Wenn ein anderer vor ihm leidet, baut er (auf) einen starken Glauben. Wenn es aber gilt, das Lämmlein anzusehen, das das Buch (der Offenbarung) aufschließt[28], da will er seine Seele nicht verlieren, will dem Lamm nicht gleich werden und will sich in seiner sinnlichen Weise mit klaren Texten behelfen. Das ist falsch.
Wenn dem Gelehrten nach menschlicher Weise die ganze Schrift

---

[25] Matth. 16, 6.
[26] Matth. 16, 16.
[27] das Empfangen.
[28] Offb. 5; gemeint ist die Entschlüsselung dessen, was Gott im Wort spricht.

vorgetragen wird, so (beherrscht) er sie doch nicht, sollte er auch auseinanderbersten. Er muß warten, bis sie ihm mit dem Schlüssel Davids eröffnet werde, (und zwar) auf der Kelter, in der er (mit) seiner angenommenen Weise zerknirscht wird, daß er so geistlich arm wird, daß man gar keinen Glauben mehr bei ihm findet als allein den, daß er gerne recht glauben möchte. Das ist dann der Glaube, der so klein wird wie ein Senfkorn[29]. Da muß der Mensch sehen, wie er das Werk Gottes (an sich) erduldet, damit er von Tag zu Tag in der Erkenntnis Gottes zunimmt. Da wird (dann) der Mensch allein von Gott gelehrt und von keiner Kreatur. Was alle Kreaturen wissen, ist ihm eine bittere Galle, da es eine verkehrte Weise (der Erkenntnis) ist, vor welcher Gott alle seine Auserwählten behüte und errette, wenn sie dahinein gefallen sind.

Das gebe Gott. Amen.[30]

---

[29] Luk. 17, 6.
[30] Daran schließt sich Müntzers Brief an Hans Zeiß, Nr. 46 vom 2. Dezember 1523 an.

Protestation oder Erbietung

Thomas Müntzers von Stolberg am Harz, des Seelwarters zu Allstedt, seine Lehre betreffend und zum Anfang von dem rechten Christenglauben und der Taufe. 1524.

Hörst du Welt! Ich predige dir Jesum Christum, den gekreuzigten, zum neuen Jahre und dich und mich mit ihm. Gefällt dir's, nimm es auf, wenn nicht, verwirf es!

Zum ersten.
Ich, Thomas Müntzer von Stolberg aus dem Harze, ein Knecht des lebendigen Gottessohns durch den unwandelbaren Willen und (die) unverrückliche Barmherzigkeit Gottes, des Vaters, entbiete und wünsche im Heiligen Geist allen euch auserwählten Freunden Gottes die reine rechtschaffene Furcht des Herrn und den Frieden, dem die Welt feind ist. Nachdem euch der allwissende und achthabende Hausvater zum reinen Weizen gemacht hat[1], und dem fruchtbaren und (ertragreichen) Lande befohlen[2], seid ihr – Gott sei es erbarmungswürdig geklagt – (soweit) gekommen, daß kein sehr großer Unterschied zwischen euch und dem Unkraut (festzustellen) ist. Denn die gottlosen Söhne der heimlichen, hinterlistigen Schalkheit scheinen und erglänzen weit, weit über euch hinweg, hinten und vorne, auch so(sehr), daß das elende, jämmerliche Seufzen in euch von wegen der hochgezierten (Scheinblüten) der rotblühenden Rosen und der Kornblumen, auch der stachligen Disteln in ein mißfallendes Gespenst und ein höhnisches Gespött verwandelt und fast ausgetilgt worden ist. (Dieses) inbrünstige Seufzen und Sehnen nach Gottes ewigem Willen ist unverrücklich der einzige unbetrügliche Fußstapfen der apostolischen wahrhaftigen Christenheit, denn es quillt (gleichsam) aus dem harten Felsen des lebendigen Wassers (als) Anfang und Ursprung der Auserwählten. Es kann und mag kein anderer Weg gefunden werden, der elenden, armen, jämmerlichen, dürftigen, groben, zerfallenen Christenheit zu helfen, als daß die Auserwählten darauf mit emsiger Begier, Arbeit und (unvermindertem) Fleiß hingewiesen werden.

Zum andern.
Ansonsten ist die christliche Kirche viel toller und unsinniger als die wütende Torheit selbst unter allen (anderen) Völkern auf Erden, welche sich zu unseren Zeiten viel unsauberer und halsstorziger merken, ja greifen läßt als am Anfang, nachdem alle

---
[1] Matth. 13, 38; Mark. 4, 28; Luk. 8, 4ff.
[2] anvertraut.

hinterlistige Tücke aller honigsüßen Büberei ins höchste Wesen gekommen sind³ und sich nun mit gedichtetem Glauben und mit blendenden Werken bedeckt und (sich ihrer) aufwendig bedient haben, daß auch jährlich alle Kreaturen verschlungen worden sind. Wie man einen Buben in die Hölle wirft, soviel wird den Gottlosen (erlassen).⁴

Zum dritten.
Der Schaden der unverständigen Welt muß erstlich seinem ganzen Ursprung nach erkannt werden, sonst ist es unmöglich, daß der weise Vater seine gnädige (Zucht)rute beiseitetun könnte. Denn die herzhafte Wahrheit muß alle von Gott auserwählten Menschen frei machen, die solchen unerstattbaren Schaden der (all)gemeinen Christenheit bewirkt haben. Darum ist es ein mißfallender Greuel, (der) an heiliger Stätte sitzt, (wonach) das Kind keine (straffe) Zucht haben und frei leben soll wie ein Vieh, denn der einzige Trost der elenden Kirche erwartet, daß die Auserwählten sollen und müssen christförmig werden und (unter) mancherlei Leiden und Zucht Gottes Werk in Achtung haben.

Zum vierten.
Zum ersten muß am (allermeisten) betrachtet werden, wie wir Christen solche (durch und durch) verstockte Menschen geworden sind, daß wir unseren teuren christlichen Glauben zu einem solch leichtfertigen Ding gemacht haben ohne allen Gewinn. In der Wahrheit sind wir ruhmredig, (schnell dabei, viel) zu schreiben, ja große Bücher voll, übervoll zu klecksen und sagen: Ich glaube, ich glaube, obwohl wir (uns) doch mit nichtigem Zank und mit Sorge um die zeitlichen Güter (belasten) und noch von Tag zu Tag wuchersüchtiger werden und sagen: ich glaube und halte den ganzen Christenglauben (ein), daß er recht sei und eine feste starke Hoffnung zu Gott habe etc. – Du lieber Mensch, weißt du nicht, wozu du Ja oder Nein sagst? Du hast Gott deine Dornen und Disteln nicht im mindesten ausroden lassen. Glaubst du das nicht? So ist gewiß dein (angeblicher) Glaube von höheren Dingen bei dir erlogen, denn du bist ungetreu und wankst im Kleinen. Wie mag dir das Größte (anvertraut) werden?

Zum fünften.
Du Tochter Zion⁵, erkenne dich doch, wer du vor vielen Jahren zur Zeit der Apostel und ihrer Schüler gewesen bist, welche mit wachsamem Ernst (darüber gewacht) haben, daß der Feind, der

---

³ Im Original die lateinische Marginalie: Die ausgezeichneten Liebhaber der Lüste sind gemalte Christen.
⁴ Anspielung auf die kostspieligen Ablässe der römischen Kirche. Eine Marginalie verweist auf den Römerbrief.
⁵ Stadt Jerusalem, Israel, nun: die Christenheit.

Widersacher aller Frommen, den Weizen mit dem Unkraut nicht vermischen konnte, darum hat man nur die erwachsenen Leute nach langer Unterrichtung zu Kirchenschülern aufgenommen; Katechumenen heißen sie (ihrer Belehrung) wegen. Es gab (damals) nicht einen solchen Aberglauben, der sich auf die heiligen Zeichen mehr als aufs innerliche Wesen verläßt. Ach, was soll ich sagen, es ist niemals mit einem einzigen Gedanken geäußert oder in allen Büchern der Kirchenlehrer von Beginn ihres Schreibens nachgewiesen worden, was die rechte Taufe ist. Ich bitte alle buchstabischen Gelehrten[6], daß sie mir anzeigen, wo es in dem heiligen (Text) steht, daß ein einziges unmündiges Kindlein von Christus und seinen Boten getauft worden ist, oder zu beweisen, (wo es) aufgesetzt[7] worden ist, unsere Kinder so wie jetzt zu taufen. Ja, obwohl du so sehr drauf pochst, findest du nicht, daß Maria, die Mutter Gottes, oder die Jünger Christi mit Wasser getauft sind. Wenn unsere Seligkeit daran (hinge), dann wollten wir (auch) einen honigsüßen Christus annehmen und uns in solchem Unverstand lieber mit gutem Malvasier-Wein als mit (Tauf)wasser begießen lassen.[8]

Zum sechsten.
Die rechte Taufe ist nicht verstanden, darum ist der Eingang in die Christenheit zum viehischen Affenspiel geworden. Aus einem sandigen[9] Grunde haben die Schriftgelehrten die elende traurige Mutter, die liebe Christenheit, über die Maßen sehr betrogen. In stückwerkartiger Weise haben sie so gesagt, Joh. 3: ›Wer nicht getauft wird im Wasser und Heiligen Geiste, wird nicht kommen ins Reich Gottes.‹ Diese Worte sind die rechte Wahrheit, aber der armen Christenheit mit dem einhelligen ganzen Evangelisten Johannes verdeckt. Denn es muß die Kunst Gottes aus der (ganzen) heiligen Bibel in einer starken Vergleichung aller Worte bezeugt werden, die in beiden Testamenten klar geschrieben stehen, I. Kor. 2.[10]
In rechter Wahrheit haben unsere Schriftgelehrten die Augen nicht recht aufgetan, haben gemeint, das siebente Kapitel ist nicht zum dritten (hinzu)gefügt, da der Mund (Christi) die Wahrheit sagt: ›So jemand dürstet, der komme zu mir und trinke. Wer an mich glaubt, wie die Schrift sagt, von dessen Leibe werden Wasserströme fließen, die lebendigen Wasser.‹ – Das sagte er vom Heiligen Geist, den die Gläubigen zukünftig empfangen werden. Siehst du, lieber Geselle, daß sich der Evangelist selbst auslegt und von den Wassern redet, wie die Propheten tun, denn die Wasser sind Bewegung unseres (Geistes) in Gottes Geist, wie

---

[6] Schriftgelehrte, die sich nur auf den Buchstaben der Schrift berufen.
[7] dogmatisch festgelegt.
[8] Vgl. Luthers Stellungnahme in »Brief an die Fürsten zu Sachsen ...«
[9] fadenscheinig.
[10] Es kommt also nicht nur auf einzelne Stellen, sondern auf den gesamtbiblischen Kontext an.

Johannes sich durch (Deutero-)Jesaja im ersten Kapitel[11] erklärt. Aber im anderen Kapitel[12] werden diese unsere Wasser zu Wein. Unsere Bewegung wird lustig zu leiden[13]. Im dritten (Kapitel) tauft Johannes, wo viel Wasser, (also) viel Bewegung ist, bis man die Stimme des Bräutigams (Christus) hören und erfassen mag. Im vierten (Kapitel) quellen sie aus dem Grund des Borns des Lebens. Im fünften stimmt Johannes gleich mit allen Propheten von der Bewegung der Wasser überein. Im sechsten wird nach allen Wogen der wahrhaftige Sohn Gottes gesehen, wie er auf den Wassern wandert. In (folgerichtiger) (Er)weiterung dieses Verständnisses, (korrespondiert) das siebente Kapitel mit dem dritten und das dritte mit allen. Nikodemus wurde durch Zeichen bewogen, zu Christus zu kommen, darum weist er ihn auf (die Bedeutung des) Wassers hin, wie er es auch anderen Schriftgelehrten (gegenüber) tat[14]. Das Zeichen des Jonas ist auch kein anderes, sollte es sie auch verdrießen.

Zum siebenten.
Sieh nun drauf, ob du zum Grunde kommen kannst, auf dem die schlammige und sandige Grundsuppe der Kirche schwankt und tobt. Hier ist der Ursprung (des Unheils) mit allen andern heidnischen Zeremonien oder Gebärden des ganzen Greuels in der heiligen Stadt ganz verführerisch wider alle Auserwählte entsprossen. Da man unmündige Kinder zu Christen machte und ließ die Katechumenen abgehn[15], wurden die Christen auch (wieder unmündige) Kinder, was Paulus ihnen doch verboten hatte, denn da verschwand aller Verstand aus der Kirche. Da wurde der rechte Haufe mit der leidigen heuchlerischen Gevatterschaft (schön) verblümt, (die) man mit großem Gepränge viel lobt und hält sie wie der Hund an der Wurst (fest). Ach, da ist die Suppe, die (der Höllenhund) Cerberus nicht (einmal) ausfressen kann. Da kam die unzüchtige Frau mit ihrem roten Rock, die Blutvergießerin, die römische Kirche, wurde mit allen anderen Kirchen uneins und meinte, ihre aus dem Heidentum zusammengestoppelten Zeremonien und Gebärden sollten die besten, alle anderen ein mißfallender Greuel sein. Ach, was soll ich da vor Schmerz sagen? Ganz Asien wurde in den Bann getan[16], dem Teufel gegeben, wie die fleischlichen Leute um eines solchen Kinderspiels willen zu tun pflegen, (weil) die Väter daselbst am 14. April die Ostern beginnen. Desgleichen sind die Römer (mit) allen Leuten verfahren und haben so die ganze Welt wegen der Grundsuppe (des Unheils) ganz jämmerlich verwüstet und von

[11] Jes. 40, 3.
[12] Joh. 2, 9.
[13] nämlich im Zusammenhang der Hochzeit, die Joh. 2 geschildert wird.
[14] Joh. 3, 5.
[15] d. h. wohl, als man auf die Einrichtung der Katechumenen verzichtete und Säuglinge taufte.
[16] d. h. im Jahr 1054 durch die Aufspaltung in eine West- und eine Ostkirche.

unserer Gemeinschaft abtrünnig gemacht. O, ein erbärmliches Ding, daß die durch der Apostel teures Blut erworbenen Länder um so geringer[17] Gebärden willen dem Teufel (überlassen) worden sind! Darum hat uns Gott mehr als andere Nationen verblendet und uns kräftige Irrtümer gegeben. Daß wir kein anderes Wissen haben als von Zeremonien (und) Kirchengebärden, kommt alles aus unverstandener Taufe.

Zum achten.
Der christliche Glaube ist zu uns (Deutschen) von den Römern und anderen Sekten fast zuletzt gekommen. Durch die Bibel hat man uns alle Sekten am Anfang (als) gehässig vorgehalten, sodaß auch aller Neid gegen sie in uns zur Natur geworden ist. Darüber ist unsere Sache unter uns auch so weitläufig geworden durch gehässiges Gezänke, daß wir nicht ein einziges Mal im Herzen an des Glaubens Ursprung gedacht haben. Ich sags mit offenem Mund, nicht zur Schmähung, sondern zur Erbarmung (über uns), daß kein Kirchendoktor[18] dies doch ein wenig hätte durchblicken lassen. Darum hat der gute Hausvater seinen teuren Acker[19] mit so viel Unkraut, ja mit großen Klötzen verwüsten lassen. Wenn unsere Vorfahren das 5. Kapitel von Jesaja gelesen hätten, hätten sie es doch wenigstens gerochen. Denn, das ist gewiß, wenn der starke Gott der Heerscharen Irrtümer und Ketzerei aufkommen läßt, zeigt er, daß die Leute im Glauben nicht zunehmen oder einen hinterlistigen tückischen Glauben haben. Wie wollen sie dann die Ketzer verurteilen, wenn sie im Glauben selber nicht (gefestigt) sind? Der Sohn Gottes sagt[20], wenn er den Heiligen Geist sendet, so straft er gewiß die Welt des Unglaubens wegen. Da sie ihn nicht in sich selber erkennen wollen, müssen sie ihn offenbar (und unverdeckt) in Ungläubigen erblicken, ob sie es gern tun oder nicht. Denn gleich wie sie in unseren wohlmeinenden Augen irrende Leute sind, so sind wir es in den Augen Gottes. Weil wir uns im Glauben für gesund halten, (und meinen), wir bedürften keines Arztes, schlägt uns Gott eine Wunde nach der anderen. In solcher Blindheit und Unempfindlichkeit wandern wir, wollen niemandem glauben, daß wir blind, blind sind.

Zum neunten.
Sollen uns, ihr allerliebste Brüder, unsere Augen aufgetan werden, so müssen wir erst unsere Blindheit erkennen, die wir besonders im gedichteten Glauben und dann in blendenden Werken (an uns) tragen. Da müssen wir nicht tun, wie die Schriftgelehrten taten, Joh. 9, da das Wunder von der Blinden(heilung) ihre verstockte

---

[17] minderwertig, nebensächlich.
[18] Kirchenlehrer.
[19] d. i. die Kirche; Matth. 13, 24 ff.
[20] Joh. 16, 7 f.

Unwissenheit anzeigt, wenn sie sprachen: ›Wir wissen, daß Gott zu Mose geredet hat‹, wie auch jetzt ihr lieben Brüder, ihr (heutigen) Schriftgelehrten tut und sagt: ›Wir wissen, daß die Schrift recht ist.‹ Es ist wahr, daß sie recht ist, euch zu töten und nicht lebendig zu machen, denn darum ist sie nicht auf Erden. Darum ist sie aber uns unwissenden Menschen geschrieben, daß der heilige Glaube des Senfkorns[21] einen jeden also sauer (vor)komme, (was durch) keine Schrift um der mächtigen und unvermeidlichen Verwunderung willen (ersetzt bzw. bewirkt werden könnte). Sollte ich (etwa) die Schrift deshalb annehmen, wie sie die Kirche ebenso auswendig[22] aufnimmt und (von ihr) weiter keine Herkunft weiß? Was täte ich? Wollte ich mich auf dem ganzen Umkreis der Erden weiter umsehen, alle Völker betrachten, dann vernähme ich, daß die Heiden auch glauben, daß ihre Götter fromme Heilige sind, dem obersten Gott untertan. Weiter, die Türken rühmen sich ihres Mohammed so sehr wie wir unseres Christus. Darüber (hinaus) haben die Juden, äußerlich betrachtet, einen beständigeren Grund als andere unwissende, geschwinde Leute, denn sie zanken sich mit andern der Schrift wegen – (durchaus) ein nützliches Gezänke – und allein wir (tun es) um Ehre und der zeitlichen Güter willen. Die Juden haben ihre (Überlieferung) seit viertausend Jahren; wir (stellen) alle Tag eine neue Satzung (auf), die wir nur des Geldes oder der Ehre wegen halten, bis wir das Unsere (be)kommen. Denn alle singen unseren (Ton)satz ›Expiravit‹, das dünne Liedlein[23]. Sie helfen ihren Brüdern, wir (dagegen) nehmens unseren Brüdern und niemand ist uns so lieb wie wir uns selber. Seht, ihr allerteuersten Brüder, in freundlicher Wahrheit – wiewohl sie ein bitteres Kraut in unserem Gemüt ist – daß wir Christen den unflätigen (Bodensatz) der ganzen Welt ganz und gar gefressen haben, (und zwar) so gänzlich, daß er uns aus unserem Hals häßlich, unansehnlich stinkt.

Zum zehnten.
Laßt uns zum ersten den vernünftigen heidnischen Glauben gründlich ansehen, so finden wir, daß sie bekennen, daß ein unbeweglicher Gott[24] sei, daß alle frommen Leute, die der Welt etwas Sonderliches zugute tun, Mitgenossen Gottes werden, gleich wie wir es auf unsere Weise (mit) den Heiligen tun. Daß wir zarten (Gewächse) ach (nur) ja nichts leiden (sollen), rufen wir sie in unseren Nöten an und wollen deswegen doch nicht Heiden, sondern Christen sein. Im Grunde läßt sichs merken, daß (dies Verhalten) noch manchen Biederen den Hals kosten muß, ehe wir unsere Bosheit recht erkennen werden.

[21] Matth. 17, 20; Luk. 17, 6.
[22] auf die äußere Textgestalt bezogen.
[23] Evtl. Anspielung auf ein nicht nachweisbares Lied.
[24] ein Gott ohne eigenen Impuls.

Zum elften.
Berücksichtige ich weiter die Türken, so finde ich (zwar) im Koran, den Mohammed schreibt, daß Jesus von Nazareth einer reinen Jungfrau Sohn sei, aber, sagt er weiter, daß er an ein Kreuz geschlagen worden sein soll, das muß nicht wahr sein. Grund: Der gewaltige einige Gott ist viel zu milde, daß er solches durch böse Leute (auszurichten) gestatten sollte. Darum, sagt er, habe der getreue Gott einen Übeltäter an (Jesu) Statt gegeben, daß er gekreuzigt würde, und die unweisen Menschen sind so betrogen, daß sie die Gewalt des allvermögenden Gottes nicht wahrnehmen. Sieh, du elender falscher Bruder, ob die ganze Welt jetzt denselbigen phantastischen, sinnlichen Geist in schön (verbrämter) Weise nicht hat, wie wohl sie sich mit der Heiligen Schrift gerne säuberlich zieren wollte und sich (auch noch) der Propheten und Apostel sehr rühmt, denen es doch über die Maßen sauer geworden ist; sollte es uns dann nicht mehr kosten als toll und voll zu sein? – Ach, liebe Herren, hört auf, werft die Büchse mit der Schminke zum Teufel, färbt euch nicht wie Isabel, die den Nabot zu erwürgen pflegte[25]. Sie ist (offenbar) noch nicht ganz von den Hunden gefressen, (sondern) lebt (noch), hat ach ein hartes Leben, um die Knechte Gottes zu peinigen.

Zum zwölften.
Wir wollen uns zum ersten, liebe Brüder, selber bei der Nase fassen und sehen, ob wir auch den Heiden gleich sind. Die Heiden beten Frau Venus, Juno etc. an, um feine Kinder zu haben und daß ihnen in der Geburt nicht Wehe geschehen soll, dazu haben sie andere Götter, so wie wir die Mutter Gottes anrufen zur Ehre ihrer Empfängnis. Danach rufen (wir) Sankt Margarete[26] an, (und zwar) entgegen dem ausdrücklichen Text der Bibel: ›Du sollst deine Kinder in Schmerzen gebären‹ und denken nimmer dran, daß wir unsere Kinder in der Furcht Gottes zeugen (sollen). Siehst du, daß unser ganzes Leben wider die Billigkeit des göttlichen Willens mit offenbarer Abgötterei tobt? Noch wollen und können wir nicht sehen. Das macht der göttliche Glaube, den ungetreuen Schriftgelehrten entsprungen, welcher heutzutage mehr denn zu Beginn – Gott sei es geklagt – immer unsinniger wird. (Demzufolge) sind wir auch stolz geworden wie unsere Widersacher und wollen bald einen vor die Hunde werfen, der es nicht allenthalben mit uns hält. Es ist eine große Unbescheidenheit, daß das geschieht. Darum daß viele Leute das Werk Gottes nicht erkennen (und) meinen, man könnte so leicht zum Christenglauben kommen, wenn (man) nur dran denkt, was Christus gesagt hat. Nein, lieber Mensch, du mußt erdulden und wissen,

---

[25] I. Kön. 21.
[26] eine der 14 Nothelferinnen, die die Geburtswehen lindern soll.

wie dir Gott selber deine Disteln, Unkraut und Dörner[27] aus deinem fruchtbaren Lande, das ist aus deinem Herzen, rodet. Es wächst nichts Gutes da, denn der wütende Teufel (hat sich) in Licht und (in) schöne Kornröslein verkleidet. Auch wenn du die Bibel gefressen hättest, hilft dirs nicht, du mußt die scharfe Pflugschar (er)leiden. Hast du noch keinen Glauben, dann gebe Gott selbst dir einen und lehre dich den selber. Soll das geschehen, so wird dir, du lieber Schriftgelehrter, (zunächst einmal) das Buch verschlossen. Da kann dirs weder die Vernunft noch keine Kreatur auftun, solltest du auch zerbersten. Gott (selbst) muß deine Lenden schürzen. Ja, du mußt alle Bekleidung, mit der du von aller Kreatur bekleidet bist, durch Gottes Werk aufwerfen lassen, und du mußt nicht (verfahren) wie die Klugen tun, einen Spruch hier, den andern da anführen, ohne den Geist der ganzen Schrift (durch sorgfältige Zusammenschau zu berücksichtigen).[28] Sonst haben wir (den legitimen Eingang durch) die Tür mit dem (illegitimen Einstieg durchs) Fenster verwechselt.[29] Wenn wir schon eine (bibelexegetische) Entscheidung treffen, so ist sie uns viel zu kurz(schlüssig), wenn wir das Andere daneben begreifen.[30] Nimm (zum Beispiel) wenn man sagt, Christus hat allein alles ausgerichtet; das ist viel, viel zu kurz.[31] Wenn du das Haupt mit den Gliedern nicht (zusammenfaßt), wie kannst du dann seinen Fußstapfen nachfolgen? Ich meine auf einem guten, warmen, kalten Pelz oder auf einem Seidenkissen.

Zum dreizehnten.
Die Römer haben Ablaß (ausge)geben, verzeihen Pein und Schuld, und wir sollten nun gleich auf ein solches Fundament bauen? Es wäre nicht anders als würde ein altes Haus neu gekalkt und wir sagten, es wäre neu. So täten wir auch, wenn wir einen honigsüßen Christus unserer mörderischen Natur wohlgefällig predigten. Ja daß sie nichts leiden müßte und würde ihr alles umsonst gegeben, was würden wir anrichten? Würden wir nicht mit dem Türken in ein Loch blasen? Er leugnet die (Leidens-)Geschichte unseres Heilands, und wir wollten so heimlich, ja in diebischer Weise verleugnen zu leiden und ließen den Weizen zusammen mit den Dornen fein wohl schmücken. – Ach nein, meine Brüder, das ist nicht der rechte Weg zum Leben; er ist wider den klaren Text Matth. 7, I. Petr. 2, I. Joh. 2 und Joh. 14, denn er ist der Natur, wie oben gesagt, wohl gelegen. Kurzum, es muß der enge Weg sein, auf welchem alle Entscheidung nicht nach (dem menschlichen Sinn), sondern nach dem allerliebsten Willen Gottes in seinem lebendigen Wort studiert und in allerlei Anfechtungen

[27] Dornen.
[28] Berücksichtigung des Kontextes und der Komposition des Bibelganzen.
[29] Joh. 10,1.
[30] Eben die Berücksichtigung des Kontextes.
[31] eine Kritik am reformatorischen Prinzip »Allein aus Gnaden«.

des Glaubens erfahren wird, wie Christus im oben genannten 7. Kapitel (bei Matthäus) selber sagt. Da wird der Mensch erst gewahr, daß sein Haus, das ist er selber, auf dem unbeweglichen Stein gebaut ist. Ein solch stark gegründetes Gebäude verstünde der heilige Petrus nicht – und wir mit ihm –; wiewohl er auf den Fels gegründet war,[32] mußte er doch fallen, denn er war nicht allenthalben (in Ordnung). Sein Glaube nahm durch solches Fallen nicht ab, sondern sehr zu. Da er seine Kühnheit nach dem Fall erkannte, wurde er sicher, und nicht eher. Aber wir müssen es in der Wahrheit ansehen, da die Apostel und alle Propheten mit Gottes Worten nicht (eher) bestehen könnten, (solange) alles Unkraut und alle Frechheit eines gedichteten Glaubens ausgerodet werden. Und wir Schriftgelehrten wollen (immer noch) meinen, es sei genug, wenn wir die Schrift haben und bedürften nicht, der Kraft Gottes gewahr zu werden, wie es Röm. 1 klar steht, daß das Evangelium eine Kraft Gottes ist, denen es nicht verdeckt ist; denn ich muß wissen, ob dies Gott geredet hat und nicht (etwa) der Teufel. Im Grund der Seele muß ich das Werk beider unterscheiden. Sonst laß ich mich in windiger Weise überreden, wie es die unerprobten Schriftgelehrten (für sich) und andere tun, Matth. 7. Ihre Rede hat nicht die Gewalt[33] Gottes, denn sie sagen mit unverschämter Stirn, sprechen, sie haben keinen andern Glauben noch Geist als den sie aus der Schrift gestohlen haben. Aber sie heißen es nicht ›gestohlen‹, sondern ›geglaubt‹. Das Licht der Natur[34] hält von sich selbst so viel und meint, man möge so leicht dazu kommen.

Zum vierzehnten.
Das Ziel wird weit verfehlt, wenn man predigt, der Glaube müsse uns rechtfertig machen und nicht die Werke[35]. Das ist eine unbescheidene Rede. Da wird der Natur nicht vorgehalten, wie der Mensch durch Gottes Werk zum Glauben kommt, auf den er vor und über allen Dingen warten muß. Anders ist der Glaube nicht einen Pfifferling wert und ist nach unserer (Meinung) von Grund aus erlogen. Man muß sagen, wie einem geistlich Armen zu Mute ist, und dasselbige durch die Leiden der Väter aus und in der Bibel bestätigen. Denn Gott erklärt mit allen buchstäblichen Zusagen seine allvermögende Kraft, (die er) in allen seinen Auserwählten getan hat. Also wird der ganze Kontext aller Worte in einer nahen Zukunft erfaßt und die hinterlistige Dieberei des Buchstabens verfliegt.

---

[32] Matth. 16, 18.
[33] Vollmacht.
[34] der menschliche Verstand.
[35] Müntzer wendet sich gegen eine verkürzte Rechtfertigungstheologie.

Zum fünfzehnten.
In vielfältiger, ausgebreiteter Rede habe ich diese meine Bedingung und Erbietung jetzt vor euch kommen lassen, meine allerliebsten Brüder, weil ich das – verzeiht mir um Gottes willen – fürwahr weiß: Ihr werdet noch zur Zeit weder glauben noch rechtschaffene Werke vornehmen, als die das Evangelium (voran)treiben (und) aufs höchste den Glauben preisen. So will das gutdünkende Licht der Natur (des Verstandes) meinen: Ach, wenn nicht mehr (verlangt wird) als glauben, ei, wie leicht kannst du dazu kommen! – Es sagt weiter: Ja, ohne Zweifel, du bist (doch) von christlichen Eltern geboren, hast noch niemals gezweifelt, (folglich) wirst du auch fest stehn. Ja, ja, ich bin ein guter Christ. Ach, (warum) kann ich so leicht selig werden? Pfui, pfui den Pfaffen[36]! Ach, die Verfluchten, wie haben sie es mir so sauer werden lassen etc. – (So etwa) meinen dann die Leute in windiger Weise selig zu werden, lesen oder hören (jedoch) nicht vom Anfang (bis) zum Ende, was man von Glauben oder Werken schreibt, und wollen mit viel ruhmredigen Worten so gut evangelisch sein. Das ist ein mächtiger, grober tölpischer Irrtum. Daß man ihn nur (be)greifen möchte! Noch sind viele Leute ihm günstig, ein freches[37] Leben zu treiben und lassen (diesen Irrtum) ihren Schanddeckel sein.

Zum sechzehnten.
Hiergegen sind nun etliche redliche Leute, die ihr Gewissen mit solchem leicht(fertigen) Geplauder nicht sättigen lassen, (die) erkennen und wahrhaftig (heraus)finden, daß der Weg zum Himmel ein ganz enger Weg sein müsse[38], daß man mit keiner fleischlichen Freude denselbigen treffen möge. (Andere) fallen darüber in eine Dornenhecke, das ist in heidnische Zeremonien oder Gebärden mit viel Fasten und Beten etc. und meinen, sie hätten es (richtig) getroffen. Oho, die sich damit stillen lassen und nicht weiter (voran)schreiten oder über sich (hinaus) sehen, denen ist nicht zu helfen. Sie werden hoffärtige Teufel und sind die am meisten Verdammten. Die sich aber durch den gedichteten Glauben und durch die äußerlichen Werke hindurchfressen, wie es auch die allergröbsten Sünder (mit) ihrer Missetat tun, die sehen, daß das Wort, dem der rechte Glaube anhaftet, nicht hunderttausend Meilen von ihnen (entfernt) ist, sondern sie sehen wie es aus dem Abgrund des Herzens quillt, werden gewahr, wie es vom lebendigen Gott (herkommt). Die vernehmen wohl, daß man nüchtern sein muß, allen Lüsten Abschied geben und auf solche Worte und Zusage Gottes mit höchstem (Fleiß) warten. Da glaubt der Mensch nicht darum, weil er von andern Leuten gehört hat. Auch ist ihm

---

[36] Hier sind die gemeint, die mehr als einen bequemen Glauben verlangen.
[37] unbekümmertes.
[38] Matth. 7, 13 ff.

gleich, ob es die ganze Welt annimmt oder verwirft, wie Johannes am vierten bezeugt. Aber seine inwendigen Augen haben lange, lange auf den Herren gewartet und auf seine Hände, das ist auf (das) göttliche Werk und so gelangt die Erbauung bis zum Ende des ganzen Ertrags des Geistes. Also muß man der unverrücklichen Barmherzigkeit Gottes gewärtig sein.

Zum siebzehnten.
Das emsige Warten aufs Wort macht einen anfangenden Christen. Dieses Warten muß zum ersten das Wort (er)leiden, und da(rin) muß gar kein Trost (auf) ewige Verzeihung unserer Werke sein. Da meint der Mensch er habe (überhaupt) keinen Glauben. Ja er findet nach seinem eigenen (Gut)dünken keinen Glauben. Er fühlt oder findet eine bedürftige Begierde zum rechten Glauben, die (zunächst) so schwach ist, daß er ihrer kaum und (nur sehr schwer) in sich gewahr wird.[39] Doch zuletzt muß er hervorbrechen und sagen: ›Ach, ich elender Mensch, was treibt mich in meinem Herzen? Mein Gewissen verzehrt meinen Saft und meine Kraft und alles, was ich bin. Ei, was soll ich doch nun machen? Ich bin irre geworden, ohne allen Trost von Gott und der Kreatur zu bekommen. Da peinigt mich Gott mit meinem Gewissen, mit Unglauben, Verzweiflung und mit Lästerung. Von außen werde ich überfallen mit Krankheit, Armut, Jammer und aller Not, von bösen Leuten etc. Und von innen werde ich viel mehr als (von) außen bedrängt. Ach, wie gerne wollte ich doch recht glauben; wenn es doch alles (möglich wäre), wenn ich nur wüßte, welches der rechte Weg ist! Ja, ich wollte laufen bis zum Ende der Welt.‹ – Da kommen dann die frommen Schriftgelehrten, wenn solche traurigen Menschen zu ihnen kommen – welche (im Grunde) die allerbesten sind – und sagen: ›Lieber, Ehrwürdiger, Achtbarer, Hochgelehrter!‹ und viel (dieses) Drecks. ›Ach ich armer Mann bin irre geworden. Ich glaube fast weder an Gott noch an die Kreatur. Es geht mir so übel, daß ich fast nicht weiß, ob ich lieber tot oder lebendig sein soll. Gebt mir um Gottes willen einen guten Rat, denn ich fürchte sehr, ich bin des Teufels!‹ – Da sagen dann die Gelehrten, welchen es mächtig über die Maßen sauer wird, ehe sie das Maul auftun, denn ein Wort kostet bei ihnen vieler roter Pfennige: ›Ei, lieber Mann, willst du nicht glauben, so fahre zum Teufel!‹ – Da antwortet dann die arme Kreatur: ›Ach, allergelehrtester Doktor, ich wollte (ja) gerne glauben, aber der Unglaube unterdrückt all mein (Wollen). Wie soll ich ihm in der Welt (begegnen)? – Da spricht aber der Gelehrte: ›Ja, lieber Geselle, du mußt dich um solche hohen Dinge nicht bekümmern. Glaube du nur einfältig und schlag diese Gedanken von dir. Es ist eitel Phantasie. Gehe zu den Leuten und sei fröhlich, so vergißt du

---

[39] Müntzer spricht von den Regungen des Sündenbewußtseins.

die Sorge.‹ – Sieh, lieber Bruder, solcher Trost hat in der Kirche regiert und kein anderer. Derselbige Trost hat allen christlichen Ernst zum Greuel gemacht.

Zum achtzehnten.
Wenn ein christlicher Bruder dies fürchten will, daß ihm solche herbe, bittere Gedanken und beängstigende Not den Kopf unsinnig und töricht machen möchten, so ist die Natur über die Maßen argwöhnisch. (Liegt darin) nicht der erste Unglaube, daß du deinen (wohltätigen) gütigen Schöpfer nicht vertrauen willst, daß er deinen Kopf bewahren könnte? Da sieht man unseren Unglauben ganz deutlich. Wenn wir Gelehrten solche Sache (anpacken) wollten, müßten wir unsere Köpfe (mehr anstrengen). Darum sagen die nachlässigen Gelehrten: ›Ja, wenn man solche hohe Lehre den Leuten vortragen wollte, würden sie wohl toll und unsinnig.‹ Sie sprechen weiter: ›Christus sagt[40], man soll die Perlen nicht vor die Säue werfen. Was soll solche hohe ganz geistliche Lehre dem armen groben Volk? Es gebührt allein den Gelehrten, sie zu wissen.‹ – Ach nein, ach nein, lieber Herr, der heilige Petrus sagt dir, wer die Mastsäue sind. Das sind alle ungetreue, falsche Gelehrte, sie sind es, von welcher Sekte sie sein wollen, die Fressen und Saufen für gut halten, alle ihre Lust in Wohlleben treiben und heulen wie die Hunde mit scharfen Zähnen, wenn man ihnen ein Wort widerspricht.

Zum neunzehnten.
Dieselbigen Mastsäue nennt Christus falsche Propheten[41], die den (störenden) Balken weder bei sich noch bei anderen wegtun. Den engen Weg machen sie breit. Das Süße heißen sie bitter, das Licht Finsternis, Jes. 5. Das sind die – in ihren Augen – Klugen. Die bitte ich, daß sie um Gottes willen sich ihrer Frechheit enthalten. Und das sollen sie mit großem Entsetzen predigen, das sie (doch) nicht (selbst) erprobt haben, und sollen glauben, daß Gott unter den Säuglingen[42] viele, viele Leute hat, durch welche er seinen Namen ausbreiten wird. Denn alle, die das tun, werden mit Christus vor der Welt wie die hinfälligen Regenwürmer sein. Sie tun nicht wie die Gergesener[43], die dem Herrn geboten, er sollte aus ihrem Lande (verschwinden), obwohl er doch allein dahin kam, sein Wort den Bedürftigen zu entbieten. (Dies) wollten sie ohne Schaden ihrer Lüste empfangen. (Eben das) ist unmöglich. Darum, liebe Brüder, wenn es gut mit uns gemeint und gehandelt wird, sollen wir (uns nicht verhalten) wie die Hornaffen oder die großen Brummfliegen, eine große Schmach daraus zu machen, sondern

---

[40] Matth. 7, 6, eine von Müntzer oft zitierte Stelle.
[41] Matth. 7, 15.
[42] den Unmündigen, gesellschaftlich Deklassierten.
[43] Matth. 8, 34.

an die Rede Salomonis denken: ›Die Wunden des Liebhabers sind besser als die Küsse eines Hinterlistigen.‹[44] Auch sagt der Prophet: ›Du liebes Volk, die dich heilig und gut heißen, betrügen dich.‹[45] Wenn ein kluger Mann gestraft wird, bessert er sich. Ein Narr oder Tor nimmt die Worte der Weisheit nicht auf. Man muß ihm sagen, was er gerne hört. Da(vor) behüte euch, liebe Brüder, der barmherzige Gott für ewig. Amen.

Zum zwanzigsten.
In dieser Entbietung und (Erklärung) habe ich in einer Summe den Schaden der Kirche (ausgesprochen), welcher durch die unverstandene Taufe und den gedichteten Glauben uns überfallen hat. Wenn ich (darin) irre, will ich mich vor einer Gemeinde (die keine böse Absicht hegt), freundlich weisen lassen, nicht aber ohne genügend Zeugen in einem Winkel[46], sondern am lichten Tage. Durch meine Unternehmung will ich die Lehre der evangelischen Prediger (verbessern) und unsere (rückständigen) langsamen römischen Brüder auch nicht verachten. (Fällt) mir mein Urteil vor der ganzen Welt und nicht in einem Winkel! Darauf setze ich meinen Leib und mein Leben ein ohne alle hinterlistige Verteidigung der Menschen, (allein) durch Jesum Christum, den wahrhaftigen Gottessohn, der euch ewig bewahre. Amen.

Zum einundzwanzigsten.
(Mit gewichtigen Gründen) habe ich meine Erbietung hinausgehen lassen müssen, denn der Fußlappen muß auf die Stange des Kreuzes, damit die Lehre Christi durch mich keinen Nachteil erleide. Wer daran Gebrechen hat, der schreibe freundlich, so will ich ihm wieder ein volles Maß geben, damit niemand den andern unbillig richte. Das helfe uns der zarte Sohn Gottes, Jesus Christus, der uns zu seinen Brüdern macht. Amen.

Zum zweiundzwanzigsten.
Ich will meinen Grund beweisen. Und es wäre mir lieb, wenn es euch Unversuchten nicht so spöttisch in die Nase stiege, daß man mich mit meinen Widersachern vor der ganzen Nation (über) allerlei Glauben verhörte. Wollt ihr es euch (gefallen) lassen, so steht euch mein armer Leib ganz (zur Verfügung). Übereilt euch hier nicht mit geschwindem Urteil um der Barmherzigkeit Gottes willen. Amen.
        Finis.

---

[44] Spr. 27, 6.
[45] Jer. 23, 16 ff.
[46] Müntzer lehnt ein theologisches Verhör hinter verschlossenen Türen ab.

Auslegung des zweiten Kapitels Danielis des Propheten, gepredigt auf dem Schloß zu Allstedt vor den tätigen teuren Herzögen und Vorstehern zu Sachsen (»*Die Fürstenpredigt*«)

durch Thomas Müntzer, Diener des Wortes Gottes, Allstedt 1524.

Zuerst wurde der Text des genannten Kapitels der Weissagung des Propheten Daniel nach seinen klaren Worten (lateinisch) aufgesagt und übersetzt und dann die ganze Predigt wie folgt in eine gedankliche Ordnung gebracht.

Es ist zu wissen, daß der armen, elenden, zerfallenden Christenheit weder zu raten noch zu helfen ist, es sei denn, daß die fleißigen unverdrossenen Knechte Gottes täglich die Bibel treiben mit Singen, Lesen und Predigen. Aber da wird der Kopf der verzärtelten Pfaffen fortwährend große Anstöße erleiden müssen oder sein Handwerk verfehlen. Wie soll man ihm aber anders tun, da die Christenheit so jämmerlich durch reißende Wölfe verwüstet ist? Wie geschrieben ist Jes. 5; Psalm 80 vom Weingarten Gottes, und Sankt Paulus lehrt, wie man sich in göttlichen Lobgesängen üben soll, Eph. 5, 19. Denn gleich wie zur Zeit der lieben Propheten Jesaja, Jeremia, Hesekiel und der andern die ganze Gemeinde der Auserwählten Gottes so ganz und gar in die abgöttische Weise geraten war, daß ihr auch Gott nicht helfen mochte, sondern sie[1] gefangen wegführen ließ und ließ sie unter den Heiden so lange peinigen, bis sie seinen Namen wieder erkannten, wie geschrieben steht Jes. 29, Jer. 15, Hes. 36, Ps. 89. Nicht weniger ist zu unserer Väter und unserer Zeit die arme Christenheit verstockt[2] und doch mit einem unaussprechlichen[3] Scheine göttlichen Namens (verbrämt), Luk. 21, II. Tim. 3, mit dem sich der Teufel und seine Diener hübsch schmücken, II. Kor. 11. Ja, so hübsch (erscheint sie verbrämt), daß selbst die rechten Freunde Gottes dadurch verführt werden und mit dem größten Fleiß ihren Irrtum kaum merken, wie Matth. 24 klar anzeigt.

Dies macht alles die gedichtete Heiligkeit und das heuchlerische Entschuldigen[4] der gottlosen Feinde Gottes, wenn sie sagen: Die christliche Kirche kann nicht irren; so sie doch den Irrtum verhüten soll, durch stetige Erbauung durch das Wort Gottes und durch Erkenntnis ihrer Sünde.[5] 3. Mose 4, Hos. 4, Mal. 2, Jes. 1.

Aber das ist wohl wahr: Christus, der Sohn Gottes und seine Apostel, ja auch vor ihm seine heiligen Propheten haben wohl

---
[1] in die babylonische Gefangenschaft.
[2] stockig, verdorben.
[3] unsagbar im negativen Sinne.
[4] Anspielung auf die katholische Absolutionspraxis.
[5] Mit Luther zieht Müntzer die Irrtumsfreiheit der römischen Konzile in Zweifel.

eine rechte, reine Christenheit angefangen. Sie haben den reinen Weizen in den Acker geworfen. Das ist, sie haben das teure Wort Gottes in die Herzen gepflanzt, wie Matth. 12, Mark. 4, Luk. 8 geschrieben (steht) und Hes. 36. Aber die faulen, nachlässigen Diener der selben Kirche haben solches mit emsigen Wachen[6] nicht vollführen und erhalten wollen, sondern sie haben das Ihre gesucht, nicht was Jesu Christi (Sache) war, Phil. 2. Deshalb haben sie den Schaden der Gottlosen, (im Gleichnis ist dies) das Unkraut, kräftig einreißen lassen.

Der in Psalm 80 angezeigte Eckstein ist noch klein gewesen. Von ihm spricht Jes. 28. Ja, er hat die Welt noch nicht ganz erfüllt. Er wird sie aber gar bald erfüllen und voll machen.[7] Darum ist der aufgerichtete Eckstein am Anfang der neuen Christenheit von den Bauleuten, das ist von den Regenten gemäß Ps. 118 und Luk. 20 verworfen worden. Also, sag ich, ist die angefangene Kirche baufällig geworden an allen Orten bis auf die Zeit der zertrennten Welt.[8] Luk. 21, Dan. 2, Esra 4, sodann Hegesippus und Eusebius sagen im 22. Kapitel des 4. Buchs der (Eusebschen) Kirchengeschichte, daß die christliche Gemeinde nicht länger als bis auf die Zeit des Todes der Apostelschüler eine Jungfrau geblieben ist; bald danach ist sie eine Ehebrecherin geworden, wie es durch die lieben Apostel zuvor verkündigt worden war, 2. Petr. 2.[9] Und in der Apostelgeschichte Kap. 20 hat Sankt Paulus zu den Hirten der Schafe Gottes mit klaren hellen Worten gesagt: Habt acht auf euch selbst und auf die ganze Herde, über welche euch der Heilige Geist gesetzt hat zu Wächtern, daß ihr sollt weiden die Gemeinde Gottes, welche er durch sein Blut erworben hat. Denn ich (Paulus) weiß, daß nach meinem Abschied werden unter euch reißende Wölfe kommen, die die Herde nicht verschonen werden. Es werden auch von euch selber Männer aufstehen, die verkehrte Lehre reden, um die Jünger an sich zu ziehen. Darum paßt auf! – Desgleichen steht im Sendbrief des hl. Apostels Judas; Offenbarung 16 zeigt es auch an. Deshalb warnt uns unser Herr Christus, uns vor falschen Propheten zu hüten, Matth. 7.

Nun ist es klar am Tage, daß – Gott sei es geklagt – kein Ding so schlecht und gering geachtet wird wie der Geist Christi. Und doch kann niemand selig werden, es sei denn, derselbige heilige Geist versichere ihn zuvor seiner Seligkeit, wie geschrieben steht Röm. 8, Luk. 12, Joh. 6 und 17. Wie aber wollen die Armen Würmer hierzu kommen, solange wir die Würde der Gottlosen für so achtbar halten, daß Christus, der Sohn Gottes angesichts der

---

[6] d. h. bewußt, absichtlich.
[7] Anspielung auf das Bild bei Dan. 2 von dem Stein, der die vier vorhergehenden Königreiche zermalmt.
[8] Letzter Abschnitt der Weltgeschichte gemäß der Schau Daniels vom Standbild aus vier Metallen und auf tönernen Füßen.
[9] Die Kirchenschriftsteller Hegesipp und Euseb zitiert Müntzer wiederholt. Vgl. S. 41.

großen Titel und Namen dieser Welt wie ein Hanfpotze[10] und wie ein gemaltes Männlein erscheint. Und er ist doch der wahre Stein, der vom großen Berge[11] von der großen Üppigkeit der Welt ins Meer geworfen wird, Ps. 46. Er ist der Stein, der ohne der Menschen Hände vom großen Berge gerissen (wird), heißt Jesus Christus, I. Kor. 10. Er wurde geboren, da die größte Knechtschaft im Schwange ging, da nach Lukas 1.2 zu den Zeiten des Oktavian die ganze Welt in Bewegung war und geschätzt wurde, da ein Ohnmächtiger im Geist, ein elender Drecksack, die ganze Welt haben wollte, die ihm doch zu nichts anderem nutze war als zu Pracht und Hoffart. Ja, der ließ sich dünken, er wäre allein groß.

O wie gar klein ist da der Eckstein Jesus Christus in der Menschen Augen gewesen. In den Viehstall wurde er verwiesen wie ein Auswurf der Menschen, Ps. 22. Hernach verwarfen ihn die Schriftgelehrten, Ps. 118, Matth. 21, Mark. 12, Luk. 20 wie sie noch heutigentages (zu tun) pflegen. Ja, sie haben endlich auch noch die Passion mit ihm gespielt, seitdem die lieben Apostelschüler gestorben sind. Sie haben den Geist Christi wie einen Spottvogel behandelt und tun es noch, wie es Ps. 69 geschrieben steht. Sie haben ihn ganz offensichtlich gestohlen wie die Diebe und Mörder, Joh. 10.

Sie haben die Schafe Christi der rechten Stimme beraubt und haben den wahren gekreuzigten Christus zum bloß phantastischen Götzen gemacht. Wie ist das zugegangen? Antwort: Sie haben die reine Kunst Gottes[12] verworfen und an seiner Statt einen hübschen feinen goldenen Herrgott gesetzt, vor dem die armen Bauern schmatzen, wie Hosea im 4. Kapitel klar gesagt und Jeremia im vierten Kapitel seiner Klagelieder. Die zuvor gute gewürzte Speise aßen, die haben nun Dreck und Kot übrig behalten. O weh des erbärmlichen Greuels, von dem Christus selber redet Matth. 24, daß er mit dem teuflischen Messehalten so jämmerlich verspottet wird, mit abgöttischem Predigen, Zeremonien (unchristlicher) Lebensart (der Kirchenleute). Doch nach allem ist da(hinter) nichts (anderes) als ein nur hölzener Herrgott.

Ja, ein abgöttischer hölzener Pfaffe und ein grobes[13] tölpisches knotiges Volk, welches nicht das allergeringste Urteilsvermögen (und Bewußtsein) von Gott hat; ist das nicht ein Jammer, (eine einzige) Sünde und Schande? – Ich halte dafür, daß die Tiere des Bauches, Phil. 3 und die Schweine, von denen Matth. 7 und II. Petr. 2 geschrieben steht, haben den edlen Stein Jesus Christus ganz und gar mit Füßen getreten, soviel sie nur vermochten. So ist er zum Fußabstreifer der ganzen Welt geworden, weshalb uns

---

[10] Vogelscheuche
[11] Dan. 2, 45. Ps. 46, 4.
[12] die mystische Erfahrung des göttlichen Wortes im Gegensatz zu einer »unerfahrenen« »reinen Lehre«.
[13] d. h. geistlich unentwickeltes.

alle ungläubigen Türken, Heiden und Juden billigerweise verspotten und zum Narren halten, wie tolle Menschen, die ihres Glaubens (wahren) Geist nicht (mit dem rechten Namen) genannt haben wollen. Darum ist das Leiden Christi bei den verzweifelten Buben nichts anderes als ein Jahrmarkts(tand), wie ihn nie ein Spießknecht gehabt hat und wie der 69. Psalm sagt.

Darum, ihr teuren Brüder, sollen wir aus diesem Unflat aufstehn und Gottes rechte, von ihm selbst gelehrte Schüler werden, Joh. 6, Matth. 23; so ist uns die große mächtige Stärke, die uns von oben herab verliehen werde, vonnöten, um diese unaussprechliche Bosheit zu strafen und zunichte zu machen. Darin liegt die allerklarste Weisheit Gottes, Sprüche 9, welche allein von der reinen, ungedichteten Furcht Gottes entspringt. Dieselbige muß uns allein mit gewaltiger Hand wappnen zur Rache wider die Feinde Gottes, (und zwar) mit höchstem Eifer zu Gott, wie geschrieben steht Sprüche 5, Joh. 2, Ps. 68. Da gibt es auch kein Entschuldigen mit menschlichen oder mit Vernunftgründen, denn der Gottlosen Gestalt ist über alle Maßen schön und listig wie die schöne Kornblume unter den gelben Ähren des Weizens, Pred. 8; aber solches muß die Weisheit Gottes erkennen.

Zum andern müssen wir den Greuel, der diesen Stein verachtet, weiter und wohl ansehen. Sollen wir ihn aber erkennen (und seiner wahren Gestalt nach durchschauen), so müssen wir der Offenbarung Gottes täglich gewärtig sein. O, (gerade) das ist ganz teuer und selten in der schalkhaften[14] Welt geworden. Denn die listigen Anschläge der besonders Klugen würden uns alle Augenblicke überfallen und uns noch viel mehr in der reinen Kunst Gottes hindern, Sprüche 4 und Ps. 36. Dem muß man zuvorkommen in der Furcht Gottes. Wenn diese allein in uns ganz und rein hergestellt würde, dann könnte die heilige Christenheit aufs neue zum Geist der Weisheit und der Offenbarung des göttlichen Willens gelangen. Dies alles ist niedergelegt in der Schrift: Ps. 144, Ps. 111, Sprüche 1.

Die Furcht Gottes aber muß rein sein, ohne alle Furcht vor Menschen und Kreaturen, Ps. 19, Jes. 66, Luk. 12. O, die(se) Furcht ist uns hoch vonnöten. Denn ebensowenig wie man gemäß Matth. 6 zwei Herren (zugleich) dienen kann, so wenig kann man Gott und die Naturen (zugleich) fürchten. Gott mag sich auch nicht über uns erbarmen – wie die Mutter Christi, unseres Herrn sagt –, es sei denn, daß wir ihn von ganzem Herzen allein fürchten. Darum sagt Gott Mal. 1: Bin ich euer Vater, wo ist dann meine Ehre? Bin ich euer Herr, wo ist dann meine Furcht?

Also, ihr teuren Fürsten, tut es in diesen gefährlichen[15] Tagen not nach I. Tim. 4 den allerhöchsten Fleiß aufzuwenden, solchem hinterlistigen Übel zu begegnen, wie es alle lieben Väter vom Anfang

---
[14] im Sinne von versklavt.
[15] kritischen.

der Welt in der Bibel aufgezeichnet haben. Denn die Zeit ist jetzt gefährlich und die Tage sind böse, 2. Tim. 3, Eph. 5. Warum? Allein darum, daß die edle Kraft Gottes so sehr jämmerlich geschändet und verunehrt wird, daß die armen groben Menschen durch die heillosen Schriftgelehrten mit großem Geplauder so verführt werden, wie der Prophet Micha Kap. 3 sagt. Jetzt ist das fast aller Schriftgelehrten Art mit nur wenigen Ausnahmen, wenn sie lehren und sagen, daß Gott seinen lieben Freunden seine göttlichen Geheimnisse nicht mehr durch rechte Gesichte oder durch sein mündliches Wort offenbare. Sie bleiben bei ihrer unerfahrenen Weise Sirach 34 und machen von den Menschen, die mit der Offenbarung Gottes umgehen, ein Sprichwort[16], wie es die Gottlosen Jer. 20 taten: Höre, hat dir Gott neulich auch zugesprochen oder hast du den Mund Gottes unlängst befragt oder mit ihm beratschlagt? Hast du (etwa) den Geist Christi? – War es nicht etwas Großes, was zur Zeit Jeremias geschah? Jeremia warnte (doch) das arme blinde Volk vor der Gefangenschaft in Babylon, ähnlich wie der fromme Loth. 1. Mose 19 seine Schwiegersöhne. Die sagten aber zu den lieben Propheten, sie hielten das für Unsinn.

Jaja, Gott sollte die Menschen wohl so väterlich warnen. Was ist aber dem spöttischen Haufen in der babylonischen Gefangenschaft widerfahren? Nichts anderes, als daß sie durch diesen heidnischen König Nebukadnezar zuschanden geworden sind; man sehe nur den Text an. Er hat (nämlich)[17] die Rede Gottes angenommen, obwohl er ein mächtiger Wüterich und eine (Zucht-)Rute des Volks der Auserwählten war, die sich gegen Gott versündigt hatten. Aber wegen der Blindheit und Verstockung des Gottesvolkes mußte die allerhöchste Güte (Gottes) der Welt so erklärt werden, wie Sankt Paulus Römer am 11. und Hesekiel am 23. sagen. Hier sage ich zur Unterrichtung, daß Gott, der Allmächtige, dem heidnischen König zur unaussprechlichen Schmach der Halsstarrigen unter dem Volke Gottes, welche keinem Propheten glauben wollten, nicht allein die zukünftigen Dinge vieler Jahre (vorher)gezeigt hat; ähnlich verhält es sich auch mit den unversuchten[18] Menschen zu unseren Zeiten. Sie sind der Strafe Gottes nicht gewärtig, selbst wenn sie dieselbige vor Augen sehen. Was soll dann der allmächtige Gott mit uns (noch) zu schaffen haben? Darum muß er uns seine Güte entziehen. – Nun folgt der Text: »Der König Nebukadnezar hatte einen Traum, welcher ihm entschwand ...«

Was sollen wir hierzu sagen? – Es ist eine unaussprechliche, ja ungewöhnliche und (schwierige) Sache, von den Träumen der Menschen zu reden. Das liegt daran, daß die ganze Welt von Anfang an bis heute durch die Träumer betrogen worden ist, wie

---

[16] eine höhnische Redensart.
[17] im Gegensatz zu den Juden.
[18] unerprobten, denen die konkrete geistige Erfahrung mangelt.

geschrieben steht 5. Mose 13, Sirach 34. Deshalb wird in diesem Kapitel angezeigt, daß der König den klugen Wahrsagern und Traum(deutern) nicht glauben wollte, als er sprach: Sagt mir meinen Traum, dazu die Auslegung, sonst würdet ihr mir nur Lug und Trug sagen, was das wäre. – Sie aber vermochten und konnten ihm den Traum nicht sagen und sprachen: Lieber König, es kann dir den Traum kein Mensch auf Erden sagen als allein die Götter, die mit den Menschen auf Erden keine Gemeinschaft haben. Ja ihrem Verstande nach reden sie in recht vernünftiger Weise. Sie hatten aber keinen Glauben zu Gott, sondern es waren gottlose Heuchler und Schmeichler, die (nur) reden, was die Herren gerne hören. Bei den Schriftgelehrten zu dieser unserer Zeit, die am Hofe feine Bissen essen, ist es ebenso. Das steht aber dem entgegen, was Jer. 5 und 8 geschrieben steht.

Was steht mehr da? Es sagt der Text, daß die Menschen mit dem Himmel Gemeinschaft haben müßten. O, das ist den Klüglingen ein bitteres Kraut, und doch will es der heilige Paulus Phil. 3 ebenso haben. Gleichwohl wollen diese Gelehrten die Schrift auslegen. O, der Buben, die sich solches öffentlich anmaßen hat die Welt jetzt (ungeheuer) viel. Und von denen sagt Jes. 58: ›Sie wollen meine Wege ebenso wissen wie das Volk, das meine Gerechtigkeit verwirklicht hätte.‹ Solche Schriftgelehrten sind die Wahrsager, die öffentlich die Offenbarung Gottes leugnen und dem Heiligen Geist ins Handwerk fallen. Sie wollen alle Welt unterrichten. Und was ihrem unerfahrenen Verstand nicht gemäß ist, das muß ihnen bald vom Teufel sein. Sie sind doch nicht (einmal) ihrer eigenen Seligkeit versichert, welches doch nötig ist, Röm. 8. Sie können hübsch vom Glauben schwatzen und den armen verwirrten Gewissen einen trunkenen Glauben einbrauen. Dies macht alles die unerfahrene Anschauung und (der) Greuel, welchen sie von der hassenswerten Betrügerei der ganz verfluchten vergifteten Mönchsträume[19] haben, durch welche der Teufel seinen ganzen Willen ins Werk gebracht, uns selbst viele Auserwählte unstatthaft betrogen hat, wenn sie ohne alle Belehrung (durch den Geist) den Gesichten und Träumen mit ihrem tollen Glauben geradewegs stattgegeben haben. So haben sie ihre (Mönchs-)Regel und lose Bockfinzerei[20] durch Offenbarung des Teufels beschrieben, vor denen die Kolosser vom heiligen Paulus kräftig gewarnt worden sind. Aber die verfluchten Mönchsträumer haben nicht gewußt, wie sie der Kraft Gottes gewärtig sein sollten. Darüber sind sie in einem verkehrten Sinne verstockt und werden jetzt der ganzen Welt täglich in Sünden und Schande dargestellt wie die untätigen Lotterbuben.[21] (Den)-

---

[19] Gemeint sind die Resultate der mönchischen Askese und Ekstase.
[20] etwa: Abgötterei.
[21] C. Hinrichs: Hier wird der Sinn von Müntzers Polemik gegen die ›Mönchsträume‹, die mönchische Ekstatik und Mystik, ganz deutlich: sie führt zur Passivität und Weltflucht. (Politische Schriften, S. 13).

noch sind sie blind in ihrer Torheit. Nichts anderes hat sie verführt und verführt sie noch bis auf den heutigen Tag als der Afterglaube, da sie ohne alle Erfahrung des Heiligen Geistes, des Meisters der Furcht Gottes, unter Verachtung göttlicher Weisheit das Gute nicht vom Bösen, das unter dem guten Schein verdeckt ist, absondern. Darüber schreibt Gott durch Jes. 5: ›Weh euch, die ihr das Gute böse heißt und das Böse gut!‹ – Darum ist es nicht frommer Menschen Art, das Gute mit dem Bösen zu verwerfen. Denn der heilige Paulus sagt zu den Thessalonikern Kap. 5: ›Ihr sollt die Weissagung nicht verachten! Versucht es alles, was unter dem aber gut ist, das behaltet‹ etc.

Zum dritten sollt ihr die Meinung wissen, daß Gott seinen Auserwählten so ganz und gar wohlgesinnt ist, daß, wenn er am allergeringsten warnen könnte, 5. Mose 1 und 32, Matth. 23, er täte es aufs höchste, wenn sie die Warnung trotz ihres Unglaubens empfangen könnten.
Denn hier stimmt dieser Text Daniels mit dem heiligen Paulus überein, 1. Kor. 2 und ist aus dem heiligen Jesaja Kap. 64 genommen, wo es heißt: ›Was kein Auge gesehen, kein Ohr gehört hat und in keines Menschen Herz gekommen ist, dasselbige hat Gott denen bereitet, die ihn lieben. Aber uns hat es Gott offenbart durch seinen Geist. Denn der Geist erforscht alle Dinge, ja auch die Tiefe der Gottheit‹ etc.
Darum ist das in Kürze die ernstliche Meinung: Wir müssen wissen und nicht allein in den Wind glauben, was uns von Gott und was uns vom Teufel oder der Natur gegeben ist. Denn wenn unser natürlicher Verstand daselbst unter die Dienstbarkeit des Glaubens gefangen geführt werden soll, II. Kor. 10, dann muß er (bis) auf den letzten Grad aller seiner Erkenntnis kommen, wie Röm. 1 und Baruch 3 gezeigt wird. Von den Erkenntnissen vermag er aber keine mit guter Begründung in seinem Gewissen zu fassen ohne Gottes Offenbarung. Da wird der Mensch klar (heraus)finden, daß er nicht mit dem Kopf durch den Himmel laufen kann, sondern er muß zuerst ganz und gar zum innerlichen Narren werden, Jes. 29 und 33, Obadja 1, I. Kor. 1.
O, das ist dann der klugen, fleischlichen, wollüstigen Welt ein gar seltsamer Wind. Ihm folgen alsbald die Schmerzen wie einer Gebärenden, Ps. 48, Joh. 16. Da findet Daniel und ein jeder frommer Mensch mit ihm, daß ihm da alle Dinge ebenso unmöglich von Gott zu erforschen sind wie anderen gewöhnlichen Menschen. Das meinte der weise Mann, der Pred. 3 sagte: ›Wer Gottes Herrlichkeit ausforschen will, der wird von seinem Preis erdrückt.‹ – Denn je mehr die Natur nach Gott greift, desto weiter entfremdet sich die Wirkung des Heiligen Geistes von ihr, wie der 139. Psalm klar zeigt.
Ja, wenn sich der Mensch auf den Vorwitz des natürlichen Lichts

verstünde, so würde er ohne Zweifel sich nicht viel mit gestohlener Schrift behelfen, wie die Gelehrten in einem oder zwei (Bruch-)Stücklein tun, Jes. 28, Jer. 8, sondern er würde bald die Wirkung des göttlichen Wortes aus seinem Herzen (hervor)quellen empfinden, Joh. 4. Ja er brauchte die faulen (abgestandenen) Wasser[22] nicht länger zu ertragen, Jer. 2, wie es jetzt unsere Gelehrten tun. Die vermengen ohne jeden Unterschied die Natur mit der Gnade. Sie verhindern dem Wort seinen Gang, Joh. 4, der, wie Mose 5. Mose 30 sagt, vom Abgrund der Seele ausgeht: ›Das Wort ist nicht weit von dir (entfernt). Siehe, es ist in deinem Herzen etc.‹
Nun fragst du vielleicht, wie kommt es denn ins Herz? – Antwort: Es kommt von Gott oben hernieder in einer hohen (schreckerfüllten) Verwunderung; doch darüber ein andermal. Und die Verwunderung darüber, ob es Gottes Wort sei oder nicht, hebt an, wenn einer von 6 oder 7 Jahren ist, wie es 4. Mose 19 gezeigt ist. Drum zitiert Sankt Paulus im 10. Kapitel des Römerbriefs den Mose und Jesaja und redet da vom innerlichen Wort, (das) durch die Offenbarung Gottes im Abgrund der Seele zu hören ist. Und der Mensch, der dies nicht gewahr wird und durch das lebendige Gezeugnis Gottes nicht empfindet, Röm. 8, der weiß von Gott nichts (Grundlegendes) zu sagen, auch wenn er hunderttausend Bibeln gefressen hätte. Daraus mag wohl ein jeder ermessen, wie fern die Welt noch vom Christenglauben ist. Noch will niemand (selbst) sehen oder hören.
Soll nun der Mensch das Wort wahrnehmen und für es empfänglich sein, so muß ihm Gott seine fleischlichen Lüste nehmen. Und wenn die Bewegung von Gott ins Herz kommt, (um) alle Wollust des Fleisches zu töten, soll (der Mensch) ihm (Gott) stattgeben, daß Gott zu seiner Wirkung gelangen mag. Denn ein tierischer Mensch vernimmt nicht, was Gott in die Seele (hinein)spricht, I. Kor. 2, sondern er muß durch den Heiligen Geist auf die ernstliche Betrachtung des lauteren, reinen Gesetzesverständnisses gewiesen werden, Psalm 18, sonst ist er im Herzen blind, dichtet sich einen hölzernen Christus und verführt sich selber. Drum sehe (man) hier, wie sauer es dem lieben Daniel[23] geworden ist, dem König (Nebukadnezar) das (Traum-)Gesicht auszulegen, wie fleißig er Gott darum ersucht und gebeten hat! Also muß sich der Mensch (um der) Offenbarung (willen) von aller Kurzweil[24] absondern und einen ernsten Sinn zur Wahrheit (in sich) tragen, II. Kor. 6. Durch die Übung (in) solcher Wahrheit muß er die untrüglichen (Traum-)Gesichte gegenüber den falschen erkennen. Deshalb spricht der liebe Daniel im 10. Kapitel: ›Es soll ein Mensch für die Gesichte Verständnis haben, damit sie nicht alle zu verwerfen sind etc.‹

[22] im Gegensatz zum frischen Quellwasser geistlicher Erfahrung.
[23] Dan. 2, 18.
[24] Zerstreuung als Gegenteil der mystischen Seelenhaltung der ›Langeweile‹.

Zum vierten sollt ihr wissen: ein auserwählter Mensch, der wissen will, welches Gesicht oder Traum von Gott, Natur oder Teufel ist, der muß mit seinem Gemüt und Herzen, auch mit seinem natürlichen Verstand von allem zeitlichen Trost seines Fleisches abgeschieden sein. Es muß ihm gehen wie dem lieben Joseph in Ägypten, I. Mose 39, und (wie) hier in diesem Kapitel Daniel. Denn (das Wort Gottes) wird kein wollüstiger Mensch annehmen, Luk. 7, denn die Disteln und Dornen (im Gleichnis) – das sind die Wollüste dieser Welt, wie Christus Mark. 4 sagt – unterdrücken alle Wirkung des Wortes, das Gott in die Seele (hinein)spricht. Darum, wenn Gott schon sein heiliges Wort in die Seele spricht, so kann es der Mensch, wenn er ungeübt ist, nicht hören, denn (d)er tut keine Einkehr und (hat) keinen Einblick in sich selber und in den Abgrund seiner Seele, Psalm 48. Der Mensch will sein Leben nicht kreuzigen samt seinen Lastern und Begierden, wie Paulus, der heilige Apostel, lehrt. Drum bleibt der Acker des Wortes Gottes voll Disteln, Dornen und voll großer Stauden, welche (um des) Werkes Gottes (willen) alle weg müssen, damit der Mensch nicht nachlässig und faul befunden werde, Sprüche 24. Danach sieht man die Freigebigkeit[25] des Ackers und schließlich das gute Gewächs. Erst dann wird der Mensch gewahr, daß er in der Länge seiner Tage Gottes und des Heiligen Geistes Wohnung sei.

Ja, er ist allein zu dem Zweck geschaffen, daß er Gottes Gezeugnis in seinem Leben erforschen soll, Psalm 93 und 119. Dessen wird er jetzt stückweise durch (sinn)bildliche Weise gewahr, jetzt auch ganz im Abgrund des Herzens, I. Kor. 13. Zum anderen muß er (darauf achten), daß dieser Figuren Gleichnis in den Gesichten oder Träumen mit allen ihren Umständen[26] in der Bibel bezeugt sind, damit der Teufel nicht daneben einbreche und verderbe die Salbe des Heiligen Geistes mit ihrer Süßigkeit, wie der Weise Salomo (der Bibel) von den Fliegen sagt, die da sterben etc., Pred. 10.

Zum weiteren muß der auserwählte Mensch auf das Wirken der Gesichte acht haben, daß es nicht durch menschliche (Manipulation) hervorquelle, sondern einfältig[27] gemäß Gottes unverrücklichem Willen (sich ergebe). Er muß sich ganz genau vorsehen, daß nicht das geringste an dem fehle, was er gesehen hat, denn es muß tapfer[28] zur Wirkung kommen. Aber wenn der Teufel etwas wirken will, so verraten ihn doch seine faulen Fratzen und seine Lügen schauen schließlich doch hervor, denn er ist ein Lügner, Joh. 8.

[25] Fruchtbarkeit
[26] d. h. im Zusammenhang wie in Einzelheiten.
[27] im Sinne von natürlich und unbeeinflußt.
[28] überzeugend.

Dies ist hier in diesem Kapitel klar angezeigt vom König Nebukadnezar und danach noch im 3. (Kapitel) in der Tat bewiesen. Denn er hat die Vermahnung Gottes gar geschwind vergessen. Das haben ohne Zweifel seine fleischlichen Begierden, die er auf die Lüste und Kreaturen gerichtet hatte, verursacht. Denn so muß es gehen, wenn ein Mensch seine Wollust stets pflegen will, mit Gottes Werk (nichts) zu schaffen hat und in keiner Betrübnis steht, so kann ihn auch die Kraft des Wortes Gottes nicht umschatten, Luk. 9. Gott der Allmächtige zeigt seinen geliebten Freunden die rechten Gesichte und Träume, (und zwar) am allermeisten in ihrer größten Betrübnis, wie er es mit dem frommen Abraham machte I. Mose 15 und 17. Gott ist ihm (gerade) da erschienen, als er sich in großer Furcht entsetzte. Desgleichen der liebe Jakob; als er in großer Betrübnis vor seinem Bruder Esau flüchtete, kam ihm ein (Traum-)Gesicht, daß er eine Leiter am Himmel aufgerichtet und die Engel Gottes hinauf- und hinabsteigen sah, I. Mose 18. Danach, als er wieder heimzog und er sich über die Maßen vor seinem Bruder Esau fürchtete, erschien ihm der Herr im Gesicht, verrenkte ihm die Hüfte und rang mit ihm, I. Mose 32. Desgleichen wurde der fromme Joseph von seinen Brüdern gehaßt, und in dieser Betrübnis hatte er zwei notvolle Gesichte, I. Mose 37. Und danach in seiner zu Herzen (gehenden) Betrübnis im Gefängnis in Ägypten wurde er von Gott so hoch erleuchtet, daß er alle Gesichte und Träume auslegen konnte, I. Mose 39, 40 und 41. Zu alledem wird den unerprobten, wollüstigen Schweinen, den Klüglingen, der andere heilige Joseph in Matth. 1 und 2 (beispielhaft) vorgeführt. Er hatte vier Träume, als er in seiner Betrübnis geängstigt war. Durch die Träume wurde er – wie auch die Weisen (aus dem Morgenland) – versichert und durch den Engel unterrichtet, nicht wieder zu Herodes zu kommen. Desgleichen haben die lieben Apostel mit höchstem Fleiß der Gesichte gewärtig sein müssen, wie es in ihren Geschichten[29] klar beschrieben ist.

Ja, es ist recht (im) Geist der Apostel, Patriarchen und Propheten, auf die Gesichte zu warten und dieselben (inmitten) der schmerzvollen Betrübnis zu empfangen. Darum ist es kein Wunder, daß sie Bruder Mastschwein und Bruder Sanftleben[30] verwirft, Hiob 28. Wenn aber der Mensch das klare Wort Gottes in der Seele nicht vernommen hat, so muß er Gesichte haben. Wie Sankt Petrus in der Apostelgeschichte das Gesetz, 3. Mose 11, nicht verstund, an der (rituellen Reinheit der) Speise zweifelte und (zögerte) Heiden in seine (Gemeinschaft) aufzunehmen, da gab ihm Gott im Überschwang seines Gemüts[31] ein Gesicht. Da sah er ein Leinentuch an vier Zipfeln auf die Erde herniedergelassen,

---

[29] Apostelgeschichte.
[30] Martin Luther.
[31] d. h. im Zustand eines schauenden Bewußtseins.

voll vierfüßiger³² Tiere und hörte eine Stimme sagen: ›Schlachte und iß!‹ Desgleichen hatte der fromme Cornelius (ein Gesicht), als er nicht wußte, was er tun sollte, Apg. 10. Auch als Paulus gen Troas kam, erschien ihm ein Gesicht in der Nacht. Es war ein Mann von Macedonien, der stund und bat ihn und sprach: ›Komm hernieder nach Macedonien und hilf uns!‹ Als er aber dieses Gesicht gesehen hatte, ›trachteten wir‹, sagt der Text Apg. 16, ›alsobald nach Macedonien zu reisen, denn wir waren gewiß, daß uns der Herr dahin gerufen hatte‹. Desgleichen als sich Paulus fürchtete, in Korinth zu predigen, Apg. 18, da sagte der Herr durch ein Gesicht in der Nacht zu ihm: ›Du sollst dich nicht fürchten etc. Es soll sich niemand unterstehn, dir zu schaden, denn ich habe ein großes Volk in dieser Stadt etc.‹

Was braucht man noch viel Gezeugnis der Schrift anzuführen? Es wäre nimmer möglich, in solchen weitläufigen, gefährlichen Sachen, mit denen rechte Prediger, Herzöge und Regenten zu tun haben, daß sie sich stets bewahren sollten sicher und ungetadelt zu handeln, wenn sie in der Offenbarung Gottes nicht lebten, wie Aron von Mose, David von Nathan und Gad hörten. Deshalb waren die lieben Apostel die Gesichte ganz und gar gewohnt, wie der Text in den Geschichten im 12. Kapitel (der Apostelgeschichte) bestätigt. Der Engel kam zu Petrus, führte ihn aus dem Gefängnis des Herodes heraus; er (aber) meinte, er hätte ein Gesicht; er wußte nicht, daß der Engel das Werk seiner Befreiung an ihm vollbrachte. Daraus schließe ich nun, daß wer aus fleischlichem (Vor-)Urteil den Gesichten feind ist und sie alle verwirft oder sie alle ohne (Unter)schied (bejaht) – zumal die falschen Träumer der Welt solchen Schaden verursacht hatten durch die Ehrgeizigen und Genußsüchtigen – der wird nicht wohl ankommen³³, sondern er wird sich am Heiligen Geist stoßen, Joel 2, da Gott klar – wie dieser Text Daniels – von der Veränderung dieser Welt spricht.

Er will sie in den letzten Tagen (durchführen), damit sein Name gepriesen werde. Er will sie von ihrer Schande entledigen und will seinen Geist über alles Fleisch ausgießen, unsere Söhne und Töchter sollen weissagen, Träume und Gesichte haben etc.

Denn wenn die Christenheit nicht apostolisch werden sollte, Apg. 2, wo Joel zitiert wird, warum sollte man dann predigen? Wozu dient dann die Bibel, (die) von Gesichten (spricht)? Es ist wahr und ich weiß fürwahr, daß der Geist Gottes jetzt vielen auserwählten frommen Menschen offenbart, eine (entscheidende) unüberwindliche zukünftige Reformation sei von großen Nöten und sie müsse (verwirklicht) werden. Es wehre sich gleich ein jeglicher, wie er will, so bleibt die Weissagung Daniels (unange-

---

³² also rituell unreiner.
³³ er wird scheitern.

tastet)³⁴, auch wenn ihr niemand glauben will, wie Paulus zu den Römern im 3. Kapitel sagt.

Es ist dieser Text Daniels (demnach) so klar wie die helle Sonne und das Werk (vollzieht sich) jetzt im (Stadium) vom Ende des fünften Weltreichs³⁵. Das wird durch den goldenen Knauf erklärt; das war das Reich zu Babel; das andere durch die silberne Brust und Arm, das war das Reich der Meder und Perser. Der dritte war das Reich der Griechen, welches mit seiner Klugheit erschallt, (im Text) angezeigt durch das Erz; das vierte das römische Reich, welches mit dem Schwert erobert worden und ein Reich des Zwangs gewesen ist. Aber das fünfte Reich (in der Zählung Daniels) ist das, welches wir vor Augen haben, das auch von Eisen ist und gerne (be)zwingen wollte, aber es ist mit Kot geflickt, wie wir mit sehenden Augen sehen, nichts als Anschläge³⁶ der Heuchelei, die sich auf dem ganzen Erdreich krümmt und windet. Denn wer nicht betrügen kann, der muß ein toller Kopf sein.

Man sieht jetzt schön, wie sich die Aale und Schlangen auf einem Haufen vermischen³⁷. Die Pfaffen und alle bösen Geistlichen sind Schlangen, wie sie Johannes der Täufer Christi Matth. 3 nennt, und die weltlichen Herren und Regenten sind Aale, wie 4. Mose im 11. Kapitel (in Gestalt) von Fischen etc. vorgebildet ist.³⁸ Es haben sich die Reiche des Teufels mit Ton beschmiert.³⁹

Ach, liebe Herren, wie hübsch wird (Gott) der Herr eine eiserne Stange unter die alten Töpfe schmeißen, Psalm 2. Darum, ihr allerteuersten, liebsten Regenten, lernt eure Erkenntnis (der Situation) recht aus dem Munde Gottes und laßt euch durch eure heuchlerischen Pfaffen nicht verführen und mit gedichteter Geduld und Güte aufhalten. Denn der Stein, ohne Hände vom Berge gerissen, ist groß geworden. Die armen Laien und Bauern sehen ihn viel (deutlicher) als ihr. Ja – Gott sei gelobt – er ist so groß geworden, (daß) wenn euch andere Herren oder Nachbar(regenten) um des Evangeliums willen verfolgen wollten, sie von ihrem eigenen Volk vertrieben würden. Das weiß ich fürwahr. Ja, der Stein ist groß; die (blinde) Welt hat sich lange davor gefürchtet. Er ist (schon) auf sie gefallen, da er noch kleiner war.

Was sollen wir denn nun tun, nachdem er groß und (über)mächtig geworden ist? Und nachdem er so mächtig unverzüglich auf die große (Bild)säule geschlagen ist und sie bis auf die alten Töpfe⁴⁰ zerschmettert hat? – Darum, ihr teuren Regenten von Sachsen,

---

³⁴ d. h. sie gilt gerade jetzt.
³⁵ im Sinne der Geschichtsdeutung Daniels, die sich Müntzer zu eigen macht.
³⁶ Machenschaften.
³⁷ begatten, Unzucht treiben.
³⁸ Müntzer meint die Unzucht der Kirche mit dem Staat.
³⁹ Man kann demnach sehen, was an ihnen klebt.
⁴⁰ gemeint ist das letzte, tönerne Weltreich bei Daniel.

tretet keck auf den Eckstein, wie der heilige Petrus tat, Matth. 16, und sucht die rechte Beständigkeit göttlichen Willens! Er wird euch wohl erhalten auf dem Stein, Psalm 39. Eure (Wege) werden richtig sein; suchet nur geradewegs Gottes Gerechtigkeit und greifet die Sache des Evangeliums tapfer an! Denn Gott steht so nah bei euch, wie ihrs (gar) nicht glaubt. Warum wollt ihr euch dann vor dem Gespenst des Menschen entsetzen, Psalm 118?
Seht hier den Text genau an. Der König Nebukadnezar wollte die klugen (Zeichendeuter) töten, weil sie ihm den Traum nicht auslegen konnten. Es war (ihr) verdienter Lohn. Denn sie wollten sein ganzes Reich mit ihrer Klugheit regieren und konnten nicht das, wozu sie (ein)gesetzt waren. So sind auch unsere (heutigen) Geistlichen. Und ich sage euch fürwahr, wenn ihr den Schaden der (heutigen) Christenheit so wohl erkennen und so recht einsehen würdet, so würdet ihr in einen solchen Eifer (geraten) wie Jehu, der (israelitische) König, 2. Kön. 9 und 10, und wie das ganze Buch der Apokalypse (des Johannes) anzeigt. Und ich weiß fürwahr, daß ihr euch (nur) mit großer Not (zurück)halten würdet, dem Schwert seine Gewalt (weg)zunehmen. Denn der erbarmungswürdige Schaden der heiligen Christenheit ist so groß geworden, daß ihn zu (dieser) Zeit keine Zunge (beschreiben) kann.
Darum muß ein neuer Daniel aufstehen und euch eure Offenbarung auslegen. Und der muß, wie Mose 5. Mose 20 lehrt, vorne an der Spitze gehen. Er muß den Zorn der Fürsten und des ergrimmten Volkes versöhnen. Wenn ihr den Schaden der Christenheit, die Betrügerei der falschen Geistlichen und der verzweifelten Bösewichter recht erfahrt, werdet ihr so (sehr) über sie ergrimmen, wie es sich niemand ausdenken mag. Es wird euch ohne Zweifel verdrießen und sehr zu Herzen gehn, daß ihr (zuvor) so gütig gewesen seid, nachdem sie euch mit die allersüßesten Worten zu den allerschändlichsten Ansichten gegen alle aufrichtige Wahrheit verleitet haben, Weisheit 6. Denn sie haben euch genarrt, als ein jeder die Heiligen beschwor, die Fürsten seien (weltliche) Leute ihres Amts wegen, sie sollen nichts anderes als bürgerliche Einigkeit (aufrecht)erhalten.[41]

Ach, (mein) Lieber, da fällt und schlägt der große Stein bald darauf und schmeißt solche Vorhaben der Vernunft zu Boden, da (Christus) Matth. 10 sagt: ›Ich bin nicht gekommen, Frieden zu senden, sondern das Schwert.‹ Was soll man aber damit machen? Nichts anderes als die Bösen, die das Evangelium verhindern, wegtun und absondern, wenn ihr nicht des Teufels, sondern Gottes Diener sein wollt, wie Paulus Röm. 13 sagt. Ihr dürft nicht zweifeln, Gott wird euch alle eure Widersacher, die euch zu verfolgen wagen, in Trümmer schlagen. Denn seine Hand ist noch nicht verkürzt, wie Jes. 59 sagt. Darum kann er euch noch helfen

[41] Müntzer grenzt sich gegenüber Luthers Zwei-Reiche-Lehre ab.

und will es (auch) tun, wie er dem auserwählten König Josia[42] und anderen, die den Namen Gottes verteidigt haben, beigestanden ist. Also seid ihr Engel, wenn ihr recht tun wollt, wie Petrus II. Petr. 1, sagt. Christus hat Luk. 19 mit großem Ernst befohlen: ›Nehmet meine Feinde und würget sie mir vor meinen Augen!‹ – Warum (wohl)? Ei darum, weil sie (im Namen) Christi sein Regiment ver(fälscht) haben und wollen dazu noch ihre Schalkheit[43] unter dem (Schein) des christlichen Glauben verteidigen, ärgern (aber) mit (diesem) ihrem hinterlistigen Schanddeckel die ganze Welt. Darum sagt Christus, unser Herr, Matth. 18: ›Wer einen von diesen Kleinen ärgert, dem ist besser, daß man ihm einen Mühlstein an den Hals hänge und werfe ihn in das tiefe Meer.‹ Es deutle daran hin und her, wer nur will. Es sind (immerhin) die Worte Christi.

Darf nun Christus (von) einem der Kleinen (so sprechen), was soll man dann sagen, wenn man einen großen Haufen (hinsichtlich) des Glaubens ärgert? Aber (gerade) das tun die Erzbösewichter, die die ganze Welt ärgern und vom rechten Christenglauben abtrünnig machen, (wenn sie) sagen, es solle die Geheimnisse Gottes niemand wissen. Ein jeder solle sich nach ihren Worten, aber nicht nach ihren Werken richten, Matth. 23. Sie sprechen, es sei nicht nötig, daß der Glaube gewährt sei wie das Gold im Feuer, I. Petr. 1, Psalm 139. Aber auf diese Weise wäre der Christenglaube ärger[44] als ein Hundeglaube, der hofft, ein Stück Brot zu empfangen, wenn der Tisch gedeckt wird. Solchen Glauben spiegeln die falschen Gelehrten der armen blinden Welt vor. Das ist ihnen nichts Besonderes, denn sie predigen allein um des Bauchs willen, Phil. 3. Sie können von Herzen (auch gar) nichts anderes sagen, Matth. im 12. Kap.

Wollt ihr nun rechte Regenten sein, so müßt ihr das Regiment bei der Wurzel anpacken und wie Christus es befohlen hat. Treibt seine Feinde von den Auserwählten (weg), denn ihr seid die (zuständigen) Mittler. Meine Lieben, macht uns keine (Possen) vor, als sollte (es) die Kraft Gottes ohne Zutun eures Schwertes tun; es könnte sonst (nämlich) in der Scheide verrosten. Gott gebe es! Es sage euch (ein) Gelehrter, was er will; Christus sagt doch (deutlich) genug Matth. 7, Joh. 15: ›Ein jeder Baum, der nicht gute Frucht bringt, der soll ausgerodet und ins Feuer geworfen werden.‹

Wenn ihr nun die Maske der Welt wegtut, so werdet ihr sie mit rechtem Urteil erkennen, Joh. 7. Fällt auf Gottes Befehl hin ein rechtes Urteil. Hilfe habt ihr genug dazu, Weisheit 6, denn Christus ist euer Meister, Matth. 23. Darum lasset die Übeltäter nicht länger leben, die uns von Gott abwenden, 5. Mose 13, denn ein

---

[42] II. Kön. 22f.
[43] Verworfenheit, Niedertracht.
[44] schlimmer, minderwertiger.

gottloser Mensch hat kein Recht zu leben, sofern er die Frommen hindert. 2. Mose 22 sagt Gott: ›Du sollst die Übeltäter nicht leben lassen‹. Das meint auch Sankt Paulus, wenn er vom Schwert der Regenten sagt, daß es zur Rache der Bösen verliehen sei und (zum) Schutz der Frommen, Röm. 13.

Gott ist euer Schirm und er wird euch lehren streiten wider eure Feinde, Psalm 17. Er wird eure Hände zum Streit (gewandt) machen und er wird euch erhalten. Aber ihr werdet (freilich) darüber ein großes Kreuz und Anfechtung erleiden müssen, damit euch die Furcht Gottes (völlig) klar wird. Das kann ohne Leiden nicht geschehen, aber es kostet euch nicht mehr als um Gottes willen die Gefahr zu wagen und das unnütze Geplauder der Widersacher[45] (auf euch zu nehmen). Denn (wenn auch) der fromme David durch Absalom von seinem Schloß vertrieben wurde, so kam er schließlich doch wieder dahin (zurück), als Absalom erhängt und erstochen worden war.

Darum, ihr teuren Väter von Sachsen, müßt ihr es um des Evangeliums willen wagen; Gott wird euch aus Liebe züchtigen als seine allerliebsten Söhne, 5. Mose 1, wenn er seinen (alsbaldigen) Zorn entbrennt. Selig sind denn alle, die sich auf Gott verlassen. Sagt nur frei mit Christi Geist: ›Ich will mich vor Hunderttausend nicht fürchten, obgleich sie mich umlagern.‹

Ich vermute, hier werden mir unsere Gelehrten die Güte Christi vorhalten, welche sie (im Grunde nur) auf ihre (eigene) Heuchelei beziehen. Aber sie sollen dagegen auch den Eifer Christi (bedenken), Joh. 2, Psalm 69, da er die Wurzeln der Abgötterei vernichtet, wie Paulus zu den Kolossern im 3. Kapitel sagt, daß um ihrer willen der Zorn Gottes nicht von der Gemeinde entfernt werden kann. Hat er das unserer Ansicht nach Kleine niedergeworfen[46], so würde er ohne Zweifel der Götzen und der Bilder nicht geschont haben, wenn sie da gewesen wären, wie er denn durch Mose befohlen hat, der 5. Mose 7 sagt: ›Ihr seid ein heiliges Volk. Ihr sollt euch über die Abgöttischen nicht erbarmen. Zerbrecht ihre Altäre! Zerschmeißet ihre (Götzen-)Bilder und verbrennt sie, damit ich nicht mit euch zürne!‹ –

Diese Worte hat Christus nicht aufgehoben, sondern er will sie uns erfüllen helfen, Matth. 5. Es sind die (Gleichnisse) durch die Propheten alle ausgelegt, aber dies sind helle, klare Worte[47], welche ewig bestehen müssen, Jes. 40. Gott kann heute nicht Ja und morgen Nein sagen, sondern er ist in seinem Wort unwandelbar, Mal. 3, 1. Kön. 15, 4. Mose 22. Wenn aber die Apostel die Abgötter der Heiden nicht zerstört haben, so antworte ich: daß Sankt Petrus ein furchtsamer Mann gewesen ist. Nach Gal. 2 hat er mit den Heiden geheuchelt. Er war (zugleich) das Vorbild aller

---

[45] Anspielung auf die Wittenberger Reformatoren als seitherige Berater des Fürstenhauses.
[46] z. B. bei der Tempelreinigung Joh. 2.
[47] eine direkte, keine Bildersprache also.

Apostel, so daß auch Christus Johannes am letzten sagte, daß er sich vor dem Tod sehr gefürchtet habe. So ist es leicht zu ermessen, daß derselbige (keinen Anstoß zu einer entsprechenden Handlungsweise) gegeben hat. Aber Sankt Paulus hat ganz hart gegen die Abgötterei geredet, Apg. 17. Hätte er seine Lehre in Athen (zu einem Abschluß bringen können), hätte er ohne Zweifel die Abgötterei so völlig verworfen, wie Gott durch Mose befohlen hatte und wie es auch hernach durch die Märtyrer gemäß bewahrheiteter Historien geschah.

Insofern ist uns mit den Fehlern oder der Nachsicht der Heiligen keine Ursache gegeben, den Gottlosen (gewähren) zu lassen. (Wenn sie schon) Gottes Namen mit uns bekennen, sollen sie unter zweien eins erwählen: den Christenglauben (völlig) verleugnen oder die Abgötter beseitigen, Matth. 18. Daß aber unsere Gelehrten herkommen und mit Daniel in ihrer gottlosen, gestohlenen Weise sagen, daß der Widerchrist ohne Hand(anlegen) zerstört werden soll, ist (doch) zuviel. (Dieser Widerchrist) ist schon so verzagt wie das Volk (der Kanaaniter) war, als die Auserwählten ins gelobte Land wollten und wie Josua schreibt. Er hat sie gleichwohl mit der Schärfe des Schwertes nicht verschont. Sieh an den 43. Psalm und I. Chron. 14, so wirst du die Lösung finden. Sie haben das Land nicht durch das Schwert gewonnen, sondern durch die Kraft Gottes, aber das Schwert war das Mittel, so wie uns Essen und Trinken Mittel zum Leben sind. Also ist auch das Schwert nötig, die Gottlosen zu vertilgen, Röm. 13.

Damit das aber redlicherweise und (sachgemäß) geschehe, so sollen das unsere teuren Väter, die Fürsten tun, die Christus mit uns[48] bekennen. Wo sie das aber nicht tun, so wird ihnen das Schwert genommen werden, Dan. 7, denn sie bekennen ihn (dann) mit den Worten und verleugnen ihn mit der Tat, Tit. 1. Also sollen sie den Feinden (zunächst) den Frieden anbieten, 5. Mose 2. Wollen sie geistlich sein und (dennoch) keine Rechenschaft über die Kunst Gottes[49] ablegen, so soll man sie wegtun, I. Kor. 5. Aber mit dem frommen Daniel bitte ich für sie, der Offenbarung Gottes nicht entgegen zu sein. Wenn sie aber das Gegenteil treiben, (soll man) sie ohne alle Gnade erwürgen, wie Hiskia, Josia, Cyrus, Daniel und I. Kön. 18 die Baalspfaffen erwürgt haben. Auf andere Weise kann die christliche Kirche nicht wieder zu ihrem Ursprung kommen. Man muß das Unkraut aus dem Weingarten Gottes zur Zeit der Ernte ausraufen, dann wird der schöne rote Weizen beständige Wurzeln gewinnen und recht aufgehen, Matth. 13. Die Engel aber, welche ihre Sicheln dazu schärfen, sind die ernsten Knechte Gottes, die den Eifer göttlicher Weisheit ausführen, Mal. 3.

Nebukadnezar vernahm die göttliche Weisheit von Daniel. Er

---

[48] d. h. so wie wir, der selben Glaubensüberzeugung gemäß.
[49] Erkenntnis Gottes.

fiel nieder vor ihm, nachdem ihn die kräftige Wahrheit überwunden hatte, aber er wurde wie ein Rohr vom Wind bewegt,[50] wie das 3. Kapitel beweist. Ebenso sind jetzt über die Maßen viele Menschen, die das Evangelium (zwar) mit großen Freuden annehmen, solange es so freundlich zugeht, Luk. 8. Aber wenn Gott solche Leute auf den Brenntiegel oder auf das Feuer der Bewährung setzt, I. Petr. 1, da ärgern sie sich am allerkleinsten Wörtlein, wie Christus Mark. 4 verkündigt hat. In dem Maße werden sich ohne Zweifel viele unversuchte Menschen an diesem Büchlein ärgern, drum spreche ich mit Christus Luk. 19 und Matth. 18 und mit Paulus I. Kor. 5 und (unter Berücksichtigung) des ganzen göttlichen Gesetzes, daß man die gottlosen Regenten, sonderlich Pfaffen und Mönche töten soll, die das heilige Evangelium (eine) Ketzerei schelten und gleichwohl die besten Christen sein wollen. Da wird die heuchlerische, gedichtete Güte über die Maßen ergrimmt und erbittert. Sie will dann die Gottlosen verteidigen und sagt, Christus habe niemanden getötet etc. Und (sie) wollen die Freunde Gottes ganz jämmerlich nur dem Winde befehlen; da ist die Weissagung Pauli erfüllt, 2. Tim. 3. In den letzten Tagen werden die Liebhaber der Lüste wohl eine Gestalt der Güte[51] haben, aber sie werden ihre Kraft verleugnen. Es hat darum kein Ding auf Erden eine (gewinnendere) Gestalt und Maske als die gedichtete Güte. Drum sind alle Winkel voll von Heuchlern, unter denen keiner kühn genug ist, die rechte Wahrheit zu sagen.

Um daher die rechte Wahrheit an den Tag zu bringen, müßt ihr, Regenten euch an den Beschluß dieses Kapitels halten – Gott gebe, ob ihrs gerne tut oder nicht – wo Nebukadnezar den heiligen Daniel zum Amtmann eingesetzt hat, das gute rechte Urteil zu fällen, wie es der Heilige Geist sagt, Psalm 58. Denn die Gottlosen haben kein Recht zu leben außer (jenes), das ihnen die Auserwählten gönnen wollen, wie im Buch des Auszugs (Israels), 2. Mose 23 geschrieben steht. Freut euch, ihr rechten Freunde Gottes, daß den Feinden des Kreuzes das Herz in die Brüche gefallen ist. Sie müssen recht tun, wiewohl sie es niemals geträumt haben. So wir nun Gott fürchten, warum wollen wir uns (dann) vor losen, untüchtigen Menschen entsetzen? 4. Mos. 14, Jos. 11. – Seid nur keck! Der will das Regiment selber haben, dem alle Gewalt im Himmel und auf Erden gegeben ist, Matth. am letzten, der euch, Allerliebste, bewahre ewig. Amen.

---

[50] d. h. er war nicht beständig.
[51] d. h. auch der Nachsicht und der Friedfertigkeit.

Ausgedrückte Entblößung des falschen Glaubens

der ungetreuen Welt durchs Gezeugnis des Evangeliums des Lukas vorgetragen der elenden, erbarmungswürdigen Christenheit zur Innerung[1] ihres Irrsals, Ezech. 8.

Liebe Gesellen laßt uns auch das Loch weiter machen, damit alle Welt sehen und (be)greifen möge, wer unsere großen Hansen sind, die Gott so lästerlich zum gemalten Männlein gemacht haben, Jer. im 23. Kapitel.
Thomas Müntzer, mit dem Hammer. Mühlhausen 1524.

Jeremia am ersten: ›Nimm wahr, ich habe meine Worte in deinen Mund gelegt; ich habe dich heute über die Leute und über die Reiche gesetzt, damit du auswurzelst, zerbrechest, zerstreuest, und verwüstest und bauest und pflanzest.‹
Jer. 1: ›Eine eiserne Mauer wider die Könige, Fürsten und Pfaffen und wider das Volk ist aufgestellt. Sie mögen streiten, der Sieg ist wunderbar zum Untergang der starken, gottlosen Tyrannen.‹

Vorrede an die arme zerstreute Christenheit

Der Geist der Stärke und die Furcht Gottes sei mit dir, du erbarmungswürdige Gemeinde! Nachdem dich die Schmähbücher[2] teils scheu, (teils) sehr mutig gemacht haben, ist es über die Maßen hoch vonnöten, dem aufstehenden Übel zuvorzukommen mit Erweisung christlicher Meisterschaft, welche zu dieser Zeit nicht anders eröffnet werden mag als durch Auslegung der Heiligen Schrift in der (Belehrung) des Heiligen Geistes Christi durch die Vergleichung[3] aller Geheimnisse und Urteile Gottes. Denn es haben alle Urteile den größten Gegen(satz) in sich selber. Wo sie aber nicht zusammengefaßt (gedeutet) werden, kann keine (einzelne Schriftstelle) ganz und gar verstanden werden wie hell oder klar sie auch (sein mag) ohne (dem Verständnis anderer Stellen) unaussprechlich zu schaden. Das ist die Grundsuppe aller bösewichtischen Zertrennung[4]. Um solcher wichtigen Ursache willen habe ich elender Mensch mich an die Wagenburg (herangemacht), das Loch (in der Mauer) des Vorhofs weiter zu machen, (und zwar) in Erwartung alles Übels, welches die gottlose Art der verderbenden Diener der Christenheit zu leisten pflegt, nachdem sie

---

[1] Bewußtmachung. Vgl. S. 166.
[2] Luthers »Brief an die Fürsten zu Sachsen von dem aufrührerischen Geist«. Vgl. S. 196.
[3] Berücksichtigung des biblischen Kontextes.
[4] d. h. die Mißachtung des Textzusammenhangs.

ihren buchstäblichen Glauben so hoch herausgeputzt und die wohltätige Kraft Gottes verleugnet haben, daß mans (mit Händen) greift, (jene Art), die Gott mit ihrem gedichteten Wort und Glauben stumm, toll und phantastisch machen will. Deshalb ist auch die (hochfahrende) Gewohnheit alles Greuels in allen Gemeinden über die ganze Welt (hin) so halsstarrig geworden und (leistet) von Tag zu Tag unsinnigeren (Widerstand). Darum muß die gründliche Bewegung des heiligen christlichen Glaubens wilde Wogen der (Flut) der Empörung erregen, wie im 92. Psalm beschrieben. Weil nun niemand das Ruder des Schiffs der Mühsal und (Schwierigkeit) wegen ergreifen will, kann ichs nicht (unter)lassen, nachdem das Wasser alles Verderbnisses (schon) in die Seelen der Freunde Gottes gedrungen ist, Ps. 69. Ich muß den vergifteten Schaden, der so tief eingerissen ist, getreulich aufdecken. (Wenn möglich), will ichs mit aller (Behutsamkeit) tun. Wenn es aber zum Nachteil des Geistes Christi gereichen würde, da werde ich mit meiner Geduld niemandes Schanddecker[5] sein.

Zum Anfang dieser Erklärung und (zur Verdeutlichung) will ich (jeweils) ein Kapitel nach dem andern (hin)ausgehn und so guten Raum und Zeit allen meinen Widersachern (zur Rechtfertigung) geben. Den gefährlichen Winkel[6] aber habe ich (aus keinen anderen Gründen) gescheut als es die Sache gefordert hat, wie auch Christus selber die nattergezüchtartigen Schriftgelehrten gemieden hat, Joh. 7, und wollte dem Hannas von seiner Lehre keine andere Rechenschaft auf einem Winkel geben, als daß er auf seine Zuhörer, aufs gemeine Volk wies, Joh. 18. Er sprach klar: ›Was fragst du mich? Frag (doch) meine Zuhörer!‹ Unsere Gelehrten wollten das Gezeugnis des Geistes Jesu gerne auf die hohen Schulen bringen. Es wird ihnen gründlich fehlschlagen, nachdem sie nicht darum gelehrt sind, daß der gemeine Mann ihnen durch ihre Lehre soll gleich werden, sondern sie wollen allein den Glauben beurteilen mit ihrer gestohlenen Schrift[7], da sie doch ganz und gar keinen Glauben haben weder bei Gott noch vor den Menschen. Denn es sieht und (be)greift ein jeder, daß sie nach Ehren und Gütern streben. Deshalb muß der gemeine Mann selber gelehrt werden, damit er nicht länger verführt wird. Das helfe dir derselbige Geist Christi, welcher unseren Gelehrten zu ihrem Untergang ein Spottvogel sein muß. Amen.

---

[5] einer, der die Schande zudeckt.
[6] die Auseinandersetzung hinter verschlossenen Türen; Luther hatte Müntzer im »Brief« darauf angesprochen.
[7] Dabei geht es nicht nur um die Sache der Theologen, sondern um die des ganzen Volkes.

Erklärung des ersten Kapitels von Lukas

Zum ersten.
Das ganze Evangelium von Lukas gibt der Christenheit mit teurem Gezeugnis zu erkennen, daß der heilige Christenglaube ein solch fremdes, seltenes Ding geworden ist, daß es nicht wunder wäre, wenn ein Gutherziger möchte Blut weinen, der die Blindheit der christlichen Gemeinde recht ansieht, was Christus selber in diesem Evangelium des Lukas am 18. geredet hat, wenn er sagte: ›Meinst du, wenn des Menschen Sohn kommen wird, daß er werde Glauben finden auf Erden?‹ – Auch beklagt das Jesaja am 15.[8], Paulus zu den Römern am 10. Darum ist es ein unaussprechlicher Jammer und ganz verdrießlicher Greuel, daß die ungläubigen Menschen – wie man vor Augen sieht – den Christenglauben den Leuten vorpredigen wollen, den sie doch selber nicht (empfunden) und erfahren haben, auch nicht wissen, wie einem Gläubigen zu Mute ist. Sie meinen oder lassen sich dünken, der Glaube sei so leicht zu bekommen, wie sie alle sehr ruhmredig davon schwatzen. Darum müssen wir, meine allerliebsten Brüder, dies Kapitel[9] mit ernster Betrachtung zu Herzen nehmen von Anfang bis Ende. Dann werden wir ja klar finden, wie der Unglaube (durch) alle Auserwählten aufgedeckt wird.

Zacharias hat den wahren Worten des Engels Gabriel nicht glauben wollen wegen der (scheinbaren) Unmöglichkeit der ihm vorgehaltenen Zusage[10]. Auch Maria, die Gebärerin unseres Heilands, welche von Kindeskindern deshalb gepriesen wird, ist (aufs genaueste) zu betrachten, da sie gute Begründung (der Engelsbotschaft) und Bescheid haben wollte.[11] Sie haben ihren Glauben nicht erlangt, wie jetzt die unsinnige Welt glaubt, in einer gefärbten Weise; sie haben (nicht etwa so erwidert): ›Ja, ich will es schlicht glauben, Gott wirds wohl machen.‹ – Mit solch leichtfertiger Begründung dichtet die trunkene Welt einen vergifteten Glauben, der viel ärger ist als der Türken, Heiden und Juden Glaube. Aber Maria und Zacharias haben sich in der Furcht Gottes entsetzt bis der Glaube des Senfkorns den Unglauben überwunden hat, welches (nur) mit großem Zittern und Bekümmernis gefunden wird.

Es kann auch Gott den Glauben niemandem vermehren und ihn (als einen Glaubenden) ansehen, es sei denn, daß er solche Herkunft erdulde mit höchstem Zittern und Fürchten, wie Gott selber durch den heiligen Jesaja sagt im 66. Kapitel: ›Wen soll ich ansehen als allein den Niedrigen und den, der sich vor all

---

[8] Da der Deutero-Jesaja gemeint ist: Jes. 65.
[9] Luk. 1.
[10] wonach Zacharias noch einen Sohn bekommen solle.
[11] Luk. 1, 34.

meiner Rede entsetzt?‹ Darum sagt Paulus zu den Philippern im 2. Kapitel: ›Euer Heil sollt ihr vollstrecken mit Furcht und Zittern.‹ Oho, es ist der (menschlichen) Natur ein unleidliches Werk, die Furcht Gottes zum Anfang des Glaubens (zu haben). Mose hörte Gott selber reden; dennoch wollte er auf sein Wort nicht hingehen, da er ihn hieß nach Ägypten ziehen, 2. Mose 4. Er mußte (erst) der Kraft Gottes gewahr werden im Abgrund der Seele, wie er danach bezeugt, 5. Mose 30, sonst wäre er nicht hingegangen. Gott verhieß dem Patriarchen Jakob viele Güter und über die Maßen große Zusicherung. Dennoch hat er sich mit ihm überworfen. Er mußte zuvor Gott überwinden, sollte er anders den Segen bekommen, welchen der Glaube bringt, 1. Mose 32. Darüber findet ein jeder (Umsichtige) in der ganzen Schrift Gezeugnis, wie der Glaube mit dem Unglauben ganz unerhörten Zank anrichtet,[12] sonderlich im Buch der Richter im 6., 7. und 8. Kapitel. Gideon hatte einen solchen festen, starken Glauben, daß er mit ihm eine unzählig große Welt durch dreihundert Mann überwand. Ehe er aber einen solchen Glauben annehmen wollte, sprach er zum Engel so wie man einen pflegt Lügen zu strafen: ›Du sprichst, der Herr sei mit dir, du allerstärkster Mann. Wie kann das sein, wenn wir soviel Unglück leiden müssen?‹ – Ein ungeübter Glaube hat (in der ersten Begegnung) keinen anderen (Anlaß) als sich an allen Orten zu fürchten und schwerlich allem Singen und Sagen stattzugeben. Wer leichthin glaubt, ist eines leichtfertigen Herzens. Die Furcht Gottes aber gibt dem Heiligen Geist statt, damit der Auserwählte umschattet werden kann von dem, vor dem sich die Welt mit großer Torheit fürchtet zum unerstattlichen Schaden ihrer Weisheit.

Darum ist in diesem Evangelium am Anfang und am Ende von der Umschattung (durch den) Heiligen Geist zu merken, welcher den Glauben (mit Hilfe) der reinen Furcht Gottes lehrt, welcher im (scheinbar) unmöglichen Werk des Glaubens so hohe Verwunderung gebührt, da die Kraft des Allerhöchsten – wie Lukas am ersten und am letzten beschrieben – allen gedichteten, heimlichen Unglauben aufs entschiedenste verwirft; denn er wird aufgedeckt durch das (Umkleidetwerden) oder (durch den) Durchgang im Abgrund der Seele. Paulus sagt: ›Ihr sollt Christus anziehn!‹ So kann der falsche Glaube nirgends eine Statt haben. Wer aber diesen Durchgang nicht gehabt hat, der weiß vom Glauben ganz und gar nichts, denn er behält dann einen unerfahrenen Glauben in seinem verstockten Geist wie einen alten Bettlersmantel, welchen die ungetreuen, verzweifelten[13] Schriftgelehrten ganz meisterhaft flicken können mit einem neuen Flecken, wie dies Luk. 5 steht. Dazu verwenden sie nichts anderes als ihre gestohlene Schrift.

---

[12] Hinweis auf das existentielle Spannungsverhältnis.
[13] d. h. ihrer Sache unsicheren.

Wenn sie gefragt werden, wie sie zu solchem hohen Glauben kommen, von dem sie unaufhörlich so viel schwatzen oder warum sie nicht lieber Heiden, Juden oder Türken sein wollen oder wer ihnen doch etwas (versprochen) hat, da sie die Welt so gefährlich (be)stürmen und so heftig trotzen, dann kommen sie mit über die Maßen lahmen, schalen Fratzen (daher) und sprechen schlicht unverschämt: ›Siehe, ich glaube der Schrift!‹ Und da werden sie (noch) neidisch und grimmig, daß sie (bös) aus dem Barte grunzen und sagen: ›Oho, dieser leugnet die Schrift!‹ Da wollen sie viel ärger mit ihrem Lästern allen Leuten das Maul verstopfen; denn der Tölpel, der Papst, mit seinen Butterbuben, sie wollen die hohe Bewegung und herzliche Betrübnis der Auserwählten schlecht sättigen oder ohne alle Widerrede dem Teufel geben. Sie pflegen vorzutragen, wie Christus die gottlosen Schriftgelehrten abweist, weil sie auch von (derselben Sorte) Mehl sind. Sie tun das dünne Zünglein hervor, mit zarter Weise sprechen sie: ›Erforschet die Schrift, denn ihr meint, ihr laßt euch dünken, ihr wollt ihre Seligkeit daselbst (erlangen).‹[14]

Da werden dann die armen bedürftigen Leute so sehr betrogen, daß es keine Zunge genug erzählen mag. Mit allen Worten und Werken machen sie es ja also, daß der arme Mann (aus lauter Sorge) um die Nahrung nicht lesen lerne. Und sie predigen unverschämt, der arme Mann soll sich von den Tyrannen schinden und schaben lassen. Wann will er denn die Schrift lesen lernen? Ja, lieber Thomas,[15] du schwärmst, die Schriftgelehrten sollen schöne Bücher lesen und der Bauer soll ihnen zuhören, denn der Glaube kommt durchs Hören.[16] – Ach ja, da haben sie einen feinen (Kunst)griff gefunden. (Dadurch) wurden viel ärgere Buben an die Statt der Pfaffen und Mönche gesetzt als vom Anbeginn der Welt geschehen ist. Gott sei aber gesegnet, daß sehr viele Auserwählte die Wurzeln des Unglaubens erkennen, der sich lange Zeit verdeckt hat und noch heute gern (wild wuchert), damit der Weizen ja nicht aufgehe. Deshalb spricht Christus kurz vor obigen Worten zu den frommen Leuten, den Schriftgelehrten: ›Mein Wort bleibt nicht bei euch.‹[17] Ei warum? Um des Unglaubens willen, der der rechten Wurzel des unbetrüglichen Glaubens ganz und gar keinen (Raum) geben will. Matth. 13, Mark. 4, Luk. 8, Joh. 9, Jes. 6.
Soll nun solche schädliche Wurzel ausgerottet werden, so muß man sich hüten vor der gottlosen Art der Schriftgelehrten, mit welchen sich Christus niemals vertragen konnte; denn sie machen aus der Schrift einen Schanddeckel[18], welcher die rechte Natur

---
[14] Joh. 5, 39.
[15] So der Vorwurf an Thomas Müntzer.
[16] Röm. 10, 14.
[17] Joh. 5, 38.
[18] Die Bibel als Vorwand, die Schande zu verdecken.

des Christenglaubens verhindert, vor der ganzen Welt zu scheinen, Matth. 5 und 10.

Der Sohn Gottes hat gesagt: ›Die Schrift gibt Gezeugnis.‹ Dagegen sagen die Schriftgelehrten: ›Sie gibt den Glauben.‹ – O nein, Allerliebste, seht euch doch weiter um, ihr habt sonst den allertörichsten Glauben, der auf Erden ist, wie (den der) Affen. So ist der arme Haufen verführt durch die (leicht)fertigen Vaganten. Darum muß vorenthaltene Wahrheit einmal ganz kühn an den Tag kommen, welche so lange geschlafen hat. Wenn solchermaßen ein Christ unter dem armen Haufen spräche, daß er den Christenglauben von Gott selber gelernt hätte, würde man ihm nicht glauben – wie (geschickt wir auch sind) – wenn er bei seiner Rechenschaft (über seinen Glauben) nicht mit der Schrift übereinstimmte, wie(wohl) alle Auserwählten von Gott (selbst) gelehrt werden[19], Joh. 6, Jes. 54, Jer. 31, Hiob 35, Psalm 18; 25; 33; 71; 94 und viele andere Schriftstellen dringen alle darauf: ›von Gott allein gelehrt werden.‹

Wenn nun einer sein Leben lang die Bibel weder gehört noch gesehen hätte, könnte er für sich wohl durch die gerechte Lehre des Geistes einen unbetrüglichen Christenglauben haben, wie (ihn) alle die gehabt haben, die ohne alle Bücher die Heilige Schrift geschrieben haben. Und er wäre aufs höchste versichert, daß er solchen Glauben von dem unbetrüglichen Gott geschöpft und nicht vom abkonterfeiten (Bild) des Teufels oder (aus) eigener Natur gezogen hätte. Deshalb müßte er über (dessen) Herkunft Rechenschaft ablegen vor den Menschen, die auch einen bewährten, ungedichteten Glauben haben, (gemäß) der Forderung, (wonach) das Gold im Feuer des allerhöchsten Herzeleides bewährt wird. Sonst würde nichts als Spott und höhnisches Lachen daraus werden vor den Zärtlingen, die sich ihr Leben lang niemals mit dem allergeringen Gedanken (um) den rechten Glauben (bemüht) haben. Denn sie meinen einfach, man solle glauben, wie die Erzverführer mit ihrer Erdichtung (herausplatzen).

Sollen wir Christen nun einträchtig zusammen übereinstimmen, Psalm 73[20], mit allen Auserwählten unter allen Zertrennungen oder Geschlechtern[21] allerlei Glaubens, wie uns der klare Text in den Geschichten der Boten Gottes im 10. Kapitel[22] Gezeugnis gibt, so müssen wir wissen, wie einem zu Mute ist, der unter den Ungläubigen von Jugend auf erzogen ist, der das rechte Werk und die Lehre Gottes ohne alle Bücher erfahren hat.

Darauf sollte man die Schrift (be)nutzen, daß man über solche treffliche Werke und solcher Leute Gezeugnis mit freundlichem

---

[19] Insofern hätte diese unmittelbare Gotteserfahrung eine Priorität gegenüber der mittelbaren der Schrift, aufgehoben wird diese jedoch nicht.
[20] In der Handschrift Psalm 68.
[21] Konfessionen, Religionen.
[22] Apg. 10, 1 ff.

Urteil einen jeden, er wäre Jude oder Türke Unterrichtung gäbe und erprobte da die Geister, welche Gott oder dem Teufel zugehören, I. Joh. 4. Da treten unsere Gelehrten keck herein und wollen Wunderwerke[23] haben, wie die gottlosen Schriftgelehrten pflegen, Matth. 12. Sie geben mit ihrem geschwinden Urteil die Leute dem Teufel, die ein einziges Wort wider sie reden und machen aus dem Geist Christi einen Spottvogel, und sind so kühn, daß sie schreien und schreiben dürfen: ›Geist hin, Geist her. Ich lob mein Schreiben, ich habs getan etc.‹ Auch daß man sie erkenne, trachten sie mit ihren (Vorhaben) Tag und Nacht, wie sie die umbringen, die ein Wort vom Geist Gottes sagen,[24] (und zwar) in gleicher Weise wie die Schriftgelehrten taten, ehe sie Christus ans Kreuz brachten.

Sie sagten zu Christus, er wäre im Gesetz Gottes nicht verheißen; und jetzt sagen sie desgleichen, ja viel verkehrter, man solle im Geist Christi nichts anfangen, man solle sich auf den selbigen nicht berufen, denn wer das tut, ist mit dem ersten (Kenn)zeichen eines falschen Propheten[25] (gezeichnet). Aber die Schrift – so sprechen sie – soll den Glauben geben; und doch wissen die gottlosen Zärtlinge keinen Bescheid, Beweggrund (anzugeben), warum die Schrift anzunehmen oder zu verwerfen sei, außer daß sie vom alten Herkommen, also durch viele Menschen angenommen ist.[26] Eine solche affenschmalzige Weise haben auch der Jude, Türke und alle Völker, ihren Glauben zu bestätigen.

Das Gegenteil aber sagen uns Maria und Zacharias, Abraham, Joseph, Moses und alle Patriarchen, die sich an die Anregung des Heiligen Geistes im Abgrund des Herzens gehalten haben und sich an die (Übereinkünfte) der verzweifelten, untüchtigen Gottlosen ganz und gar nicht gekehrt haben, wie Jesaja im 8. Kapitel spricht. Denn ihre (Übereinkunft) und Ratschläge haben die Tätigkeit des Heiligen Geistes (als) Schmach (hin)gestellt.

Sie sprechen, ohne schamrot zu werden: dies und das hat die heilige christliche Kirche angenommen, dieser Artikel, diese Lehre ist Ketzerei, und wissen doch darüber nicht das allergeringste zu seufzen und auch nicht das allergeringste Wort zu verantworten, welches sie doch zum Christenglauben mehr als zu anderem bewegt. Drum sind die Tagelöhner[27] solche böse Tröster der armen, elenden, traurigen, herzbetrübten Menschen.

Zum andern
sehe ein jeder ganz wohl zu, denn er wird sicherlich finden, daß der christliche Glaube einem fleischlichen Menschen ein solch unmögliches Ding ist, I. Kor. 3; ja weiter hier (auf unseren Text

---

[23] Zeichen und Wunder.
[24] gegen Luther gerichtet.
[25] Offb. 19, 20.
[26] Tradition und der Konsensus vieler wären demnach die Orientierungspunkte.
[27] Mietlinge von Joh. 10, 12.

bezogen): das ist der Glaube (selbst) allen wohlgläubigen Menschen wie Maria, Zacharias, Elisabeth gewesen, daß einem nüchternen, langweiligen[28], ernsten, biederen wohlerprobten Menschen, der darauf acht hat, die Haare auf dem Haupt krachen möchten. Merkt nur eben drauf in diesem Text! Der Engel sprach zur Mutter Gottes: ›Es ist bei Gott kein Ding unmöglich.‹ Warum, meine Allerliebsten? Wahrlich, um dessen willen, daß es der (menschlichen) Natur ein unmögliches, undenkbares, unerhörtes Ding war, I. Kor. 2, Jes. 64, wie es uns denn allen in der Ankunft des (rechten) Glaubens widerfahren und gehalten werden, daß wir fleischlichen, irdischen Menschen sollen Götter werden durch die Menschwerdung Christi und so Gottes Schüler sein, von ihm selber gelehrt werden und vergottet sein, ja noch mehr: in ihn ganz und gar verwandelt (werden), damit sich das irdische Leben in den Himmel schwinge, Phil. 3.

Siehe, welch ein unmögliches Ding war das allen Gottlosen und langsamen[29] Auserwählten, Joh. 10 und Psalm 82. Sie wollten Christus mit Steinen töten, als der diese Worte redete. Ach, liebe Herren, wie unsinnig wird die Welt, wenn ihr die Stimme Gottes in rechter Weise vorgehalten wird, in der Unmöglichkeit und (bis zur) Ankunft des Glaubens zu warten und (bis ans Ende auszu)harren, Psalm 40.
Ei, warum wird Bruder Sanftleben und Vater Leisetritt[30] so heftig und aufgeregt? Hiob am 28. Ja, er meint, er wollte gern seine vorgenommenen Gelüste alle ins Werk führen, seine Pracht und Reichtümer behalten und gleichwohl einen bewährten Glauben haben, welches doch der Sohn Gottes mit klaren Worten den Schriftgelehrten (gegenüber) getadelt hat, Joh. 5, da er spricht: ›Wie ists möglich, daß ihr glauben könnt, wenn ihr eure Ehre sucht?‹
Daneben ist eine (weitere) Unmöglichkeit in Matth. 6 an(gezeigt), (wo) den Ungläubigen, Wollüstigen gesagt wird: ›Ihr könnt nicht Gott und den Reichtümern dienen.‹ Wer dieselbigen Ehre und Güter in Besitz nimmt[31], der muß zuletzt ewig von Gott leer gelassen werden, wie Gott im 5. Psalm sagt. Ihr Herr ist nichtig und darüber müssen die gewaltigen, eigensinnigen, ungläubigen Menschen vom Stuhl gestoßen werden, weil sie den heiligen, wahrhaftigen Christenglauben in sich und in der ganzen Welt verhindern, so(bald) er mit allem seinem wahrhaftigen Ursprung aufgehen will.
Da die Gnade Gottes durch die Geburt des Johannes und Empfängnis Christi verkündigt wurde, regierte Herodes, das fromme

---

[28] Langeweile als mystische Seelenverfassung im Gegensatz zu der Verstrickung in weltliche Kurzweil.
[29] d. h. den Unentschlossenen.
[30] d. i. Martin Luther im »Brief an die Fürsten zu Sachsen«.
[31] und damit von ihnen beherrscht wird.

Blut, dem der Adel dieser Welt aus dem Sack trieft[32], damit das alleredelste höchste Gut durch den Gegensatz des Gottlosen (recht deutlich und klar erkennbar würde). Wie nun Gott zu unseren Zeiten sein Licht in die Welt schickt, wird bewiesen (durch) der gottlosen, unsinnigen Menschen Regiment und Obrigkeit, (die) in aller (Willkür) mit allem äußeren Toben gegen Gott und alle seine Gesalbten aufs (schlimmste) wüten, Psalm 2, I. Joh. 2, daß jetzt auch etliche erst (noch) anfangen, ihr Volk zu stöcken, blöcken[33], zu schinden und zu schaben. Sie bedrohen dazu die ganze Christenheit und peinigen und töten schmählich die Ihren und Fremden aufs allerschärfste, daß auch Gott (zur Erleichterung) der Auserwählten den Jammer nicht länger wird ansehen können und mögen, und die Tage muß er seinen Auserwählten verkürzen, Matth. am 24. Sonst würden die Leute durch kein rechtes Betrachten die Menschwerdung Christi annehmen. Es würden nur Heiden und Teufel daraus, viel ärgere Sekten als am Anfang. Darum sagt Paulus I. Kor. 10, daß Gott seinen Geliebten so sehr treu ist, daß er ihnen nicht mehr auferlegt als sie tragen mögen, wiewohl die (menschliche) Natur stets denkt, daß ihr zuviel auferlegt werde. Der gute allwissende Vater tut nicht eher den Staubbesen (der Züchtigung) weg, bevor das Kind seine Schuld erkennt, womit es solche böse Obrigkeit verdient hat, (unter Berücksichtigung des Umstandes, daß beide geistlich grob sind).

Allerliebste, wie (paßt) das zum Verständnis dieses Evangeliums? Siehe, (was den Herodes betrifft), zu dessen Tagen Christus und Johannes empfangen und geboren sind, und was dieser Text ohne (Mehrdeutigkeit) sagt: Die Gewaltigen hat (Gott) vom Stuhl gestoßen, weil sie (es wagen), den Christenglauben zu regieren und meisterlich zu richten, dessen Herkunft[34] sie nimmer gedenken zu lernen. Sie wollen es auch niemandem gestatten zu lernen und wollen gleichwohl alle Leute verurteilen und allein deshalb die Obersten sein, daß man sie vor allen Leuten fürchte, anbete, in Ehren halte, und wollen doch daneben das Evangelium aufs allerschändlichste verketzern, wie sie (sichs) immer ausdenken mögen. Da wird die rechte Art des Herodes, des weltlichen Regiments, erklärt, wie der heilige Samuel I. Kön. 8 mit dem recht erleuchteten Hosea am 13. weissagt: ›Gott hat die Herren und Fürsten in seinem Grimm der Welt gegeben und er will sie in der Erbitterung wieder wegtun.‹

Darum daß der Mensch von Gott zu den Kreaturen (ab)gefallen ist[35], ist es über die Maßen billig gewesen, daß er die Kreatur[36] zu seinem (eigenen) Schaden mehr als Gott fürchten muß. Deshalb

---

[32] ironisch gemeint.
[33] in Stock und Block zu legen.
[34] Entstehung.
[35] I. Sam. 8, 3–18.
[36] d. h. die menschlichen Herren.

sagt Paulus zu den Römern im 13. Kapitel, daß die Fürsten nicht um die Furcht des guten Werkes, sondern um der henkerischen Furcht des (bzw. für den) Bösen (da sind). Darum sind sie nichts anderes als Henker und Büttel; das ist ihr ganzes Handwerk. Welches ist nun anders das böse Werk als daß man die (menschliche) Kreatur Gott vorzieht mit achtbarer Furcht und Würdigkeit? Ei, wie kommt das? Darum, daß niemand Gott, wie man vor Augen sieht, allein mit emsigem Ernst, mit allem seinem Tun und Lassen (voran)setzt. Ach, die Furcht Gottes kann und mag vor großer menschlicher Begünstigung nicht rein werden, Psalm 19, wiewohl Christus ein mächtiges großes, strenges Gebot (darüber verhängt) hat, Luk. 12, zuvor durch 5. Mose 6, dermaßen auch Maria ihres Glaubens Herkunft allen Auserwählten (zur Unterstützung) vorgetragen hat, wenn sie sagt: ›Seine Barmherzigkeit ist von Geschlecht zu Geschlecht bei denen, die ihn fürchten!‹

Wenn der Geist der Furcht Gottes bei den Auserwählten recht versorgt wird, so muß die ganze Welt einen rechtschaffenen Eiferer (um die) Würdigkeit[37] Gottes fürchten, ob sie es gern tut oder nicht, wie von David im I. Buch der Geschichte der Patriarchen am 14. Kapitel beschrieben ist.[38] Wer aber Gott vom Abgrund seines Herzens (aus) nicht allein fürchtet, dem kann auch Gott nicht gnädig sein, wie ein jeder aus dem Gegensatz der Worte Mariä vernimmt. Wir können auch nicht erlöst werden von der Hand aller, die uns hassen, und die herzliche Barmherzigkeit Gottes kann unsere unerkannte Finsternis nicht erleuchten, solange uns die Furcht Gottes nicht leer macht zum Anfang[39] der unaufhörlichen Weisheit. Darum steht Psalm 145 klar geschrieben: Der Herr tut den Willen der Gottesfürchtigen, mit denen sie erfüllt werden in der Weisheit und dem Verstand und der Kunst Gottes, Kol. 1. Die Welt (aber) will das Auge nicht auftun, die Herkunft[40] des Glaubens (zu sehen).

Dieser Ursache wegen müssen sie alle ihre Vernunft in allen Kräften mit großer mächtiger Arbeit verzehren, (um) einem armen, elenden, jämmerlichen Pulversack zu dienen und denselbigen unverschämt Gott vorzuziehen. Darum ist die Welt zu grob, Gottes Urteil zu vernehmen. (Demzufolge) ist auch die Weisheit Gottes, der rechte Christenglaube ein solch fremdes, seltenes, verborgenes, unbekanntes Ding geworden und (wird) auch ganz unmöglich (gehalten), daß kein Auge dies genug begreifen oder beweinen mag, keine Zunge genug davon sagen kann. Es mag ein entsetzter Mensch[41] nicht genug hören oder lesen, daß die rechte teure Weisheit Gottes, der rechte Christen-

---

[37] Majestät.
[38] I. Chron. 14, 17.
[39] d. h. als Voraussetzung für den Empfang der Weisheit.
[40] Grund und Entstehung.
[41] d. h. ein Mensch, der durch die Furcht Gottes entsetzt und damit geistoffen geworden ist.

glaube verunehrt und geschmäht worden ist. Das kommt daher, daß man die Geistlosen, die keine Furcht Gottes haben, in die Christenheit aufgenommen hat und dieselben (auch noch) öffentlich anbeten muß, wie mit sehenden Augen niemand leugnen mag.

Abraham in Geraris, wie im Buch der Schöpfung im 20. Kapitel[42] beschrieben ist, richtete alle seine Sache nach der Furcht Gottes, durch welche ihn auch der Engel erkannte, im selben Buch am 22. Kapitel. Er hat sich über die Maßen entsetzt; wenn er das Werk göttlicher Furcht nicht gefunden hätte, hätte er das Mögliche vom Unmöglichen nicht (unterscheiden) können.

So gings auch dem Zacharias und der Elisabeth[43], wiewohl (auch) sie rechtschaffene Menschen vor Gott und der Welt waren. Sie fürchteten Gott vor allen Dingen; dennoch vermochten sie nicht das Mögliche vom Unmöglichen zu (unterscheiden), darum daß ihnen der Geist der Furcht Gottes zur Ankunft des Glaubens nicht eröffnet war. Darum konnte Zacharias dem Engel nicht glauben (nach Lage der Dinge). Denn sein Weib war alt und dazu (noch) unfruchtbar. Es ließ sich nicht anders ansehen, als daß sie nimmermehr schwanger werden könnte.

O, allerliebste Brüder, wozu erinnert uns dies Evangelium anders, als daß der Glaube mit all seinem Ursprung sich uns als ein unmögliches Ding (darstellt), von dem die Zartlinge nimmermehr glauben, daß es zur Verwirklichung kommen soll. Die ganze unsinnige, phantastische Welt bringt einen falschen, glossierten[44] Weg hervor und sagt mit einem spitzen Zünglein: Ei, man mag wohl das Evangelium predigen, Gott allein fürchten und auch die unvernünftigen Regenten in Ehren halten, wiewohl sie wider alle Billigkeit streben und Gottes Wort nicht annehmen. Ach, um Gottes willen solle man den guten Junkern gehorsam sein. – Ei, willkommen, du Verteidiger der Gottlosen, wie fein, fein müßte das stehn, wenn man so löblich zweien Herren, die widereinander streben, dienen könnte, wie der Regenten Räte[45] tun.

Oho, wie kundig gibt sich da die kluge Vernunft, welche sich mit der Liebe des Nächsten in ihrer Heuchelei zu putzen und aufs ansehnlichste zu schmücken pflegt. Ja, es ist ganz unmöglich, (daß) zu unserer Zeit viel mehr als vom Anbeginn des verkehrten Regiments die ganze Welt den Stoß aushalten muß. Ja, es dünkt unzählige Leute mächtig große Schwärmerei zu sein. Sie können nicht anders urteilen, als daß es unmöglich sei, daß ein solches Spiel angerichtet und vollführt werden sollte, (nämlich) die Gottlosen vom Stuhl des Gerichts[46] zu stoßen und die Niedrigen,

---

[42] I. Mose 20, 11 ff.
[43] Luk. 1, 5–25.
[44] auf Glossierung und oberflächlicher Auslegung beruhenden.
[45] z. B. die Berater der Fürsten, zu denen Luther, Spalatin u. a. gehörten.
[46] bzw. der Macht.

Groben zu erheben[47]. Da wollen sie, (auch) Maria nicht, hören, wiewohl sie ihre allerliebste Matrone ist; da wollen sie ihr keine Rede (und Antwort) stehen. O Maria, wie werden deine Worte noch soviel Unglück anrichten durch deine (eigenen) Anbeter, welche andere Leute regieren wollen und könnten zur Not nicht (einmal) eine Laus im Busen (zur Ordnung bringen).

Es dünkt die Welt und die unerprobten Schriftgelehrten, (deren Abschaum) das unmöglichste Ding zu sein, daß die Niedrigen sollen erhoben und von den Bösen abgesondert werden sollen. Ja, das ist das recht schwere, ganze (Hindernis). Sie wollen dem Text Matthäi am 13. Kapitel keinen (Raum) geben (bezüglich) der Absonderung der Gottlosen von den Auserwählten. Sie haben daselbst (die Vorstellung von einem alten Waagebalken)[48]; die Engel mit langen Spießen sollen zum Jüngsten Tage die Guten von den Bösen absondern. Ich meine, sie können dem Heiligen Geist eine Nase drehen. Sie sagen unverschämt, daß Gott seine (Ratschlüsse) niemandem offenbare. Darum leugnen sie solche Engel, welche rechte Boten sind, zukünftig – Maleachi sagts – die Guten von den Bösen zu scheiden.

Es ist aber unseren frommen Leuten, den Schriftgelehrten nicht für Übel zu halten, wie ein jeglicher wohl merken kann, denn sie (spielen) Neutrale, das sind gute Erzheuchler, die den Zuberbaum[49] auf beiden Schultern wohl tragen können. Sie sprechen aus dem Bart, diese (allzu)vielgläubigen Leute: Es kann niemand wissen, wer auserwählt oder verdammt sei. – Ach ja, sie haben einen solchen starken Glauben, der ist so mächtig gewiß, daß er ganz und gar keinen (andern) Verstand hat als allein den, die Gottlosen zu verteidigen. Ja, es ist dennoch ein feiner Glaube; er wird noch viel Gutes ausrichten; er wird wohl ein subtiles Volk (hervorbringen), wie Plato, der Philosoph spekuliert hat in ›De Republica‹ und Apuleius vom ›Goldenen Esel‹ und wie Jesaja im 29. Kapitel von dem Träumer sagt.[50] Sie bringen ihren Mutwillen vor, den heiligen Paulus zu bestätigen, 2. Tim. 2 als ihren Schanddeckel, wie es (ja) ihre Gewohnheit ist. Sie sagen: ›Der Herr kennt, die ihm zugehören.‹ – Es ist wahr, lieber Geselle, du mußt dich aber deiner (bruch)stückartigen Weise enthalten und dem Wort auch Raum geben, das hernach im Text folgt, wo es heißt: ›Der den Namen Gottes sucht, der weicht von der Missetat.‹

Der Auserwählte sei ein Sünder, wie er wolle; dennoch weist ihn das Gewissen von der Sünde (weg), wenn er nur seine Bewegung in der Betrübnis wahrnimmt, wie das der 40. Psalm bezeugt. Das tut aber das Gewissen des Gottlosen nicht, wie der Psalm 36 sagt.

---

[47] Luk. 1, 51f.
[48] Waage des Jüngsten Gerichts.
[49] das Tragjoch für zwei Eimer.
[50] Der ganze Gedankengang ist demnach ironisch gemeint.

Er trachtet stets nach Unzucht, nach Geiz und Hoffart. Es mag ihm keine Schalkheit zu viel werden. So (bricht es aus ihm hervor). Auch kann er der Bosheit nimmermehr feind werden, wiewohl er auch mit Judas in der Karwoche eine Galgenreue hat[51]. Er trachtet aber im Grund seines Herzens nicht anders als der reiche Mann in diesem Evangelium Luk. 12 nach einem langen wollüstigen Leben, und er will immer einen guten Mut haben. Er meint, zu nichts anderes als dazu geschaffen zu sein.

Zum dritten
muß man vernehmen, wie das Herz der Auserwählten stets zu seinem Ursprung (hin) bewegt wird durch die Kraft des Allerhöchsten. Darum pflegt er zu sagen, Psalm 51: ›Ach Herr, meine Sünde ist mir allezeit vor meinen Augen.‹ – ›Nimm nicht von mir deinen Heiligen Geist!‹ Da wird der Geist Gottes in der Furcht so hoch eröffnet, daß das Herz ganz und gar mürbe wird, Gottes Gabe zu empfangen. Da kann Gott das reuige und demütige Herz nicht verachten, er muß es erhören, darum daß ein solch gutes Rauchwerk[52] daraus gemacht ist. Dasselbige riecht nach dem Geruch der Süßigkeit, die ihrer Tiefe und Fülle nach manchem Gottesfürchtigen um seines Unverstandes willen (noch) verborgen ist, Psalm 31, (und zwar) bis in die (Verständnis erweckende) Anfechtung hinein; da wird sie eröffnet, Psalm 34, I. Petr. 2.

Sieh an, wie Zacharias in den Tempel gegangen ist, nach der Anweisung des Gesetzes. Es ist nicht anders als der 5. Psalm auslegt: ›Ich will gehen in dein Haus; ich will vor deinem heiligen Tempel in deiner Furcht bitten, auf daß du mich in deine Gerechtigkeit führest um meiner Feinde willen.‹ – Dies hat Zacharias im (vorliegenden) Lobgesang selber erklärt[53], daß wir Gott ohne Furcht der Menschen dienen mögen in Heiligkeit und in Gerechtigkeit; das ist: in einem unbetrüglichen, erfahrenen Glauben, der ihm wohlgefällt. Was heißt das nun aufs allerklarste?
Ein jeder Mensch soll in sich selber schlagen und ebenso bei seiner Bewegung merken, wie er selber ein heiliger Tempel sei, I. Kor. 3 und 6, Gott zugehörig von Ewigkeit her; daß er zu nichts anderes geschaffen ist, als daß er den Heiligen Geist zum Schulmeister des Glaubens habe und all seine Wirkung wahrnehme, Joh. 14 und 16, Röm. 8; und daß derselbige Tempel von den ungelehrten Pfaffen über die Maßen verwüstet sei. Ach, es möchten sich wohl alle Kreaturen darüber erbarmen, daß niemand solchen Greuel in der heiligen Stadt erkennen will. Das arme Volk kann vor der Vergiftung (durch die) Gottlosen nicht zu sich kommen. Es steht ein

---
[51] Matth. 27, 5.
[52] Rauchopfer.
[53] Luk. 1, 74f.

jeder noch außen vor dem Tempel und erwartet, wann es doch einmal gut werden mag.

Das Volk hat nie anders gemeint und läßt sich bis auf den heutigen Tag noch dünken, die Pfaffen wüßten den Glauben, darum daß sie viele schöne große Bücher gelesen haben. Deshalb spricht der arme gemeine Mann: Ei, es sind feine Männer mit ihren roten und braunen Baretten; sollten sie es nicht wissen, was recht oder unrecht ist? – Es haben in der Wahrheit die Leute, (die doch) Christen sein wollen, ein tölpisches Urteil, wo doch Christus über die Maßen hoch[54] befohlen hat, die falschen von den wahrhaftigen Knechten Gottes zu unterscheiden und zu erkennen, Matth. 7. Es hat niemand (eine andere) Achtung als die auf die (unzulängliche) Kreatur (zu konzentrieren). Darum harrt ein jeder vor dem Tempel, kann in sein Herz nicht kommen vor großem Unglauben, den er über der (Mühe) um die Nahrung nicht erkennen will.

Das klagt der Heilige Geist bei Jeremia[55]. Wenn sich das Volk darüber ganz und gar auf den Pfaffen und Schriftgelehrten verlassen hat, so ist der ein stummer Götze; er weiß von Gott viel weniger als ein Eichenblock und Kieselstein. Es wird Psalm 31 wahr: ›Die Lippen des Hinterlistigen verstummen.‹ Da läuft Jeremia rings herum durch alle Gassen und möchte gern einen Menschen hören, der Fleiß aufwendet, Gottes Urteil und Glauben zu erlangen. Er kommt zu den armen Bauern und fragt sie nach dem Glauben. Da weisen sie ihn zu den Pfaffen und Schriftgelehrten. Ja, die armen, elenden Bauern wissen nichts davon, nachdem sie sich auf die allervergiftetsten Leute verlassen haben. So gedenkt der Prophet: Ach Gott, die Bauern sind arbeitsselige Leute. Sie haben ihr Leben mit der (Beschaffung) der ganz sauren Nahrung zugebracht, um den erzgottlosen Tyrannen den Hals zu füllen. Was sollte dann das arme grobe Volk wissen? Jeremia redet weiter im 5. Kapitel: Ich gedachte, warte, warte, ich will zu den großen Hansen gehen. Die werden ja das arme Volk versorgen und ihm den Glauben und Urteil mit Worten und Werken vortragen wie gute Hirten. Ich werde mit ihnen davon reden; sie werdens ohne Zweifel wissen. – Ja, ja, sie wußten viel weniger als der Allergeringste.

Das ist es, welches der Heilige Geist durch Hosea im 4. Kapitel geweissagt hat: Sie wollen die Kunst Gottes nicht auf Erden haben. Darum: Wie das Volk ist, so ist der Pfaffe, Jes. 24. Ein Blinder führt also immer den andern und (so) fallen (beide) über einen Haufen in die Grube der unwissenden Verderbnis, Matth. 15. Es will sich in diesem Fall ein jeder mit des andern Unflat schön aufputzen und es ist doch aller Menschen Schuld, daß die ganze christliche Gemeinde einen stummen Gott anbetet.

[54] eindringlich.
[55] Klagelieder 2, 12; 4, 5.

Wo ist das anders hergekommen, als daß ein jeder Bauer einen eigenen Pfaffen haben wollte, damit sie gute Tage hätten? Jetzt begehren sie es nicht, denn zum rechten Priestertum hilft die ganze Welt ungern, ja sie pflegt den rechten Pfaffen die Köpfe vor die Füße zu schlagen[56]. O, ein solch gutes Amt schmeckt ihr wie eine bittere Galle. Man muß die Wahrheit sagen. Wir sind (im Verhältnis zum) Adel unserer Seele viel gröber als die unvernünftigen Tiere. Es hat doch fast keiner (einen anderen) Verstand als vom Wucher und von den Tücken dieser Welt. Wenn etwas von Gott gesagt wird, dann kommt der Spruch Salomonis[57] hinzu: Wer dem Narren lange vorpredigt, so sagt der am Ende der Rede: Hui, was hast du gesagt? Es ist alles, wie wenn man einen schläfrigen Menschen anredet. Darum können wir armen, elenden, jämmerlichen Christen nichts mehr von Gott handeln, als was ein jeder aus dem Buch gestohlen hat, und wenn uns dasselbige genommen würde, wie es möglich ist, so möchte man dieser groben Christenheit ganz und gar nicht helfen. Ist das nicht der allerhöchste Jammer? Noch wills niemand zu Herzen nehmen. Man meint, es sei zu verschweigen. O, der großen elenden Blindheit! Daß doch ein jeder lernte, (wenigstens) mit einem halben Auge zu sehen, Joh. 9, Jes. 6!

Zum vierten.
Wenn anders die Christenheit recht aufgerichtet werden soll, so muß man die wuchersüchtigen Bösewichter wegtun und sie zu Hundeknechten machen, (obwohl) sie kaum dazu dienen, und sollen Prälaten der christlichen Kirche sein. Das arme, gemeine Volk muß das Innewerden des Geistes pflegen und so seufzen lernen, Röm. 8, und bitten und warten auf einen neuen Johannes, auf einen gnadenreichen Prediger, welcher den Glauben allenthalben durch seinen Unglauben[58] erfahren hat, denn er muß wissen, wie einem Erzungläubigen zu Mute ist, und (er muß wissen, daß das Maß des Glaubens dem Maß der emsigen Begier entspricht)[59], Eph. 4, Psalm 68. Wenn das nicht geschähe, so wäre dieser unerfahrene Christenglaube viel ärger als des Teufels Lästerung im Abgrund der Hölle gegen Gott.
Darum muß einer aufstehen, der die Menschen auf die Offenbarung des göttlichen Lämmleins (hin)weist, (in der Form) des ewigen Wortes, das vom Vater ausgeht. Du siehst hier wohl, daß das Volk ein Urteil darüber hätte, daß Zacharias so lange im Tempel war. Denn die Leute konnten es wohl vermuten, annehmen, daß er wegen seines langen Verweilens im Tempel ein Gesicht gesehen haben müsse.[60]

[56] d. h. zu enthaupten.
[57] Spr. 23, 9.
[58] Gemeint ist wohl: trotz des Widerstandes des Unglaubens.
[59] Umschreibung nach Carl Hinrichs.
[60] Luk. 1, 22.

Damals war das Volk (offenbar) nicht so ganz und gar sehr verstockt, wie es die Christenheit jetzt durch die bösewichtischen Schriftgelehrten geworden ist. Sie will in keiner Weise glauben, daß ihr Gott so nahe sei, 5. Mose 4, Jer. 23, und seinen Willen ihr eröffnen möge. Oho, wie scheu sind die Leute der Offenbarung (gegenüber) geworden, wie Micha im 3. Kapitel davon geweissagt hat!

Sie sprechen fast alle: Ei, wir sind an der Schrift (bereits) gesättigt; wir wollen keiner Offenbarung glauben; Gott redet nicht mehr. – Wie, meinst du, wenn solche Leute (zu der Zeit) gelebt hätten, als die Propheten lebten, ob sie (etwa) auch an sie geglaubt oder sie nicht lieber totgeschlagen hätten? Sind sie doch in der Heiligen Schrift so blind, daß sie nicht sehen oder hören wollen, wie sie ganz und gar kräftig darauf dringt, wie man allein soll und muß von Gott gelehrt werden.

Soll anders jemand mit den ewigen Gütern erfüllt werden, so (wird) er nach langer Zucht dazu leer gemacht durch sein Leiden und Kreuz, auf daß ihm sein Maß des Glaubens mit den höchsten Schätzen christlicher Weisheit erfüllt werden möge, Kol. 2, Eph. 4. Es muß ein jeder die Kunst Gottes, den rechten Christenglauben nicht durch den stinkenden Atem teuflischer Schriftgelehrter empfangen, sondern durch ewige kräftige Worte des Vaters im Sohn mit Erläuterung des Heiligen Geistes und so in seiner Seele in die Länge, in die Weite, in die Breite, in die Tiefe, in die Höhe, Eph. 3, erfüllt werde. Kurzum, es kann nicht anders sein, der Mensch muß seinen gestohlenen, gedichteten Christenglauben zu Trümmern zerschlagen, durch mächtig hohes Herzeleid, schmerzliches Betrübnis und durch (unaussprechliches) Verwundern. Da wird der Mensch sehr klein und sich (selbst) vor seinen Augen verächtlich; womit sich die Gottlosen brüsten und hoch herausputzen, das versinkt (für den) Auserwählten. Da kann er (dann) Gott erheben und groß machen und nach der herzlichen Betrübnis kann er sich aus ganzem Herzen in Gott, seinem Heiland, freuen. Da muß das Große dem Kleinen weichen und vor ihm zuschanden werden. Ach, wüßten das die armen, verworfenen Bauern, es wäre ihnen (sehr) nütze. Gott verachtet die großen Hansen, so den Herodes und Kaiphas, Hannas, und nahm in seinen Dienst auf die Kleinen, so Maria, Zacharias und Elisabeth. Denn das ist Gottes Werk; er tut es bis auf den heutigen Tag nicht anders, I. Kor. 1, Matth. 11, Luk. 10.

Zacharias war ein verachteter Mann, darum daß sein Weib unfruchtbar war, nach Inhalt des Gesetzes; Maria war ganz verachtet, Matth. am 13. O, liebe Freunde, es waren nicht große Köpfe mit prächtigen Titeln, wie sie jetzt die Kirche der Gottlosen hat, Psalm 26. Es meinen (immer noch) viele arme, grobe Menschen, daß die großen dicken, feisten Pausbacken gute (Erkenntnis) von der Grundlage des Christenglaubens besäßen.[61] Ach, Allerliebste, was sollen die Leute doch urteilen, die (bei) uns alle (echte) Bewegung des Glaubens leugnen, verfluchen und verfolgen alles, was wider sie strebt aufs allerschmählichste? Denn sie haben ihr Leben mit tierischem Fressen und Saufen zugebracht, wurden von Jugend an aufs allerzärtlichste erzogen, haben ihr Leben lang keinen bösen Tag gehabt, wollen und mögen (auch) keinen mehr (erleben), (oder) um der Wahrheit willen einen Heller an ihren Zinsen nachlassen, und wollen (doch) Richter und Beschirmer des Glaubens sein.

Ach, du arme Christenheit, wie bist du mit deinen Tölpeln ganz und gar zum Hackblock geworden; du bist doch recht übel mit ihnen versorgt!

Zum fünften.

Wenn die heilige Kirche durch die bittere Wahrheit erneuert werden soll, so muß ein gnadenreicher Knecht Gottes im Geist des Elia hervortreten, Matth. 17, I. Kön. 18, Offb. 11, der muß alle Dinge in den richtigen Schwung bringen[62]. Wahrlich, ihr werdet (gründlich) erweckt werden müssen, auf daß sie mit dem allerhöchsten Eifer und inbrünstigem Ernst die Christenheit von den gottlosen Regenten (leer)fegen. Auch muß zuvor das Volk ganz hart gestraft werden um der unordentlichen Lüste wegen, die die Zeit allzu üppig verkurzweilen ohne allen einsbleibenden[63] Mut zur ernsten Betrachtung des Glaubens.[64] Darum wissen gar wenige Menschen von der anfänglichen Bewegung des Geistes zu sagen. Ja, darum ist (es) ihnen so verspottenswert, daß sie die Langeweile nicht gekostet haben, durch welche Gottes Werk allein gefunden wird, Psalm 40, zum ersten durch die Besprengung, 4. Mose 19, da die Wasser göttlicher Weisheit sich erregen, Jesus Sir. 15. Da wird der Traurige gewahr, daß Gott ganz überschwengliche Dinge an ihm beginnt. Drum entsetzt er sich zum ersten vor Gottes Namen, der ihm aus der ersten Bewegung des göttlichen Werkes eröffnet wird.[65] Er hat keinen Frieden all sein Leben lang, denselbigen Namen aus ganzem Herzen zu suchen, bis daß er durch ihn begnadigt werde zu erkennen, daß sein (eigener) Name von Ewigkeit her im Himmel (an)geschrieben sei, Luk. 10. Er mag anders keinen Frieden, Freude und Gerechtigkeit in seinem Gewissen erreichen, die ihm doch zustehen, wie Röm. am 14. beschrieben, und Joh. 17 und Eph. 1.

Sonst tappt er nach dem wahren Gott in Finsternis und Schatten des Todes, bis daß seine Füße nach oftmaligem Fall auf den

---

[61] Müntzer wendet sich damit gegen die weitverbreitete Überschätzung des Klerus und der Gebildeten.
[62] Gemeint ist der Impuls der notwendigen religiösen Erneuerung, die soziale Gerechtigkeit einschließt.
[63] beharrlichen.
[64] Von der Zwiespältigkeit der Veräußerlichung zur Konzentration auf das Eine, das not tut.
[65] Müntzer denkt an Impulse und Stadien eines geistlichen Wandlungsprozesses.

Weg des Friedens im allerhöchsten Unfrieden gerichtet werden. Alle Begierde streckt sich nach der erstlichen Besprengung durch das seufzende Anblasen des Heiligen Geistes[66] aus; wenn einer all seinen Fleiß darauf verwendete, dann könnte er keine Ruh haben vor dem Treiben des Heiligen Geistes, der ihn nimmer zufrieden läßt, ihn zum ewigen Gut hinzuweisen. Das kann einem groben[67] Menschen nicht (anders) zu verstehen geben als nach den allergröbsten Todsünden, da der Ungeschliffene die zernagenden, fressenden Stacheln ohne Unterlaß (zu spüren bekommt), wie der 32. Psalm sagt, daß er sich muß zu Gott umkehren von den Sünden und ihnen feind werden.[68] Der Mensch nach allen kreatürlichen Lüsten muß sich zu Gott kehren, anders könnte sein natürliches Wesen nicht bestehen. Da bekennt er erst seinen Unglauben und schreit nach dem Arzt, welcher es um seiner Milde willen nimmermehr lassen kann, einem solchen Armgeistigen[69] zu helfen. Da ist der Ursprung alles Guten, das rechte Reich der Himmel; da wird der Mensch den Sünden feind und der Gerechtigkeit auf das allerherzlichste geneigt, da wird er erst seiner Seligkeit versichert und vernimmt klar, daß ihn Gott durch seine unwandelbare Liebe vom Bösen zum Guten getrieben hat, (weg) von den Sünden, durch welche der Unglaube gespürt wird;[70] da ist er ganz frei geworden. Die ist beschrieben Jeremia am 31. So muß der Glaube den Sieg gewinnen, I. Joh. 5, nachdem er die Welt überwindet, (ein Sieg), der im Herzen viel tausendfältiger ist als außen.

Nach solcher ernsten Erkenntnis bleibt des Glaubens Überschwang, um unverhindert zu wachsen, zuzunehmen in ihm. Da findest du, buchstabischer Geselle, wie schwer dein Pfund (eigentlich) ist. Du kannst es aber nicht eher wägen, du habest denn die Waage des göttlichen Urteils (als) Anforderung (an) dein Herz, Psalm 119. So du aber einen Spott aus dem Wachstum des heiligen Glaubens machen willst, so wird man dir zu deinem Untergang in deine Backen[71] verspotten, Sprüche 1. Wie wollte sichs finden, wie die Schriftstehler[72] sagen, man solle der Schrift (nur) schlicht glauben, ohne alle Erfahrung des allersichersten Gezeugnisses des Geistes, und sich verkriechen in allen wuchersüchtigen Wandel, durch welchen die Gottlosen ineinanderhängen wie Kröten(laich), wie der 55. Psalm zu verstehen gibt. Vor Wucher und vor (Abgaben) und Zinsen kann niemand zum Glauben kommen; der Schade der Welt wird je länger je breiter und weiter dem menschlichen Glauben der Weg verschlossen ist.

---

[66] Joh. 20, 22.
[67] religiös-geistig unentwickelten.
[68] Gemeint ist die Erfahrung des totalen Nullpunkts, der zum Wendepunkt werden muß.
[69] dem geistlich Armen der ersten Seligpreisung in Matth. 5.
[70] d. h. die Sünden tragen zur Bewußtmachung der tatsächlichen Glaubensverfassung bei.
[71] ins Gesicht.
[72] diejenigen, die die Schrift gestohlen haben, indem sie sie geistlos und unbefugt in Anspruch nehmen.

Die vernünftigen Urteile sind auf diese Weise nicht zu erschließen. Wenn wir uns nicht in kurzer Zeit bessern, haben wir auch die natürliche Vernunft verloren wegen unseres Eigennutzes, den wir doch auf fleischliche Lüste wenden, Psalm 32, Jes. 1. Darum hieß Johannes der Täufer das Volk mit den Schriftgelehrten Otterngezüchte, Matth. und Luk. im 3. Kapitel, darum daß nichts als Vergiftung draus wird, wenn man wollüstigen Menschen vorpredigt. Sie lesen das Allerärgste aus dem Besten (heraus), wie es die jetzigen Christen mit dem teuren Glauben getan haben. Es wäre ihnen besser gewesen, sie wären mit ihren Vätern Heiden geblieben. Was ihnen vorgepredigt wird, das sagt man den Schweinen im Kot, Matth. 7, II. Petr. 2. Sie laufen ins Moor und ersticken, Matth. am 8. Man sage ihnen, wie viel es sei, oder wie zum Glauben zu kommen sei. So hilfts doch ganz und gar nichts. Sie entschuldigen sich (noch) mit ihren lahmen schalen Fratzen. Ja, ›wir sind‹ arme Sünder;[73] hat doch Christus die Sünder nicht verachtet, wie verachtet uns dann dieser pharisäische Geist? – Sage ich ihnen vom Glauben, den sie gestohlen haben, so antworten sie mir mit Sünden, sich zu entschuldigen und mit ihrem Schein des Glaubens und der Liebe sich zu rechtfertigen[74], nachdem sie die Heimsuchung Gottes verleugnen; denn sie wollen nicht anziehen das Heil der Seligkeit durch den Mund aller Propheten von Anbeginn. Deshalb werden sie leer gelassen ohne Glauben und Liebe, welcher sie sich doch aufs allertapferste rühmen, und haben (doch) nicht ein Trümmlein davon; nachdem sie so (geschickt) heucheln können, daß ein jeder zu den Heiligen schwören könnte, sie wären fromme Christen. Und (dabei) sind sie aller Tücke voll, die den Glauben an allen Orten zu Boden stoßen. Wie ists möglich, daß der göttlichen Glauben habe, der aller Lügen voll ist, wie die Schriftstehler die ganze Welt (damit) voll machen, Jer. 8.

Christus ist darum von einer reinen Jungfrau durch den Heiligen Geist empfangen worden, auf daß wir[75] den Schaden der Sünde mit all seinem Ursprung erkennen sollen, denn er ist durch unsre (aller)ersten Eltern durch die Lust (nach) der Frucht des verbotenen Holzes hergekommen, I. Mose am 3.; denn der menschliche Leib ist darüber verrückt[76] worden. Davon (kommen) auch alle Leibeslüste (zur) Verhinderung der Wirkung des Heiligen Geistes (her), Weish. 9. Den selbigen Schaden zu erkennen und mit ernstem Entsagen zu vermeiden, sind alle Tage des Menschen fast zu kurz, Pred. 2. Wenn einer nun in solcher Sache nachlässig ist und (trotz) aller Üppigkeit ein salziges Gesicht (macht), sich stellt, als hätte er gespien und sagt ohne Unterlaß: ›Glaube, glaube, daß dir der Rotz vor der Nase blüht‹, – der ist den Schweinen zugehörig und nicht den Menschen.

[73] so Luther in seinem »Brief an die Fürsten zu Sachsen«.
[74] Anspielung auf eine billig erworbene Rechtfertigung des Gottlosen.
[75] Gemeint ist: vor diesem kontrastierenden heilsgeschichtlichen Hintergrund ...
[76] d. h. von seinem reinen Urstand entfernt.

Es schwatze ein jeder vom Glauben, was er will. Den Wollüstigen, Ehrgeizigen ist ganz und gar nichts zu glauben, denn sie predigen, das sie selber nicht versucht haben[77]. Darum spricht Christus Joh. 10: Die Schafe sollen die Stimme der Fremdlinge nicht hören. Der Glaube ist ihnen fremd und sie ihm, denn das Heil ist weit von ihnen (entfernt), Psalm 119. Deshalb sind sie auch Tiere des Bauchs, Phil. 3. Sie predigen, was sie wollen, demnach suchen sie (nur) den Bauch. Oho, den zu (befriedigen) nehmen sie gern rote Gulden mit großer Andacht. Sie bedürfen kaum des hundertsten Teils, dennoch wollen sie unsere Evangelisten sein. Darum hat ihre Lehre auch keine Kraft, Matth. am 7., am Ende desselbigen Kapitels. Ihre Lehre will ganz und gar nicht zu (einer anderen) Verwirklichung (kommen) als zur Freizügigkeit des Fleisches. Darum vergiften sie dem Heiligen Geist die Heilige Schrift. Man hört sie wohl zu etlichen Zeiten auf der rechten Bahn einhertreten, es währt aber nicht lang. Es kann sich niemand (durch sie) bessern, denn ihre Lehre ist gestohlen, Jer. am 23. Darum geht es niemandem ins Herz.

Johannes ist aber ein ganz anderer Prediger, ein bezeugender Engel Christi, in einem jeden rechten Prediger (ist er verkörpert). Das Lob muß ein jeder haben wie Johannes, nicht (auf Grund) der Verdienste der Werke, sondern des Ernstes wegen, dem die ausdauernde Nüchternheit gebührt, die sich auf die Entfremdung (von) der Lust (bezieht), wobei die Kräfte der Seele entblößt werden, auf daß der Abgrund des Geists durch alle Kräfte erscheine, da der Heilige Geist sein Einreden tun muß, Psalm 85. In solcher Entblößung muß ein Prediger durch wunderbare Weise von Jugend auf zum Untergang seines Willens getrieben worden sein. Darum wurde Johannes zum (Prototyp) aller Prediger im Mutterleib geheiligt. Paulus sagt[78], daß er vom Mutterleib an dazu verordnet sei, die unschätzbaren Reichtümer Christi zu verkündigen. Aus solchem Grund müssen die Prediger wissen, wer sie auszusenden pflegt in die Erde[79], Matth. 9, Joh. 4, zu welcher Zeit Gott von Anfang ihres Lebens an geschliffen hat eine starke Sense oder Sichel.[80] Ein jeder kann dies Amt nicht versorgen, wenn er auch gleich alle Bücher gelesen hätte, er muß erst wissen die Gewißheit seines Glaubens, die die gehabt haben, die die Schrift geschrieben haben, sonst ists ein Diebesgeschwätz und ein Wortkrieg.

Zum sechsten.
Es will sich demgemäß die unverschämte Verteidigung der bösewichtischen Erzheuchler (dazu) fügen, die da gütiger als Gott (selbst) sein wollen, die gottlosen, verfluchten, falschen Prediger

---
[77] Sie sind also ohne Erfahrung, weil sie sie nicht erprobt haben.
[78] Gal. 1, 15f.
[79] die Welt.
[80] vgl. Prager Manifest: »Ich habe meine Sichel scharf gemacht ...«

zu verteidigen. Sie sprechen: Ein Pfaff, er sei gut oder böse, mag dennoch Gottes Geheimnis[81] handeln und das rechte Wort predigen. Diese verkehrten Verteidiger der gottlosen, irrenden Gesellen – ein Rabe kratzt dem andern die Augen nicht aus – sind offenbar verstockt dem klaren, hellen Text (zu)wider, II. Mose 23, wo Gott von einem wohl geringerem Urteil[82] spricht: ›Ich bin den Gottlosen nicht hold, du sollst seine Sache nicht schmücken.‹ Danach irren sie noch viel gröber wider den 50. Psalm, da von der Verordnung der Knechte Gottes und von seinem Wort geredet wird, und Gott sagt zum gottlosen Prediger: ›Wer hat dich geheißen, meine Gerechtigkeit zu predigen; und du nimmst meinen bezeugten Bund in deinen Mund und hast die Zucht gehaßt.‹ Wie sollte er sagen: Willst du meinen lieben gekreuzigten Sohn der Welt um deines Bauchs willen predigen, und weißt du nicht, wie man ihm gleichförmig werden muß? Röm. 8. Du hast die Kunst nicht gelernt und du willst anderer Leute Schulmeister sein?

Deshalb muß der allergelassenste Mensch[83] von Gott aus der Wüstenei seines Herzens hervorbrechen und unter den wollüstigen Zartlingen eifern, (unter jenen), die viel härter sind, die Wahrheit anzunehmen als Diamantenstein. Durch ein bewährtes Leben muß er das Kreuz von Jugend auf erkannt haben, andern eröffnen und schreien in den elenden Wüsten[84], (den) irrenden Herzen der Gottesfürchtigen, die da jetzt anfangen zu wachen nach der Wahrheit[85], Luk. 12. Ach, sie wollten gerne recht glauben, wenn sie es nur recht antreffen möchten. Solcher Leute Begierde ist im 63. Psalm beschrieben: ›O Gott, mein Gott, um des Lichtes willen habe ich auf dich gewartet. Meine Seele dürstet nach dir. Ach, wie hat sich mein Fleisch auf mancherlei Weise bemüht im wüsten Land ohne Weg und Wasser! Da erkannte ich mich, daß ich deine Stärke und Preis also erfahren mußte.‹ – So muß die Kraft Gottes in der Umschattung Gottes[86] erlangt werden. Man mag sich billig der rechten Prediger freuen, daß sie Gott zu unserer Zeit auf die Erde geben will, auf daß das rechte Gezeugnis des Glaubens an den Tag komme. Drum sagt dieser Text: ›Es werden sich seiner viele freuen‹ etc.[87] Die Herzen werden ihrer Nachlässigkeit wegen erregt, welche sie im Unglauben verharren läßt; (es gilt indes), sich davon abzuhalten und sich des rechten Glaubens zu befleißigen durch das einmütig erfundene Gezeugnis Christi. Du mußt allhier den ganzen Kontext, ein Wort beim an-

---

[81] Sakrament.
[82] ein Urteil über eine geringfügigere Sache.
[83] Der Mensch, der mystischer Gelassenheit teilhaftig geworden ist.
[84] wie Johannes der Täufer.
[85] für die Wahrheit aufzuwachen.
[86] d. h. durch Umschattung durch den Heiligen Geist.
[87] Luk. 1, 14.

dern, im Gedächtnis haben, willst du mich anders (recht) vernehmen, was ich vom Glauben und seiner Unmöglichkeit sage.
Es findet der auserwählte Freund Gottes eine wundersame überschwengliche Freude, wenn seine Mitbrüder auch durch eine so gleichförmige Weise zum Glauben gekommen sind wie er. Darum gibt die Mutter Gottes der Elisabeth Zeugnis und sie wiederum (auch).[88] Also müssen wir auch tun. Paulus und Petrus besprachen sich; sie überlegten das Evangelium, welches Petrus durch die Offenbarung des Vaters hat, Matth. am 16. und Paulus durch himmlische Eröffnung Gal. 2, wiewohl es dem vergifteten schwarzen Kolkraben[89] spöttisch ist, wie ihr in seinem Lästerbuch[90] seht. Es wird in kurzer Zeit dazu kommen, so über den Glauben Rechenschaft abzulegen, wie ein jeder dazu gekommen ist. Das macht wohl eine rechte christliche Kirche (aus), die Gottlosen von den Auserwählten (ab)zusondern, darum daß sie durch den Unglauben nie traurig geworden sind, ihn auch nicht erkannt[91] haben; was sollen sie dann vom rechten Glauben wissen?

Zum siebenten.
Die jetzige Kirche ist eine alte Hure, welche noch mit dem inbrünstigen Eifer gerichtet werden soll, wenn nun das Unkraut die Wurfschaufel erdulden muß. Die Zeit aber der Ernte ist allewege da, Matth. am 9.
Liebe Brüder, das Unkraut schreit jetzt an allen Orten, die Ernte sei noch nicht (so weit). Ach, der Verräter verrät sich selbst. Die rechte jetzige Christenheit wird den rechten Schwung nach aller Ärgernis gewinnen, Matth. 18, denn die Besserung folgt dem Ärgernis nach Erstattung des Schadens und der Pein des Unglaubens. Das Evangelium Matth. 8 wird viel höher ins Wesen kommen als zu den Zeiten der Apostel. Es werden von vielen Ländern und fremden Nationen mannigfaltige Auserwählte uns faulen, nachlässigen Christen hoch überlegen sein. Ach, liebe Herren, seid mit eurem tollen Glauben nicht so kühn, daß ihr alle Leute – ohne euch allein – dem Teufel (über)gebt, wie ihr es ja stets gewohnt seid![92] Denn das Verteufeln fängt nun am allermeisten an durch die wuchersüchtigen Evangelisten, die ihren Namen so hoch auf(türmen). Sie meinen, es sei keiner ein Christ, (der nicht) ihren buchstabischen Glauben annimmt.
Seht, wie vor Zeiten von der Menge der Heiden Judengenossen aufgenommen wurden: Rahab von Jericho, ein Weib des Salma, welchem sie den Boas gebar, Matth. 1; Naeman von Syrien wurde durch Elisa zum Glauben angenommen[93]; Hiob wurde von Gott

---

[88] d. h. beide sprechen prophetische Worte.
[89] Martin Luther.
[90] Luthers »Brief an die Fürsten zu Sachsen ...«
[91] durchschaut.
[92] d. h. sie verteufeln nur andere.
[93] II. Kön. 5, 9ff.

aus den Edomitern erwählt, Jethro durch Moses, Cornelius durch Petrus, der Amtmann durch den Herrn Jesus, Luk. 7, er wurde Israel weit vorgezogen um des großen Glaubens willen; das heidnische Weiblein wurde den Juden zu Jerusalem weit vorgezogen, Matth. am 15. Drum sind ihrer viele, die von den wilden, fremden Heiden aufgenommen werden, zur (Beschämung) der Schriftstehler[94]; denn wie ich von ihnen gehört habe, verwundern sie sich über die Maßen sehr über unseren Glauben, (aber) unsere lose Frechheit hält sie zurück. Sie werden oft hoch bestürzt durch übervernünftige Bekümmernis und (erlangen eine solche Gewißheit), daß sie zum ewigen Leben geneigt und verordnet sind, Apg. 13. Es fehlt ihnen am rechten Gezeugnis des Glaubens wie auch uns allen, sonst würden unzählig viele Heiden und Türken Christen werden.

Das kannst du wohl annehmen, wenn ein Jude oder Türke unter uns sein sollte und durch diesen Glauben, den wir noch zur Zeit haben, gebessert werden sollte, da wird er wohl (so viel Gewinn davon haben) wie eine Mücke auf ihrem Schwanz wegtragen kann, ja noch viel weniger.[95] Denn es ist kein Volk unter der Sonne, das sein eigenes Gesetz so erbärmlich verketzert, verflucht und verunehrt wie die jetzigen Christen. Und sonderlich die buchstabischen Bösewichter geben zum Allerärgsten gewichtige Ursache und wollen doch nichtsdestoweniger alle Welt rechtfertigen. Sie glauben doch nicht, daß Gott ihnen für einen Heller Gutes bescheren oder geben möchte. Darum sind alle Winkel voll von Wucherern und Verrätern, Psalm 55. Und die der Christenheit am allerhöchsten vorstehen sollten, darum daß sie auch Fürsten heißen, beweisen am allerhöchsten ihren Unglauben (in allen Dingen und Vorhaben), daß sie sich (geradezu) vor ihren Gesellen fürchten recht zu tun, Jes. 1. Sie meinen, sie würden vertrieben, wenn sie bei der Wahrheit stünden, die sie schlicht zum Schein angenommen haben, solange keine Verfolgung auf sie gefallen ist. Sie wollen auch die Allerchristlichsten genannt sein und gaukeln hin und her, die Gottlosen, ihre Gesellen zu verteidigen, und sprechen aus dem Bart, sie wollten nicht wehren, wenn ihre Untertanen von ihren Nachbarn um des Evangeliums willen verfolgt werden; sie wollen nur schlicht Diebehenker und gute, prächtige Büttel sein. Die frommen Leute, ihre Pfaffen, die ihnen das Evangelium predigen, freien alte Weiber mit großen Reichtümern[96], denn sie haben Sorge, sie müßten zuletzt nach Brot (betteln) gehen.

Ja, wahrlich, es sind ›feine‹ evangelische Leute, sie haben einen gar festen, starken Glauben. Wer sich auf ihre zum Schein aufgesetzte Larve und auf ihr Geschwätz mit ihrem mönchischen Ab-

---

[94] Müntzer denkt an eine über die Christenheit hinausgehende Ökumene der Auserwählten.
[95] d. h. der jetzige Glaube ist nichts wert, schon gar nicht für diejenigen, die für ihn gewonnen werden sollen.
[96] Anspielung auf einen derartigen Fall in Erfurt.

gott verließe, der sollte es ›wohl‹ antreffen; denn sie pochen gar sehr darauf und putzen ihren buchstabischen Glauben viel höher heraus als jemand sagen kann.

Ich sag es euch, allerliebste Brüder, es ist mir nicht zu verschweigen (möglich), ich wollte eher Heiden, Türken und Juden unterrichten mit dem allergeringsten Wort, (um) von Gott und seiner Ordnung zu reden, von der Besitzung Gottes über uns und Gott (gegenüber) Rechenschaft abzulegen, denn die klügsten Schriftstehler leugnen solches auf den (Grund), auf daß ihnen wahr werde, was Judas und Petrus in ihren Sendbriefen sagen: Was sie wissen, wie die unvernünftigen Tiere, darin verderben sie sich, ja sie verwerfen es sogar. Sie haben für ihren tollen Glauben weder Sinn noch Witz und verlästern alle Dinge, die sie nicht annehmen wollen; sie wollens weder hören noch sehen, wenn ich sie freundlich vermahnt habe zum Anfang der Bibel[97], die Besitz(nahme) Gottes und unser (Verhältnis) zu den Kreaturen zu lernen. So muß ihnen (dies) alles Schwärmerei[98] sein. Darum sage ich, wollt ihr den Anfang der Bibel nicht recht lernen, so werdet ihr weder Gott noch die Kreaturen recht – zum Preis seines Namens – verstehen und (ein)ordnen; und Gott wird euch durch der Heiden (Hervorschießen wie Gras) aufs alleräußerste zu Schanden machen, daß euch die Nachkömmlinge anspeien werden, wenn euer gedacht werden wird.

Wenn nun unsere Schriftgelehrten schon grunzen und heftig mit ihren sterblichen Abgöttern zürnen wollen, so finden sie doch ihren Irrtum in diesem Evangelium (durch) Vergleichung der ganzen Heiligen Schrift[99].

Jesus wurde in Galiläa zu Nazareth empfangen und wurde daselbst aufgezogen, Matth. 3. Die Evangelisten haben es ganz (genau) beschrieben. Wenn jemand ein gutes Monotessaron[100] daraus macht, so findet er es aufs allerklarste, nicht ohne treffende mächtige Ursache, wie ein jeder im Evangelium Johannis am 7. Kapitel sieht. Die tollen, tobenden, unsinnigen Schriftstehler gedachten in ihrem fleischlichen Gehirn, daß Jesus von Nazareth in keinerlei Weise Christus sein könnte, darum daß er in Galiläa erzogen war. Sie hielten sich nach der Schrift ohne den Geist der Schrift, wie die Gottlosen (bis) auf den heutigen Tag (zu tun) pflegen. Sie straften den armen Nikodemus um seines einfältigen Glaubens willen.[101] Sie wiesen ihn auf die Schrift und meinten, sie hättens getroffen. Aber Gott führte sie an der Nase herum. Darum vermochten sie vor großer Blindheit die Schrift nicht zusammen[102] allenthalben zu erfassen und hatten keine Achtung auf das wunder-

---

[97] d. h. im Blick auf die elementaren Anfangsgründe der Bibel.
[98] auf Grund der Verurteilung durch Luther.
[99] d. h. im Textzusammenhang der ganzen Bibel.
[100] eine Evangelienharmonie, die vier Evangelien zu einem zusammenfaßt.
[101] Joh. 7, 41; 52.
[102] die Gesamtheit der Schrift.

bare Werk Gottes, wie (auch) jetzt unsere neidischen Phantasten das Volk verführen zu aller Üppigkeit, wie ein jeder vor Augen sieht. Solches zu verhüten ist uns die Heilige Schrift zum einzigen Trost allhier auf Erden uns Nachlässigen überlassen.

Wäre den Schriftdieben die Schrift nicht um des Bauchs willen lieb gewesen etc., hätten sie wohl durch Daniel die Zeit der Geburt Christi wissen können, und Micha (den Namen der) Stadt, die von dem Geborenen heimgesucht (werden sollte), durch Jesaja und durch andere hätten sie (die Herkunft) unseres Heilands erkunden mögen.

Es war (ihnen) alles darum zu tun – wie der Welt jetzt – daß Christus eine verachtungswürdige Person wäre, von geringen Eltern. Und er wollte dennoch die großen Pausbacken, die wollüstigen Menschen so viel unterrichten und so viel strafen, da er die Weisheit seines himmlischen Vaters so klar predigte, daß sie nicht dagegen sein konnten, und tat solche Wunderwerke, die sie nicht verwerfen konnten, Joh. 9. Da sagt einer zum andern: ›Woher kommt diesem die Weisheit und Kraft? Er ist eines Zimmermanns Sohn, heißt nicht seine Mutter Maria? Etc. Woher kommt ihm dann dies alles? – Und sie ärgerten sich an ihm.‹ Matth. am 13., Luk. am 4. So tun die Gottlosen (bis) auf den heutigen Tag, wenn jemand ihre Larve, ihr Gepränge, ihre falsche, ausgeklügelte Weisheit straft. O, wie oft hat sich das ewige Wort in den Auserwählten verborgen, in unser Nazareth in der Christenheit, das ist in die blühenden Auserwählten, die da grünen und süß blühen in der Weisheit des Kreuzes, und es hat sie ein jeder wollüstige Leisetreter[103] für toll und unsinnig gehalten. Das ist der Welt bösewichtische Sitte. An der sie sich bessern soll, an der ärgert sie sich aufs allerhöchste. Ach, Allerliebste, das ist die Weisheit des Kreuzes, mit welcher Gott seine Auserwählten grüßt. Da soll ein jeder sich an der ganzen Welt nicht ärgern und sieht in keinem Winkel etwas Gutes, und die ganze Welt ärgert sich an der Wirkung des besten Gutes und sagt, es sei ein teuflisches Gespenst.

Zum achten.

Über die Maßen würden die Auserwählten voll der Huld Gottes werden, wenn sie am selbigen Ort ihren Willen sausen ließen[104] und um Gottes Willen die Stätte räumten. Darum sagt Christus mit hellen Worten: ›Wer da tut den Willen meines Vaters, der ist meine Mutter.‹ Matth. am 12., Mark. 3, Luk. 8. Er hat um unseretwillen seine Mutter am Kreuz übergeben und sie (als) unsere Mitgenossin (vor)gestellt.[105] Wir erschrecken auch vor Gottes Gruß wie sie, wenn uns Gott mit der Menschwerdung seines Sohnes

---

[103] d. h. jeder, der in Luthers Fußstapfen tritt.
[104] Eine Forderung im Sinne des mystischen Lassens und Entwerdens.
[105] Joh. 19, 25 ff.

vergotten will, das ist, wenn er unseren Glauben bewährt[106], wie das Gold im Feuer. Wir denken: Ei, was will daraus werden? Maria ist nach menschlicher Natur argwöhnisch gewesen auf den Engel[107], (so) wie wir auf rechtschaffene Prediger, die uns das Kreuz und die Unmöglichkeit des Glaubens erklären und vortragen, (ihn) zu erkennen. Da ist doch das rechte Reich Davids, da Christus am (Kreuzes)holz regiert und wir mit ihm gekreuzigt sind. Da ist auch das Haus Jakobs, die leere Seele durch das Zermalmen ihrer Lenden[108], durch das Wegtun ihrer Lüste. Da gebiert die Kraft des Allerhöchsten das unmögliche Werk Gottes in unserem Leiden durch die Umschattung des heiligen alten Bundes, und wird ganz und gar durchleuchtet vom Licht der Welt, welches ist der wahrhaftige, ungedichtete Sohn Gottes Jesus Christus.

Die Summa dieses ersten Kapitels ist von der Stärkung des Geistes im Glauben; (sie) ist nichts anderes, als daß der allerhöchste Gott, unser lieber Herr, uns den allerhöchsten Christenglauben durch das Mittel der Menschwerdung Christi geben will, wenn wir ihm in seinem Leiden und Leben gleichförmig werden durch die Umschattung des Heiligen Geistes, (dem gegenüber) sich die Welt so bitter fleischlich (aufführt) und ihn aufs gröbste verspottet. Darum wird er allein den Armgeistigen[109], die ihren Unglauben erkennen, gegeben.

Diese Schlußrede wird bestätigt durch alle Worte des ganzen Kapitels und sonderlich in den allerwunderbarsten Lobgesängen der Maria und des Zacharias, in welchen von der herzlichen Barmherzigkeit also klar geredet wird, welche durch den Geist der Furcht Gottes empfangen wird. Das ist der heilige Bund, den Gott dem Abraham und uns allen zu halten geschworen hat, Röm. 4; ihm (sollen wir) dienen in Heiligkeit und in Gerechtigkeit, die da vor ihm in Wahrheit gelten wird. Wer Gott nicht recht fürchtet, kann auch von Tag zu Tag nicht erneuert werden in der Erkenntnis Gottes, welche ihm doch vonnöten ist, den Glauben zu vernehmen und das Werk Gottes in ihm. (Der) kann auch nicht lernen, über den Glauben Rechenschaft abzulegen, da solches verachtet ist. Darum ist der Glaube so selten, welchen Gott in der Anfechtung geben und vermehren will. Das helfe euch der Geist Christi, ein Spottvogel der Gottlosen.
Amen.

---

[106] im Leiden prüft.
[107] Luk. 1, 34.
[108] I. Mose 32, 35.
[109] Matth. 5. Im Gegensatz zu denen, die sich geistlich reich dünken.

Hochverursachte Schutzrede

und Antwort wider das geistlose, sanftlebende Fleisch zu Wittenberg, welches mit verkehrter Weise durch den Diebstahl der Heiligen Schrift die erbarmungswürdige Christenheit so ganz jämmerlich besudelt hat.

Thomas Müntzer, Allstedter.
Aus der Höhle Eliä[1], welches Ernst niemanden verschont; I. Kön. 19, Matth. 17., Luk. 1; Offb. 11.
Anno 1524.

O Gott, erlöse mich von den (falschen) Anklagen der Menschen, auf daß ich deine Befehle einhalte. Und möge ich die in deinem Sohn geborgene Wahrheit ankündigen, damit die List der Bösewichter nicht (noch) länger dauere![2]

Dem durchlauchtigsten, erstgeborenen Fürsten und allmächtigen Herrn Jesus Christus, dem gütigen König aller Könige, dem tapferen Herzog aller Gläubigen, meinem gnädigsten Herrn und getreuen Beschirmer und seiner betrübten einzigen Braut, der armen Christenheit![2a]
Aller Preis, Name, Ehre und Würde, Titel und alle Herrlichkeit sei dir allein, du ewiger Gottessohn, Phil. 2. Nachdem dein Heiliger Geist vor den gnadelosen Löwen, den Schriftgelehrten, allezeit solches (Un-)Glück gehabt, daß er[3] der allerärgste Teufel sein mußte, Joh. 8, wiewohl du ihn von Anbeginn (inne)hast, Joh. 3, und alle Auserwählte von deiner Fülle empfangen haben, Joh. 1, und er in ihnen wohnt, I. Kor. 3 und 6, II. Kor. 1, Eph. 1, Psalm 5. Du gibst ihnen allen, die dir entgegenlaufen, nach dem Maß ihres Glaubens, Eph. 4, Psalm 68. Und wer ihn[4] nicht hat, daß an seinem Geist ein unbetrügliches Zeugnis gebe, der ist dir, Christus, nicht zugehörig, Röm. 8; dieses unüberwindliche Gezeugnis hast du, Psalm 93.

Deshalb ist es kein sehr großes Wunder, daß der allerehrgeizigste Schriftgelehrte, Dr. Lügner[5], je länger je mehr zum hoffärtigen Narren wird und sich mit deiner Heiligen Schrift ohne alles Absterben seines Namens[6] und (Wesens) bedeckt und aufs allerbetrüglichste (bedient) und mit dir (primär) nichts weniger zu

---

[1] Wie Elia befindet sich Müntzer im Spätherbst 1524 auf der Flucht vor seinen Feinden (in Süddeutschland).
[2] Lateinisches Motto, z. T. Psalm 118, 134. – [2a] Vgl. G. Wehr: Thomas Müntzer, S. 110f.
[3] im Urteil der Feinde.
[4] den Geist Christi.
[5] Dr. Luther.
[6] d. h. ohne Hintanstellen seiner Person.

schaffen haben will, Jes. im 58. Kapitel, als ob er deine Urteile durch dich, der Pforte der Wahrheit, erlangt hätte. Und (er) ist so frech vor deinem Angesicht und verachtet (bis auf den Grund) deinen richtigen Geist, denn er meldet sich deutlich unwiderruflich, daß er aus tobendem Neide und durch den allererbittertsten Haß mich, dein in dir erworbenes Glied[7] ohne redliche, wahrhaftige Ursache vor seinen höhnischen, spöttischen, erzgrimmigen Mitgenossen zum Gelächter macht und vor den Einfältigen zum unstatthaften Ärgernis einen Satan oder Teufel scheltet und mit seinem verkehrten, lästerlichen Urteil schmäht und spottet.

In dir bin ich aber (zuversichtlich) und hiergegen[8] durch deinen milden Trost ganz voll gesättigt, wie du auch deinen herzlich (zugetanen) Freunden ganz holdselig vorgetragen hast, sagend Matth. 10: ›Der Schüler hat es nicht besser als der Meister.‹ So sie nun dich, den unschuldigen Herzog und trostreichen Seligmacher, so lästerlich Beelzebub geheißen haben, wieviel mehr (dann) mich, deinen unverdrossenen Landsknecht, nachdem ich mich (über die) schmeichelnden Schelme zu Wittenberg geäußert habe und deiner Stimme gefolgt bin, Joh. 10. Ja, es muß also hergehn, sofern man die sanftlebenden Gutdünkler[9] im gedichteten Glauben und ihren pharisäischen Tücken nicht will recht haben lassen, (sondern) ihren Namen und Pracht zugrunde gehen lassen (will). (Christus), du könntest ihnen auch nicht (gewachsen) sein. Sie bilden sich ein, gelehrter als du und deine Schüler zu sein. Ja, mit ihrem buchstabischen Trotz waren sie wohl gelehrter als der Doktor Ludibrii[10] je werden kann. Hätten sie auch Geschrei und Namen genug in aller Welt, es wäre dennoch nicht recht, daß sie gegen dich (etwas) mit ihrem Verstand unternähmen und mit der klaren Schrift gegen dich beweisen wollten, wie sie denn den Nikodemus verwarfen, Joh. 7, und vom Sabbath Joh. 5 und 9. Sie zogen (mit der) ganzen Schrift gegen dich, daß du darum solltest und müßtest sterben, (als) du dich als einen Sohn Gottes frei bekanntest, vom ewigen Vater geboren, wie wir deinen Geist (bekennen). Darum sprachen sie: ›Wir haben ein Gesetz, nach dessen Inhalt muß er sterben.‹ Denn sie hatten den Text 5. Mose 13 und 18 auf dich bezogen und mochten sich darin auch nicht weiter (in jeder Hinsicht) umsehen, wie es mir jetzt der verschmitzte Schriftstehler[11] tut, wo die Schrift (etwas) am deutlichsten aufweist, (das) verspottet er mit inbrünstigem Neide und nennt den Geist Gottes einen Teufel.

Die ganze Heilige Schrift[12] sagt nicht anders – wie auch alle Krea-

---

[7] d. h. als Glied am mystischen Leibe Christi.
[8] d. h. angesichts der Schmähung.
[9] gemeint sind die Lutheranhänger.
[10] Doktor des Gespötts, Luther.
[11] Luther, auch er wird des Diebstahls an der Schrift beschuldigt.
[12] Auch hier kommt es Müntzer auf die Einheit der Schrift an.

turen – als vom gekreuzigten Sohn Gottes, weshalb er auch selber begann, von Mose an durch alle Propheten (hindurch) sein Amt[13] zu eröffnen, daß er so müßte leiden und eingehen in den Preis seines Vaters. Dies ist klar beschrieben (bei) Lukas im letzten Kapitel. Und Paulus sagt auch, daß er nichts anders (als) Christus, den Gekreuzigten, predigen könne, I. Kor. 1, nachdem er das Gesetz Gottes tiefer erforscht hatte als alle seine Mitgenossen, Gal. 1, vermochte er doch nichts anderes darinnen finden als den leidenden Sohn Gottes, welcher sagt Matth. 5, daß er nicht gekommen wäre, das Gesetz aufzuheben oder den Bund Gottes zu zerreißen, sondern vielmehr (ihn) zu vollführen, zu erklären und zu erfüllen.

Es mochten dies alle die gehässigen Schriftgelehrten nicht erkennen, denn sie erforschten nicht die Schrift ganz aus ihrem Herzen und Geiste[14], wie es ihnen doch gebührte, Psalm 119, und wie Christus ihnen auch befahl, Joh. 5. Sie waren darin gelehrt wie die Affen, wollen dem Schuster Schuhe nachmachen und verderben (dabei) das Leder. Ei warum? Sie wollen des Heiligen Geistes Trost vernehmen und sind ihr Leben lang durch Traurigkeit des Herzens nie auf ihren Grund gekommen, wie sichs doch gebührt, soll anders das rechte Licht in der Finsternis leuchten und uns dadurch Gewalt geben, Kinder Gottes zu sein, wie klar beschrieben Psalm 55 und 63; Joh. 1.

Wenn nun Christus, angenommen durch den alten und neuen bezeugten Bund Gottes, ohne Eröffnung des Geistes schon so gepredigt würde, könnte ein viel ärger verwickeltes Affenspiel daraus werden als mit den Juden und Heiden, wie ein jeder jetzt mit sehenden Augen sieht, daß die jetzigen Schriftgelehrten tun nicht anders als vor Zeiten die Pharisäer, rühmen sich der Heiligen Schrift, schreiben und klecksen alle Bücher voll und schwatzen immer je länger je mehr: ›Glaube, glaube!‹ und verleugnen doch die Herkunft[15] des Glaubens, verspotten den Geist Gottes und glauben gar überall nichts, wie du siehst. Es will keiner (von ihnen) predigen, er habe[15a] denn 40 oder 50 Gulden. Ja, die besten wollen mehr denn hundert oder zweihundert Gulden haben; da wird an ihnen die Weissagung Micha 3 wahr: ›Die Pfaffen predigen um des Lohnes willen‹ und wollen Ruhe und gute Gemächlichkeit haben und die allergrößte Würde auf Erden, und dennoch wissen sie sich zu rühmen, sie verstünden den Ursprung und treiben doch in den allerhöchsten Gegensatz (hinein), darum daß sie den richtigen Geist einen irrigen Geist und Satan schelten, (und zwar) mit dem Deckel[16] der Heiligen Schrift, wie es Christus widerfuhr, da er durch seine Unschuld den Willen seines Vaters

---

[13] seinen Dienst für die Menschen.
[14] d. h. die Schrift in ihrer Ganzheit, die nicht nur rational zu erfassen ist.
[15] Grundlage, Fundament. – [15a] d. h. er bekomme.
[16] unter dem Deckmantel bzw. Vorwand.

verkündigte, welcher den Schriftgelehrten viel zu hoch und zu verdrießlich war, Joh. 5 und 6.

Du findest nichts anderes bis auf den heutigen Tag. Wenn die Gottlosen durchs Gesetz betroffen werden, sagen sie mit großer Leichtfertigkeit: Ha, es ist aufgehoben; – wenn es aber ihnen recht erklärt wird, wie es im Herzen geschrieben ist, II. Kor. 3, und wie man durch Anweisung desselbigen (darauf) acht haben muß, die richtigen Gänge zum Ursprung (des Glaubens), Psalm 37, da überfällt der Gottlose den Gerechten und trägt Paulus mit einem solchen tölpischen Verstand hervor[17], daß es (selbst) den Kindern zum Puppenspiel wird, Psalm 64. Dennoch will er der Allerklügste auf Erden sein, daß er sich auch rühmt, er habe keinen (seines)gleichen. Darüber nennt er alle armseligen Menschen die Schwimmelgeister[18] und mag nicht hören, wenn man das Wort ›Geist‹ redet oder liest. Er muß den klugen Kopf schütteln, der Teufel mags nicht hören, Spr. 18, wenn man ihm vom Ursprung (des Glaubens) sagt, denn er ist herausgestoßen. Darum (bedient er sich) der Täuschung, II. Kor. 11. Im höchsten Alphabeth der Musik, (dem) Diapason[19] singt er aus Röm. 12: ›Man soll sich um solche hohe Dinge nicht kümmern, sondern den Geringen (die Sache) eben machen!‹ Da schmeckt ihm der Brei, nicht anders, es graust ihm davor, die Suppe zu fressen. Er spricht, man solle einfältig glauben, und sieht nicht, was dazu förderlich ist. Darum sagt Salomo von einem solchen Menschen, daß er ein Stocknarr sei, wie geschrieben steht Sprüche 24: ›Dem Narren ist die Weisheit Gottes viel zu hoch.‹

Christus fing an vom Ursprung wie Mose und erklärte das Gesetz vom Anfang bis zum Ende. Darum sagte er: ›Ich bin ein Licht der Welt.‹[20] Sein Predigen war so wahrhaftig und so ganz wohl verfaßt, daß er die menschliche Vernunft auch in den Gottlosen gefangen nahm, wie der Evangelist Matthäus im 13. Kapitel beschreibt und auch Lukas im 2. Kapitel zu verstehen gibt. Aber da ihnen die Lehre zu hoch war und die Person und das Leben Christi zu gering, ärgerten sie sich an ihm und an seiner Lehre und sagten aus dem Bart[21], er wäre ein Samariter und hätte den Teufel, denn ihr Urteil war nach dem Fleisch[22] gerichtet, wie es denn dem Teufel dabei wohlgefällt; mußte es (aus sich) herausplatzen (lassen), denn sie mißfielen der Welt nicht, welche Bruder Sanftleben[23] (wohl gesonnen) ist, Hiob 28. Alles, das sie taten, richteten sie so ein, daß sie der Welt gefielen, Matth. 6 und 23.

---

[17] gemeint ist eine fragwürdige Berufung auf Paulus.
[18] Schwarmgeister, ein von Luther wiederholt gebrauchter Ausdruck für seine Widersacher.
[19] Doppeloktave.
[20] Joh. 8, 12.
[21] d. h. gerade heraus.
[22] menschlich-allzumenschlich.
[23] Luther.

Also tut mir auch das gottlose Wittenbergische Fleisch, (während) ich durch den Anfang der Bibel[24] und Ordnung des ersten Teils derselben nach der Reinheit des göttlichen Gesetzes strebe, Psalm 19, und durch alle Urteile[25] die Erfüllung des Geists der Furcht Gottes erkläre[26], Jes. 11, ihm auch seine verkehrte Weise nicht zulassen will, vom neuen Bunde Gottes zu handeln ohne Erklärung göttlicher Gebote und Herkunft des Glaubens, welche erst nach der Strafe des Heiligen Geistes ganz erkundet wird, Joh. 16.[27] Denn der Geist straft erst nach der Erkenntnis des Gesetzes den Unglauben, welchen niemand erkennt, er habe ihn denn zuvor beherzigt, wie der allerungläubigste Heide. Also haben alle Auserwählten vom Anfang (an) ihren Unglauben erkannt durch Übung des Gesetzes, Röm. 2 und 7. Ich setze Christus mit allen seinen Gliedern zum Erfüller des Gesetzes, Psalm 19, denn es muß der Wille und sein Werk (bis auf den) Boden durch Betrachtung des Gesetzes vollführt werden, Psalm 1, Röm. 12, sonst würde niemand den Glauben vom Unglauben absondern[28]; denn wie es die Juden (in ihrer) gedichteten Weise mit ihrem Sabbath und der Schrift taten, (würden) sie nimmer ihren (Seelen)grund vernehmen.

Ich habe dem tückischen Kolkraben[29], welchen Noah zur Probe aus der Arche fliegen ließ, nichts anderes getan, als daß ich wie eine einfältige Taube meine Federn geschwungen, mit Silber überzogen, das siebenmal geläutert[30] worden war und die ich am Rücken mit Goldfarbe (bestreichen ließ), Psalm 69, (das Erdreich) überflogen und das Aas gehaßt, wo er sich gerne draufsetzt; denn ich wills an die ganze Welt (gelangen) lassen, daß er den gottlosen Schelmen[31] heuchelt, wie du im Büchlein wider mich[32] siehst, und will sie kurzum verteidigen. Woraus dann klar (hervortritt), daß der Doktor Lügner nicht im Haus Gottes wohnt, Psalm 15, darum daß der Gottlose durch ihn nicht verachtet wird, sondern daß viele Gottesfürchtige um der Gottlosen willen als Teufel und aufrührische Geister gescholten werden. Dies weiß der schwarze Kolkrabe wohl. Damit ihm das Aas (zufalle), hackt er den Schweinen die Augen aus dem Haupt, die wollüstigen Leute macht er blind, darum daß er so kirre[33] ist, auf daß er ihrer an Ehren und Gütern satt werde und sonderlich am allergrößten Titel.

Die Juden wollten Christus allenthalben gerne verlästert und zuschanden machen, wie (es) jetzt der Luther mit mir vornimmt. Er

---

[24] Müntzer verweist auf seine Art biblischer Grundlegung.
[25] d. h. durch biblische Belege.
[26] gemeint ist das Erfülltwerden mit dem Geist.
[27] Damit wendet sich Müntzer gegen Luthers Rechtfertigungslehre und betont die Notwendigkeit leidvoller Geisteserfahrung.
[28] unterscheiden.
[29] Luther.
[30] Vgl. den siebenmaligen Geistempfang in der kürzeren Fassung des Prager Manifestes.
[31] den Fürsten.
[32] Luthers »Brief«.
[33] nachsichtig mit den Sünden der Großen.

schilt mich gar heftig und wirft mir die Güte des Sohnes Gottes und seiner lieben Freunde vor, nachdem ich den Ernst des Gesetzes gepredigt habe, wie es (bezüglich) der Strafe der geistlosen Übertreter – wiewohl sie Regenten sind – nicht aufgehoben, sondern mit dem allerhöchsten Ernst vollzogen werden soll, wie denn Paulus seinen Schüler Timotheus und durch ihn alle Seelwarter[34] unterrichtet, I. Tim. 1, dem Volk zu predigen. Er sagt klar, daß es die überfallen soll, die wider die gesunde Lehre fechten und streben, wie niemand verneinen kann, 5. Mose 13 ist das helle, klare Urteil[35] (enthalten), und Paulus fällt es auch über den unkeuschen Übertreter, I. Kor. 5. Wiewohl ich das habe in Druck gehen lassen, wie ichs vor den Fürsten zu Sachsen gepredigt habe[36], ohne alle Hinterlist (habe ich) ihnen das Schwert aus der Schrift gezeigt, daß sie es sollten brauchen, auf daß nicht Empörung erwüchse. Kurzum, die Übertretung muß gestraft werden, denn es kann weder der Große noch der Kleine (ungeschoren) davonkommen, 4. Mose 25.[37]

Gleichwohl kommt Vater Leisetritt, ach der kirre Geselle, und sagt, ich wolle Aufruhr machen, wie er denn aus meinem Sendbrief an die Berggesellen gelesen hat.[38] Eines sagt er, und das Allerbescheidenste verschweigt er, wie ich vor den Fürsten klar ausbreitete, daß (nämlich) eine ganze Gemeinde die Gewalt des Schwertes habe wie auch den Schlüssel der Auflösung[39], und sagte vom Text Daniel 7, Offb. 6 und Röm. 13, 1. Sam. 8, daß die Fürsten keine Herren, sondern Diener des Schwertes seien. Sie sollens nicht machen wie es jenen wohl gefällt, 5. Mose 17, sie sollen recht tun. Darum muß auch aus dem alten guten Brauch das Volk (dabei) sein, wenn einer recht gerichtet wird nach dem Gesetz Gottes, 4. Mose 15. Ei warum? Falls die Obrigkeit das Urteil ver(fälschen) sollte, Jes. 10, so sollen die umstehenden Christen das verneinen[40] und nicht leiden, daß Gott von einem unschuldigen Blut Rechenschaft haben will, Psalm 79. Es ist der allergrößte Greuel auf Erden, daß niemand der Bedürftigen Not sich will annehmen; die großen Hansen machens wie sie wollen, wie Hiob am 41. schreibt.

Der arme Schmeichler will sich mit Christus in gedichteter Güte decken wider den Text des Paulus I. Tim. 1. Er sagt aber im Buch von der Kaufhandlung[41], daß die Fürsten sollen getrost unter die Diebe und Räuber streichen. Im selbigen (Buch) verschweigt er

---

[34] Seelsorger; als solchen versteht sich Müntzer selbst.
[35] d. h. der biblische Beleg.
[36] in Gestalt der sogenannten Fürstenpredigt.
[37] Dabei stützt sich Müntzer auf sein Verständnis von Röm. 13.
[38] Nicht erhaltener Brief, nicht zu verwechseln mit dem Manifest an die Mansfelder Bergknappen.
[39] Müntzer betont das demokratische Recht der Gesamtheit, das er dem Anspruch einer korrupten klerikalen, feudalistischen Minderheit vorzieht.
[40] Das läuft auf eine demokratische Kontrolle der Gewalt hinaus.
[41] Luther: Von Kaufhandlung und Wucher, 1524.

aber den Ursprung aller Dieberei. Er ist ein Herold, er will Dank verdienen mit der Leute Blutvergießen und (um) zeitlichen Gutes willen, welches doch Gott nicht (als seine Absicht) befohlen hat. Sieh zu, die Grundsuppe des Wuchers, der Dieberei und Räuberei sind unsere Herren und Fürsten; (sie) nehmen alle Kreaturen als Eigentum: die Fische im Wasser, die Vögel in der Luft, das Gewächs auf Erden muß alles ihrer sein, Jes. 5. Darüber lassen sie dann Gottes Gebot ausgehen unter die Armen und sprechen: Gott hat geboten, du sollst nicht stehlen; es (hilft) ihnen aber nicht. So sie nun alle Menschen (nötigen), den armen Ackersmann, Handwerksmann und alles, was da lebt, schinden und schaben, Micha 3, und wenn (einer) sich dann am allergeringsten vergreift, so muß er hängen. Da sagt dann der Doktor Lügner (auch noch): Amen. (Dabei) machen die Herren das selber, daß ihnen der arme Mann feind wird. Die Ursache des Aufruhrs wollen sie nicht wegtun, wie kann es (auf) die Dauer gut werden? Wenn ich das sage, muß ich aufrührerisch sein, wohlan!

Er kann sich ganz und gar nicht schämen; wie die Juden, Joh. 8, Christus ein Weib brachten, im Ehebruch ergriffen, (da) versuchten sie ihn, er, der den (strafenden) Ernst des Vaters[42] übertreten sollte; (gegebenenfalls) hätten sie ihn als einen Übeltäter gescholten. Wenn er aber das Weib ohne Entscheid losgelassen hätte, so hätten sie gesagt, er wäre ein Verteidiger der Ungerechtigkeit. Christus hat im Evangelium durch seine Güte des Vaters Ernst erklärt[43]. Die Güte Gottes strebt über alle Werke seiner Hände (hinaus), Psalm 145. Sie wird nicht verändert durch die Pein des Gesetzes, welcher der Auserwählte nicht zu entfliehen begehrt, wie Jeremia sagt und Psalm 6: Er will mit (gerechtem) Urteil und nicht im (willkürlichen) Grimm gestraft sein, welchen Gott von Ewigkeit nie gehabt hat, sondern er entsprießt aus der verkehrten Furcht der Menschen gegen Gott, die sich der Pein wegen entsetzen und nicht ansehen, wie sie Gott durch die (Betrübnis) nach aller Pein in seine Ewigkeit führe.

Alle Übeltäter der ursprünglichen Mißhandlung[44] der gemeinen Christenheit müssen durch das Gesetz gerechtfertigt werden, wie Paulus sagt[45], auf daß der Ernst des Vaters die gottlosen Christen aus dem Weg räume, die der heilsamen Lehre Christi widerstreben, auf daß die Gerechten Zeit und Raum haben mögen, Gottes Willen zu lernen. Es wäre nimmermehr möglich, daß ein einziger Christ (angesichts) solcher Tyrannei sich seiner Betrachtung hingeben könnte, wenn das Übel von der Bestrafung durch das Gesetz frei sein sollte und der Unschuldige sich peinigen lassen sollte, weil sich der gottlose Tyrann gegen die Frommen (wendet)

---

[42] d. h. das göttliche Gesetz.
[43] und damit offenbar gemacht.
[44] Sündenfall Adams.
[45] Röm. 2, 12.

und sagt: Ich muß dich martern, Christus hat auch gelitten; du sollst nicht widerstreben (dem Bösen), Matth. 5. – Das wäre eine große Verderbnis. Es muß genauestens unterschieden werden, nachdem die Verfolger die besten Christen sein wollen.

Der Teufel hat gar listige Tücke, gegen Christus und die Seinen zu streben, II. Kor. 6 und 11, bald mit schmeichelnder Güte, wie der Luther mit den Worten Christi die Gottlosen verteidigt, bald auch mit grimmigem Ernst, um der zeitlichen Güter wegen seine verderbliche Gerechtigkeit (als Vorwand zu benutzen); jenem (Ernst), dem doch der Finger Christi, (nämlich) der Heilige Geist, II. Kor. 3, nicht den freundlichen Ernst des Gesetzes einprägt und den gekreuzigten Sohn Gottes, durch den alles Ernstes Gütigkeit zur Eröffnung des göttlichen Willens zum Vergleich beider entgegenhält[46], I. Kor. 2. Der verachtet das Gesetz des Vaters und heuchelt (mittels) des allerteuersten Schatzes der Gütigkeit Christi und macht den Vater mit seinem Ernst des Gesetzes zuschanden durch die Geduld des Sohnes, Joh. 15 und 16, und verachtet so den Unterschied, (den) der Heilige Geist (macht) und verderbt eines mit dem andern so lange, daß fast kein (klares) Urteil auf Erden (möglich) bleibt, Jer. 5, und daß Christus allein geduldig sei, auf daß die gottlosen Christen ihre Brüder wohl (ungestraft) peinigten.[47]

Christus wurde als Teufel gescholten, da er die Juden auf die Werke Abrahams hinwies, und gab ihnen den allerbesten (Maßstab) zu strafen und zu vergeben. Nämlich zu strafen nach dem rechten Ernst; darum hat er das Gesetz nicht aufgehoben, weil er im 7. Kapitel Johannis (im Gegenüber zum) 8. sagte: Ihr sollt ein rechtes Urteil fällen, nicht nach dem Ansehen. Es werden ihnen keine andere Urteile als im Gesetz beschrieben vorgehalten, um nach dem Geist des Gesetzes zu richten. Also (ist) auch mit dem Evangelium zu vergeben, mit dem Geist Christi zur Förderung und zu keiner Verhinderung des Evangeliums, II. Kor. 3 und 13, wie mich denn durch solcher Unterscheidung willen der Doktor Lügner zum Teufel machen will, mit seinen Schriftgelehrten, (indem er sagt): Hab ich nicht recht gelehrt mit meinem Schreiben und Dichten? Du[48] hast keine andere Frucht (vorzuweisen) als aufrührerisch zu sein. Du bist ein Satan und dann noch (dazu) ein schlechter Satan etc. Siehe, du bist ein Samariter und hast den Teufel.

O Christus, ich schätze mich unwürdig solches kostbaren Leidens in gleicher Sache mit dir zu (er)tragen, wiewohl des Widersachers Ansicht viel geneigter, verkehrter Richter (findet). Sage ich dir, dem stolzen, aufgeblasenen tückischen Drachen: Hörst du es? Ich

---

[46] Dieser undurchsichtige Satz gibt bestenfalls zu erkennen, daß Müntzer den »grimmigen Ernst der Gottlosen« und den Ernst des Gesetzes, das zu Christus hinführt, unterscheidet.
[47] Müntzer will demzufolge die Einheit von Gesetz und Gnade gewahrt sehen, die ihm bei Luther zugunsten einer Übermacht der Gnade in Frage gestellt zu sein scheint.
[48] So Luther über Müntzer.

habe den Teufel nicht, ich suche durch mein Amt den Namen Gottes zu verkündigen, Trost den Betrübten, Verstockung[49] und Krankheit den Gesunden, Jes. 6, Matth. 9; 13; Luk. 8 und 4. Und wenn ich spreche, daß ich das um des bösen Namens willen lasse, der mir mit Lügen[50] beigelegt wird, so wäre ich dir, Doktor Lügner, mit deinem verkehrten Schmähen und Lästern gleich. Du kannst doch anders nichts tun als dich mit den Gottlosen schelten. (Nachdem) dir aber das geraten ist, hast du dich an die Statt der Bösewichter gesetzt, die du am allerschändlichsten hast ausgewässert[51]. Da du nun annimmst, es könnte zu tief einreißen, so willst du deinen Namen[52], da er am ärgsten ist, einem andern, dem die Welt (im vornherein) feind ist, auflegen und dich schön brennen, wie der Teufel (zu tun) pflegt, daß ja niemand deiner Bosheit öffentlich inne werde.[53] Darum nennt dich der Prophet, Psalm 91, einen Basilisken, Drachen, eine Schlange und einen Löwen, darum daß du mit deinem Gift jetzt schmeichelst, tobst und wütest, wie es deine Art ist.

Der ungetadelte Gottessohn hat die ehrgeizigsten Schriftgelehrten dem Teufel mit Erfolg verglichen und uns durch das Evangelium das Urteil zu (fällen) überlassen (unter Einbeziehung) seines unbefleckten Gesetzes, Psalm 19. Ihre Begierde dürstet nur nach Todschlag, denn sie sagten, Joh. 11: ›Wenn wir ihn gewähren lassen, dann werden die Leute alle an ihn glauben, es wird das Volk ihm anhangen; seht es läuft ihm schon in großen Haufen zu; werden wir ihm seine Sache hinausführen lassen, so haben wir verloren, so sind wir arme Leute.‹ So kam auch Kaiphas, Doktor Lügner,[54] und gab seinen Fürsten einen guten Rat; da hat er die Sache wohl ausgerichtet, (als) hätte er Sorge um seine Landsleute nahe bei Allstedt. In Wahrheit ist es nicht anders als mir das ganze Land Gezeugnis gibt; das arme dürstende Volk begehrte die Wahrheit so fleißig, daß auch alle Straßen von allen Orten voll Leute waren, um zu hören, wie das (Kirchen-)Amt, die (Art) die Bibel zu singen und zu predigen in Allstedt angeordnet worden waren. Sollte er auch zerbrechen, so könnte ers zu Wittenberg nicht tun, man siehts an seiner Deutschen Messe[55] wohl, wie (eifersüchtig) er darauf war, welches den Luther so sehr verdroß, daß er zum ersten bei seinem Fürsten zuwege brachte, daß mein Amt (Müntzers »Deutsches Kirchenamt«) nicht in Druck gehen sollte. Da nun des wittenbergischen Papstes Gebot nicht geachtet wurde, dachte er, warte, der Sache will ich wohl raten, daß ich die Wallfahrt

---

[49] Verderben; – hier dürfte eine Textlücke bestehen.
[50] d. h. in verlogener Weise.
[51] wie man einen Stockfisch wässert, um ihn weich zu machen.
[52] gemeint ist wohl Luthers Ruf.
[53] Demnach wollte Luther seine kirchlichen Gegner von sich abwenden, damit Männer wie Müntzer an seiner Statt die Feindschaft erdulden müssen.
[54] In Kaiphas erblickt Müntzer einen Prototyp für Luther.
[55] Da Luthers Deutsche Messe erst 1526 erschien, wird eine diesbezügliche Schrift Luthers oder von Paul Speratus gemeint sein.

(zerschlage). Der Gottlose hat einen spitzfindigen Kopf, solche Dinge auszusinnen, Psalm 36, denn seine Anschläge waren auch so, wie du merken kannst, seine Lehre aufzubringen durch der Laien Haß wider die Pfaffen.[56] Hätte er, (um) einen zu strafen, rechte Liebe gehabt, so hätte er sich jetzt nicht an die Stelle des Papstes gesetzt und den Fürsten würde er nicht heucheln, wie du klar beschrieben siehst Psalm 10. Er hat den Psalm gar hübsch auf sich selber und nicht allein auf den Papst (hin) verdolmetscht[57] und will Sankt Peter und Paulus zu Bütteln machen, um seine Diebehenker (die Fürsten) damit zu verteidigen.

Der Doktor Lügner ist aber ein einfältiger Mann, daß er schreibt, das Predigen soll man mir nicht wehren oder, da sollt ihr drauf sehen, spricht er, daß der Geist zu Allstedt die Faust still halte.[58] Seht (nach), liebe Brüder Christi, ob er nicht gelehrt ist. Ja freilich ist er gelehrt, es wird die Welt noch in zwei oder drei Jahren nicht inne werden, welch einen mörderischen, hinterlistigen Schaden er getan hat. Daß er aber so schreibt, (tut er um) seine Hände aufs unschuldigste zu waschen, daß niemand merken soll, daß er ein Verfolger der Wahrheit sei, denn er trotzt darauf, daß sein Predigen darum das rechte Wort Gottes sei, daß es so große Verfolgung (er)trägt. Es nimmt mich auch sehr wunder, wie es der ausgeschämte Mönch (er)tragen kann, daß er so greulich verfolgt wird, – bei dem guten Malvasier(-Wein) und bei den (feinen) Hurenköstlein. Er kann nicht anders tun, als es der Schriftgelehrten Art ist, Joh. 10: ›Um deines guten Werks willen wollen wir dir nichts tun, aber um der Lästerung willen wollen wir dich mit Steinen zu Tode werfen.‹ Also sprachen sie zu Christus wie dieser wider mich: Nicht um des Predigens willen, sondern um des Aufruhrs willen soll man dich vertreiben.

Allerliebste Brüder, es ist wahrlich nicht eine schlechte Sache, die jetzt zur Zeit geht, ihr seid allzumal ohne Urteil[59] (über) dieselbige; ihr wähnt, wenn ihr den Pfaffen nichts mehr gebt, es sei (ausgestanden). Aber ihr wißt nicht, wie ihr jetzt hundertmal, tausendmal ärger dran seid als zuvor. Man wird euch fortan mit einer neuen Logik[60] bescheißen, mit Täuscherei des Wortes Gottes. Ihr habt aber dagegen den Befehl Christi, Matth. 7, den betrachtet von Herzen, dann wird euch keiner betrügen, er sage oder schreibe, was er will. Ihr müßt aber ebenso darauf sehen, wie Paulus seine Korinther warnte, II. Kor. 11: ›Seht, daß eure Sinne nicht von der Einfalt Christi (abge)rückt werden!‹ Diese Einfalt haben die Schriftgelehrten auf die vollen Schätze göttlicher Weisheit bezogen, Kol. 2, wider den Text I. Mose 3, da Gott den Adam durch

---

[56] Demnach hätte Luther das Volk um seiner Lehre willen gegen die Theologen aufgestachelt.
[57] Luther bezog Psalm 10 auf den antichristlichen Papst; die Übersetzung erschien 1524.
[58] und Gewalttaten vermeide.
[59] Einsicht in die Zusammenhänge.
[60] theologische Lehre.

ein einziges Gebot vor dem zukünftigen Schaden warnte, auf daß er durch der Kreaturen Lüste nicht[61] zerstreut würde, sondern sich allein an Gott (erfreute); es steht geschrieben: ›An Gott sollst du dich erfreuen‹.[62]

Einen großen Beweis will der Doktor Lügner wider mich setzen, wie seine Lehre einfältig[63] sei, und meint, er wolle alles durchgrübeln. Doch ist ihm letztlich nichts am Predigen gelegen, denn es müssen Sekten sein[64], und er bittet, der Fürst solle mir das Predigen nicht verwehren. Ich habe nichts anderes erhofft, er würde mit dem Worte handeln, mich vor der Welt zu verhören und sich auf den Plan stellen, nicht anders als vom Wort handeln, so kehrt er es um und will die Fürsten dazu (an)halten, wie es denn ein (abgekartetes Spiel war), damit niemand sagt: Ei, wollen sie denn nun selber das Evangelium verfolgen? – Sie sollen mich predigen lassen, mir das nicht verbieten, aber die Hand soll ich still halten, auch (für die Veröffentlichung) im Druck zu schreiben (unterlassen). Ja, das ist eine feine Sache, gleich wie (bei) den Juden, die sagten: ›Um deiner guten Werke willen tun wir dir nichts, aber um des Lästerns willen.‹[65] – Die recht frommen Leute sagten, wenn einer schon einen Eid täte und nicht bei der Gabe des Altars[66] schwöre, so hinderte das gar nichts; derselben Tücke[67] brauchten sie gar mächtig viel, Matth. 23; Luk. 11. Dennoch waren sie fromme Leute, ja sie schadeten nicht, so du nur glaubst, man müsse der Schwachen schonen.

Die Lästerung vermochte den Juden nicht zu Herzen zu gehen, wie du aus dem Evangelium (mit Händen) greifen kannst. Auch ging sie das gute Werk[68] nicht überall sehr an, wie auch den Luther. Darum hielt ihnen Gott das Werk Abrahams vor, Joh. 8. Es war aber in den Juden ein grimmiger Haß. Sie wollten sich schön brennen vor den Leuten, wie jetzt Jungfrau Martin tut. Ach, die keusche babylonische Frau[69], Offb. 18! Er will alles dem Wort (gemäß) behandeln und will (doch) nicht beim Wort anfangen, meine Sache zu rechtfertigen oder zu verdammen; er will (daraus) nur eine schlechte (Sache) machen bei den Großen, daß ja niemand meiner Lehre folge, denn sie sei aufrührisch. Wer hier ein reines Urteil haben will, der muß den Aufruhr nicht lieben, auch muß er berechtigter Empörung nicht feind sein; er muß eine ganz vernünftige Mitte halten, sonst muß er meine Lehre entweder zu viel hassen oder zu hoch lieben (je) nach seiner Lage, (um die ich mich nimmermehr kümmern) will.

---

[61] aus der Einfalt in die Mannigfaltigkeit der kreatürlichen Sinnesart.
[62] Psalm 37, 4.
[63] im Gegensatz zu zwiespältig.
[64] was Luther selbst bejaht hat.
[65] Joh. 10, 33.
[66] Sakrament.
[67] diesen Tricks.
[68] die Zeichentaten Christi.
[69] die babylonische Hure.

Es wäre wohl förderlicher, daß ich mit guter Lehre das arme Volk unterrichtete, als daß ich mich mit dem lasterhaften Mönch (in Streit) verwickeln sollte, nachdem er ein neuer Christus sein will, welcher mit seinem Blut für die Christenheit viel Gutes erworben hätte und dann noch um einer feinen Sache willen (erlaubt), daß die Pfaffen Weiber nehmen mögen.[70] Was soll ich darauf antworten? Ich werde vielleicht nichts finden, als daß du dich allenthalben – wie du dich dünken läßt – bewahrt (hast). Siehe, wie fein hast du die armen Pfaffen in der Erklärung des ersten kaiserlichen Mandats auf der Fleischbank geopfert, da du sprichst: Es würde über sie (er)gehn etc.,[71] auf daß deine angefangene Lehre nicht (zur Rechenschaft gezogen werden) sollte. Denn mit Heucheln wolltest du es gerne zulassen, daß sie immer hingenommen würden. So würdest du immer neue Märtyrer gemacht haben und hättest ein Liedlein oder zwei von ihnen gesungen[72], dann wärst du (in erster Linie) ein bestätigter Seligmacher geworden. Freilich würdest du dann auch auf deine Weise singen: Nunc dimittis etc.[73], und daß sie dir alle nachsingen. Mönch, willst du tanzen, so hoffiert dir die ganze Welt.

Bist du aber ein Seligmacher, so mußt du ja aber wahrlich ein wunderbarer Seligmacher sein. Christus (hingegen) gibt den Preis (allein) seinem Vater, Joh. 8, und sagt: ›Wenn ich meine Ehre suche, so ist sie nicht mein.‹ Aber du willst vor denen zu Orlamünde[74] einen großen Titel haben. Du nimmst und stiehlst – wie es der Kolkraben Art ist – den Namen des Gottessohns und willst von deinen Fürsten Dank verdienen. Hast du nicht gelesen, du hochgelehrter Bube, wie Gott durch Jesaja im 42. Kapitel sagt: ›Ich will meinen Preis[75] niemandem geben.‹ Kannst du die guten Leute nicht nennen, wie Paulus den Festus in den Geschichten der Apostel im 25. Kapitel?[76] Warum heißt du sie die durchlauchtigsten Fürsten?[77] Ist der Titel doch nicht ihrer, ist er doch Christi, Hebr. 1, Joh. 1 und 8! Warum heißt du sie hochgeboren? – Ich meinte, du wärest ein Christ, so (aber) bist du ein Erzheide, machst Jupiter und (Minerva) daraus, vielleicht nicht aus der Scham der Weiber wie Weisheit im 4. Kapitel, sondern aus der Stirn geboren[78]. Ei, zuviel ist zuviel!

Schäme dich, du Erzbube, willst du dich (bei) der irrenden Welt

---

[70] Im fraglichen Brief Luthers an die Fürsten sprach er davon, daß gewisse Leute den von ihm errungenen Sieg genießen und Weiber nehmen, ohne ihr Blut drangewagt zu haben.
[71] Luther: Wider die Verkehrer und Fälscher des kaiserlichen Mandats (1523), in dem er angibt, wie Kleriker rechtlich gemaßregelt werden sollen.
[72] Luthers erstes Lied hatte den ersten reformatorischen Märtyrern Voss und Esch gegolten, die 1523 in Brüssel verbrannt worden waren: »Ein neues Lied wir heben an ...«
[73] Lobgesang des greisen Simeon, Luk. 2, 29: Herr, nun läßt du deinen Diener in Frieden fahren ...
[74] Luthers Streit mit den Orlamündern, die zu Andreas Karlstadt-Bodenstedt hielten.
[75] Ruhm.
[76] Apg. 25, 1ff.
[77] Man vergleiche die einleitende Grußformel in Luthers »Brief« und in Müntzers »Hochverursachter Schutzrede«!
[78] Anspielung auf Minerva, die aus der Stirn des Zeus geboren wurde.

heuchelnd (einschmeicheln)? Luk. 9, (dabei) hast du alle Menschen rechtfertigen wollen. Du weißt aber wohl, wen du lästern sollst; die armen Mönche und Pfaffen und Kaufleute können sich nicht wehren, darum hast du es leicht, sie zu schelten.[79] Aber die gottlosen Regenten soll (Luthers Handlungsweise nach) niemand richten, ob sie schon Christus mit Füßen treten. Damit du aber den Bauern befriedigst, schreibst du, die Fürsten würden durch das Wort Gottes zugrunde gehn, und sagst in deiner Glosse über das jüngste kaiserliche Mandat[80]: Die Fürsten werden von dem Stuhl gestoßen. – Du betrachtest sie auch wie (ungerechte) Kaufleute. Du solltest deine Fürsten auch an der Nase fassen, sie habens wohl viel höher als vielleicht die andern verdient; was lassen sie (an Forderungen) nach? Was an ihren Zinsen und ihrer Schinderei etc.? Doch wenn du (auch) die Fürsten gescholten hast, so kannst du ihnen doch wohl wieder Mut machen, du neuer Papst, schenkst ihnen Klöster und Kirchen, dann sind sie mit dir zufrieden. Ich rate dir's, der Bauer könnte sonst (dazwischentreten)!

Daß du aber immer vom Glauben sprechen willst und schreibst, daß ich unter deinem Schirm und Schutz wider dich fechten wolle, da sieht man meine Biederkeit und deine Torheit. Unter deinem (angeblichen) Schirm und Schutz bin ich gewesen wie das Schaf unter dem Wolf, Matth. 10. Hättest du daselbst nicht größere Macht über mich gehabt als anderswo? Könntest du das nicht bedenken? Was noch daraus erwachsen würde? Darum war ich in deinem Fürstentum, daß du keine Entschuldigung haben solltest. Du sprichst: unter unserem Schirm und Schutz. Oho, wie (fühlst du dich)! Ich meine, du seist Mitregent. Was darfst du dich mit dem ›Schirm und Schutz‹ aufblasen, habe ich doch in allen Sendbriefen[81] seinen Schirm und Schutz nicht haben wollen. Ich habe (nur) begehrt, daß er sein eigenes Volk nicht scheu machen sollte wegen des Ziegenstalls und des Marienbildes zu Mallerbach.[82] Er wollte in Flecken und Städtchen (ein)fallen und nicht berücksichtigen, daß die armen Leute Tag und Nacht in Gefahr sitzen mußten um des Evangeliums willen. Meinst du, daß ein ganzes Land nicht weiß, wie sie[83] schirmen und schützen? Gnade Gott der Christenheit, hätte sie nicht ihn zum Beschützer, der sie geschaffen hat, Psalm 111.

Du sagst, ich sei Jahre (lang) vertrieben (gewesen) und herumgelaufen und sprichst, ich klage viel übers Leiden. Siehe, wie es zusammenstimmt. Du hast mich mit deiner Feder gegen manchen Biedermann belogen und geschmäht, wie ich dirs nachweisen

---

[79] In Luthers Schrift »Von Kaufhandlung und Wucher«, 1524.
[80] Luther: Zwei kaiserliche uneinige und widerwärtige Gebote den Luther betreffend, 1524.
[81] in Müntzers Schreiben an die Fürsten.
[82] Allstedter zerstörten im Frühjahr 1524 dort eine Kapelle und die als Ziegenstall bezeichnete Klause.
[83] die Fürsten und Herren.

kann. Du hast mich mit deinem Lästermaul öffentlich einen Teufel gescholten. Ja, du tust es allen (deinen) Widersachern[84] also. Was kannst du (auch) anders als der Kolkrabe, der seinen eigenen Namen ausschreit. Du weißt auch wohl mit deinem ungebratenen Lorenz zu Nordhausen[85], was den Missetätern schon zum Lohn gegeben worden ist, mich zu töten etc. Du bist (freilich) kein mörderischer oder aufrührerischer Geist, aber du hetzt und treibst wie ein Höllenhund, daß der Herzog Georg dem (Kur-)Fürsten Friedrich ins Land fallen und so den allgemeinen Frieden aufheben soll. Dennoch machst du keinen Aufruhr; du bist die artige[86] Schlange, die über den Felsen hüpft, Sprüche 30. Christus sagt Matth. 10 und 23: ›Wenn sie euch in einer Stadt verfolgen, so fliecht in die andere.‹ Aber dieser Bote, des Teufels sicherlicher Erzkanzler, sagt: Wenn ich vertrieben (worden) bin, sei ich ein Teufel, und er wills beweisen, Matth. 12, und erlangt das Verständnis dem Heiligen Geist entgegen, den er verspottet (und) haut darüber sich in die Backen, Psalm 27.

Viel unnützes Gespei und Spott macht er aus dem göttlichen Wort und spricht, ich hieße es (angeblich) eine himmlische Stimme und die Engel redeten mit mir etc. Antwort: Was der allmächtige Gott mit mir macht oder redet, davon kann ich nicht viel rühmen als allein (das), was ich durchs Gezeugnis Gottes dem Volk aus der Heiligen Schrift vorsage, und ich will – so Gott will – meinen Dünkel nicht predigen. Tu ichs aber, so will ich mich von Gott und durch seine lieben Freunde gern strafen lassen und ihnen erbötig sein, aber dem Spötter bin ich gar nichts schuldig, Sprüche 9; soll ich doch den Häher[87] nicht essen, 3. Mose 11, (noch) des gottlosen Spötters Unflat in mich ziehen. Mich wundert nur dein (eigentliches Vorbild), nachdem du aus dem Harz bist, möchtest du das Geheimnis des göttlichen Wortes nicht eine himmlische Sackpfeife[88] heißen? Da hätte dir dann der Teufel – dein Engel – dein Liedlein draufgepfiffen. Mönch, willst du tanzen, so hoffieren dir die Gottlosen alle.
Ich spreche vom göttlichen Wort mit seinen mannigfaltigen Schätzen, Kol. 2, welche Mose, 5. Mose im 30. Kapitel zu lernen anbietet und Paulus an die Römer am 10. Der 85. Psalm sagt, wie es von denen gehört werden soll, die sich von ganzem Herzen bekehren und (für die) in der Belehrung durch den Geist alle Aussprüche von der Barmherzigkeit und Gerechtigkeit Gottes (den gleichen Wert haben). Du aber leugnest das rechte Wort und hältst der Welt nur den Schein vor. Darum machst du dich

---

[84] z. B. den Papisten, Karlstadt, Erasmus usw.
[85] Anspielung auf einen Nordhausener Prediger; ein ›ungebratener Lorenz‹ ist ein verhinderter Märtyrer, der demnach auch keine Erfahrung des Leidens hat.
[86] wendige.
[87] einen rituell unreinen Vogel.
[88] Dudelsack?

grob zu einem Erzteufel, daß du aus dem Text des Jesaja[89] ohne allen Verstand Gott zur Ursache des Bösen stellst; ist das nicht die allergrausamste Strafe Gottes über dich? Noch bist du verblendet und du willst doch auch der Welt Blindenführer sein und willst es Gott in den Busen stoßen[90]; (das kommt daher,) daß du mit deiner beschissenen Demut ein armer Sünder und ein giftiges Würmlein bist. Das hast du mit deinem phantastischen Verstand angerichtet aus deinem Augustinus, wahrlich, eine lästerliche Sache, (die) vom freien Willen, die Menschen frech zu verachten.[91]

Du sagst (ferner), ich wolle es stracks mit Gewalt geglaubt haben und wolle niemandem Zeit zu bedenken geben. Ich sage mit Christus: Wer aus Gott ist, der hört sein Wort. Bist du aus Gott? Warum hörst du es nicht? Warum verspottest du es und richtest das, das du nicht erfahren hast? Willst du nun erst darauf sinnen, welches du andere Menschen lehren solltest? Du solltest billig ein Krumm-Macher als ein Recht-Macher heißen. Das wird die arme Christenheit wohl inne werden, wie richtig dein fleischlicher Verstand gegen den unbetrüglichen Geist Gottes gehandelt hat. Laß dir (durch) Paulus das Urteil sagen, II. Kor. 11. Du hast allezeit mit (fragwürdiger) Einfalt – gleichsam durch eine Zwiebel, die neun Häute hat – alles nach der Füchse Art gehandelt. Siehe, bist du doch zum Brandfuchs[92] geworden, der vor Tage heiser bellt. Und, (da) die rechte Wahrheit aufgehen will, willst du die Kleinen, nicht aber die Großen schelten. Du tust, gleich wie wir Deutschen[93] sagen: du steigst in den Brunnen wie der Fuchs in einen Eimer trat und fraß die Fische. Danach lockt er den unsinnigen Wolf in den Brunnen, in (den) andern Eimer; er aber fährt empor und der Wolf bleibt darunter.

So werden die Fürsten, die dir folgen, auch bersten und die edlen Strauchdiebe, welche du auf die Kaufleute hetzt.[94] Hesekiel gibt das Urteil über den Fuchs im 13. und 34. Kapitel von den Bestien, den wilden Tieren, die Christus Wölfe nennt, Joh. 10. Wenn die Leute erst anfangen aufs Licht zu warten, so werden die kleinen Hündlein, Matth. 15, zu den Füchsen ins Loch laufen; da werden sie nicht (viel) mehr können als denen ein wenig vorn ins Maul beißen. Der Frischhund aber schüttelt dem Fuchs das Fell, er muß aus dem Loch, er hat der Hühner genug gefressen. Sieh, Martin, hast du diesen Braten vom Fuchs nicht gerochen, den man am Herrenhof den unerfahrenen Wildschützen als einen Hasen (vorsetzt)? Du Esau hast es wohl verdient, daß dich der Jakob ver-

---

[89] Jes. 40, 2 ff.
[90] zur Last legen.
[91] Luther leugnete den freien Willen später u. a. in: De servo arbitrio, 1525, in der Auseinandersetzung mit Erasmus von Rotterdam.
[92] ein wütender, brennender Fuchs.
[93] im ›Reinike Fuchs‹.
[94] Nach Luthers Schrift über Kaufhandlung und Wucher ›bestrafen‹ die Strauchdiebe die wuchersüchtigen Kaufleute und schaffen auf diese Weise »Gerechtigkeit«.

drängt.⁹⁵ Warum hast du dein (Erstgeburts)recht um deiner Suppe willen verkauft?

Hesekiel sagt dirs am 13. und Micha am 3. Du hast die Christenheit mit falschem Glauben verwirrt und kannst sie, da nun die Not herannaht, nicht (korrigieren). Darum heuchelst du mit den Fürsten; du meinst aber, es sei (in dem Moment) gut geworden, da du einen großen Namen bekommen hast und kommst (zum Ziel), wie (damals), als du zu Leipzig vor einer gefährlichen Gemeinde gestanden bist.⁹⁶ (Doch) was willst du die Leute blind machen? Dir war so wohl zu Leipzig, fuhrst du doch mit einem Nelkenkränzlein zum Tor hinaus und trankst des guten Weins beim Melchior Lotter⁹⁷. Daß du aber zu Augsburg warst, mochte dir nicht gefährlich werden, denn das Staupitz-Orakel stund dir (mächtig) bei;⁹⁸ er könnte dir (jetzt) wohl helfen, aber er ist (inzwischen) von dir abgewichen und ein Abt geworden.⁹⁹ Ich habe (begründete) Sorge, du werdest ihm folgen; der Teufel steht gewiß nicht in der Wahrheit, er kann von seiner Tücke nicht lassen, doch er fürchtet sich im Büchlein vom Aufruhr¹⁰⁰ vor der Prophetie seines Greuels. Darum sagt er auch von den neuen Propheten wie die Schriftgelehrten gegen Christus (sprachen), Joh. 8. Darum habe ich fast das ganze Kapitel zum gegenwärtigen Urteil benützt.¹⁰¹ Paulus sagt von den Propheten, I. Kor. 14: Ein rechter Prediger muß ja ein Prophet sein, wenn es der Welt noch so spottenswert dünkt; es muß die ganze Welt prophetisch sein, soll sie anders über die falschen Propheten urteilen. Wie willst du die Leute beurteilen, wenn du dich im Mönchskalb¹⁰² des Amts entäußerst? Wenn du sagst, du hättest mich ins Maul geschlagen, so redest du die Unwahrheit. Ja, du lügst in deinen (eigenen) Hals spießtief, bin ich doch in sechs oder sieben Jahren nicht bei dir gewesen.¹⁰³ Hast du aber die guten Brüder¹⁰⁴ zu Narren gemacht, die bei dir gewesen, das muß freilich an den Tag kommen. Es wird sich auch anders nicht reimen, du solltest die Kleinen nicht verachten, Matth. 18.

Über deinem Rühmen möchte wohl einer vor deiner unsinnigen Torheit entschlafen. Daß du zu Worms vor dem Reich gestanden bist¹⁰⁵, Dank sei dem deutschen Adel, dem du das Maul so wohl bestrichen und Honig gegeben hast, denn er wähnte nicht anders, du würdest mit deinem Predigen böhmische Geschenke ma-

---

⁹⁵ und damit um das Erstgeburtsrecht bringt.
⁹⁶ Der Disputation mit J. Eck im Juli 1519 wird Müntzer selbst beigewohnt haben.
⁹⁷ Luthers Verleger hatte einen Weinausschank.
⁹⁸ Luthers Verhör vor Kardinal Cajetan.
⁹⁹ Johann von Staupitz, Luthers anfänglicher Förderer, wurde in Salzburg Abt und stellte sich gegen Luther.
¹⁰⁰ Luther: »Eine treue Vermahnung :.. sich zu hüten vor Aufruhr und Empörung«, 1522.
¹⁰¹ Gemeint ist die Verurteilung Luthers.
¹⁰² Eine Schrift Luthers, 1523.
¹⁰³ Diese Zeitangabe dürfte kaum stimmen.
¹⁰⁴ Die ›Zwickauer Propheten‹ N. Storch und M. Stübner waren 1522 bei Luther.
¹⁰⁵ Wormser Reichstag 1521.

chen,[106] Klöster und Stifte, welche du jetzt den Fürsten verheißt. Wenn du zu Worms gewankt hättest, wärest du eher vom Adel erstochen als losgegeben worden, (das) weiß doch ein jeder. Du darfst dir wahrlich nichts zuschreiben; wolltest du dann noch einmal, wie du dich rühmst, dein edles Blut daran wagen, so gebrauchtest du mit den Deinen wilde Tücke und Liste. Du ließest dich auf deinen Rat gefangen nehmen und stelltest dich gar unleidlich. Wer sich auf deine Schalkheit nicht verstünde, schwüre wohl zu den Heiligen, du wärest ein frommer Martin. Schlafe sanft, liebes Fleisch! Ich röche dich lieber gebraten in deinem Trotz durch Gottes Grimm in der Röhre oder Topf beim Feuer, Jer. 1, denn in deinem eigenen Südlein gekocht sollte dich der Teufel fressen, Hes. 23. Du bist ein Eselsfleisch, du würdest langsam gar und ein zähes Gericht werden deinen Milchmäulern.

Ihr allerliebsten Brüder in Christus, ich bin anfangs des Zanks müde geworden um des ungeschlachten Ärgernisses des armen Haufens willen. Hätte mich aber Doktor Lügner predigen lassen oder mich vor dem Volk überwunden oder seine Fürsten, da ich zu Weimar vor ihnen war[107], richten lassen, als sie mich auf Antragen desselben Mönchs fragten, so wollte ich dieser Sache lieber überhoben gewesen sein.

Es wurde endlich beschlossen, der Fürst wollte den strengen Richter am Jüngsten Tag die Sache hinausführen lassen, er wollte den Tyrannen nicht wehren, die um des Evangeliums willen in seinen (Zuständigkeitsbereich) fallen. Es wäre fein, wenn es auch dem Gericht befohlen würde, so würden die Bauern (zufrieden) sein. Es wäre ein feines Ding, wenn man alles aufs Jüngste Gericht (verschöbe), dann hätten die Bauern auch gute Sache[108], wann sie recht tun sollten. Sprechen sie, ich spars für den Richter (auf), aber die Rute der Gottlosen ist dazwischen das Mittel.[109]

Als ich heimkam vom Verhör zu Weimar, meinte ich (weiterhin) das ernste Wort Gottes zu predigen. Da kamen meine Ratsherren und wollten mich den höchsten Feinden des Evangeliums überantworten.[110] Da ich das vernahm, war meines Bleibens (nicht länger). Ich wischte meine Schuhe von ihrem Staub, denn ich sah mit meinen sehenden Augen, daß sie viel mehr ihre Eide und Pflichten (gegenüber den Fürsten) als Gottes Wort achteten.[111] Sie zogen es vor, zwei Herren gegeneinander zu dienen; da ihnen doch Gott aufs alleroffensichtlichste beistund, der sie aus der Gewalt des Bären und Löwen erlöst hat, hätte sie auch aus der Hand Goliaths erlöst, I. Sam. 17. Wiewohl sich Goliath auf seinen

---

[106] Gemeint ist die Säkularisation von Kirchengütern nach hussitischem Vorbild.
[107] Müntzer mußte sich Anfang August in Weimar vor den Fürsten verantworten; seitdem war seine Situation in Allstedt prekär geworden und zwang ihn zum Weggang.
[108] einen gewissen Handlungsspielraum.
[109] Die Gewalt der Fürsten und Grundherren schaltet sich ein.
[110] Müntzer fühlte sich von seinen Allstedter Bundesgenossen im Stich gelassen und fürchtete die Auslieferung.
[111] Müntzer verließ am 8. August 1524 heimlich Allstedt.

Panzer und auf sein Schwert verließ, so wird ihn der David wohl lehren. Saul fing auch etwas Gutes an, aber nach langen Umtrieben mußte es David vollführen, welcher (dein) Sinnbild, o Christus, und deiner lieben Freunde ist, welche du fleißig bewahrest. Amen.

Anno MDXXIV
Vulpis, fecisti merere mendaciter cor iusti, quem dominus non contristavit. Confortastique manus impiorum tuorum, ne revertantur a via sua mala, ob id peribis et populus dei liberabitur a tyrannide tua. Tu videbis deum esse dominum. Ezechielis 13. Capitulo.[112]
Das ist verdolmetscht[113]: O Doktor Lügner, du tückischer Fuchs. Du hast durch deine Lügen das Herz des Gerechten traurig gemacht, den Gott nicht betrübt hat; damit hast du die Gewalt der gottlosen Bösewichter gestärkt, auf daß sie ja auf ihrem alten Wege bleiben. Darum wird dirs gehn wie einem gefangenen Fuchs, das Volk wird frei werden und Gott will allen der Herr darüber sein.

---

[112] Hes. 13, 22f.
[113] Müntzers eigene Übersetzung; ein zusätzliches Zeichen, daß diese Schrift auch und gerade vom Volk gelesen werden soll.

Die Briefe

Zu Thomas Müntzers Briefen

Die in verhältnismäßig großer Zahl erhalten gebliebenen Briefe, unter ihnen einige fremder Absender – die Gesamtausgabe zählt insgesamt 94 Nummern –, sind in verschiedener Hinsicht von großem Wert für das Verständnis des Lebens und Schaffens von Thomas Müntzer, zumal dessen Lebensgang auf weite Strecken nicht mehr eindeutig zu bestimmen ist. Da die Mehrzahl der zugänglich gewordenen Texte aus den entscheidungsvollen Jahren 1523–1525 stammen, bieten sie wichtige Anhaltspunkte für das Denken und Planen des Theologen und des reformatorischen Revolutionärs. Und weil der Briefschreiber Sachverhalte und Sichtweisen offenlegt, stellen sie wertvolle Interpretationshilfen für die Schriften dar, die nach wie vor zu mancherlei Rückfragen Anlaß geben. Manfred Bensing hat ihnen mit Recht den »Charakter theologischer bzw. politischer Manifestationen« zugesprochen. Schon aus diesem Grund dürfen die Briefe in einer Ausgabe der Schriften Thomas Müntzers nicht fehlen.
So ist es kein Zufall, daß das oben erwähnte, berühmte »Manifest an die Mansfelder Bergknappen« unter den Briefen (Nr. 75) zu finden ist. Eindrucksvoller, unmittelbarer als in den Schriften tritt in den Briefen der Theologe, der Seelsorger, der politische Agitator und Utopist in Erscheinung. Bisweilen gewährt er einen Blick auf seine persönliche Situation (z. B. Nr. 38), die man zumindest auch berücksichtigen sollte, wenn er in so nachdrücklicher Weise von der Notwendigkeit des Leidens und des Christus »Gleichförmigwerdens« spricht. Doch diese, seine persönlichen Belange betreffenden Notizen werden nur wie beiläufig von Fall zu Fall gemacht. Im Mittelpunkt steht zweifellos die Sache, nämlich die Sache »der armen, elenden, zerfallenden Christenheit«, deren aktuelle Not er zu seiner eigenen macht, wenn er beispielsweise unbekannten Anhängern in Halle schreibt (Nr. 38) oder den hart angefochtenen Gesinnungsfreunden in Sangerhausen den erbetenen Rat gibt und zugleich den Blick für die größeren Zusammenhänge in theologischer und in politischer Hinsicht lenkt (Nr. 55). Hier kann er schreiben, die Gegnerschaft finde sich im eigenen Volk, im eigenen Bekenntnis, »der Türke ist im eigenen Land«. Gleichzeitig handle es sich um eine Umwälzung, die sich »jetzt« in der ganzen Welt vollzieht.
Um dieser Sache des Volkes willen redet er, wie schon gesagt, dessen Sprache. So ergibt es sich auch ganz von selbst, daß die

Adressaten in der fraglichen Zeit in erster Linie Leute aus dem Volk oder dessen Unterdrücker sind. Finden sich unter den Briefen zunächst eine Reihe lateinisch abgefaßter Schreiben, so geht Müntzer mehr und mehr dazu über, die deutsche Sprache zu benützen. Auf die Pflege eines besonderen Sprachstils hat er hier ebensowenig acht wie in den Schriften. Der gelehrte Magister hat die Plattform von seinesgleichen verlassen und sich konsequent mit dem Volk solidarisiert. Irgendwelche Rücksichtnahmen blieben außerhalb jeglicher Erwägung.

Daß die eindringliche und immer wieder angeratene »Furcht Gottes« keinen Raum für eine Furcht vor Menschen oder gar für einen Personenkultus ließ, zeigen die an den Grafen und an die Landesherren gerichteten Schreiben (Nr. 44, 45, 52, 88, 89). Zu den Schreiben, die für uns einen besonderen Informationswert besitzen, gehören die an den im Allstedter Schloß residierenden kursächsischen Schösser Johann Zeiß. Ihm, den er als seinen »Bruder« zu gewinnen wußte, macht er in schonungsloser Offenheit die Situation klar und beschwört ihn, seine Fürsten entsprechend zu informieren. Aus dem Briefwechsel mit ihm erfahren wir verhältnismäßig ausführlich von der uns nicht erhaltenen »Bundespredigt«, die mit ein Anlaß für das negativ verlaufene Verhör in Weimar wurde. Aber eben daran, am Zustandekommen eines »getreulichen Bundes göttlichen Willens«, lag Müntzer sehr. Eben dieser Brief vom 25. Juli 1524 bestätigt, daß Müntzer bei aller Entschlossenheit zu einer demokratischen Umgestaltung der Verhältnisse um eine friedliche Lösung bemüht war. Dabei hatte dieser Bund den Charakter einer Zwischenlösung und eines Notbehelfs. Ausdrücklich betont der Briefschreiber, daß die Verbindung zwischen dem Volk und den »Frommen« unter den Amtleuten und Herren den »Gottlosen« gegenüber einen rein defensiven Charakter haben sollte, »damit sie still halten mit ihrem Wüten«. Sache der Amtleute sei es, daß »ein Schwert das andere in der Scheide (zurück)halte«. An eine totale Abschaffung der Frondienste und Abgaben ist keinesfalls gedacht. Schon deshalb trifft der von Luther pauschal ausgesprochene Verdacht nicht zu, die Anhänger des »aufrührischen Geistes von Allstedt« hätten nur die Durchsetzung ihres Eigensinns im Kopf, zumal dieser Geist der Teufel in Person sei.

Als Müntzer sehen muß, wie sich die Fürsten dem von ihm angeregten Bruderbund und einer Neugestaltung der sozialen Ordnung entziehen, die Vögte und Amtleute Müntzers Gesinnungsgenossen, etwa die von Sangerhausen, unterdrücken, die Landesherrn in Übereinkunft mit dem Wittenberger Reformator ihre eigenen Untertanen »so ganz jämmerlich auf der Fleischbank opfern«, da ist Müntzers Geduld zu Ende. Er macht das Programm wahr, das im »Prager Manifest« von 1521 erstmals von ihm formuliert worden ist: die Vernichtung der »Gottlosen« durch das

Schwert der »Auserwählten«. So wird der Spannungsbogen sichtbar, der sich von diesem Manifest bis zum Brief an die Allstedter samt dem »Manifest an die Berggesellen« erstreckt. Er meint, die Zeit der »faulen Äpfel« und der »Ernte Gottes« sei reif: »Das ganze deutsche, französische und welsche Land ist wach, der Meister will das Spiel machen, die Bösewichter müssen dran...« Derselbe Müntzer, der gemäß seiner Prager Unterschrift »keinen stummen, sondern einen redenden Gott« anbeten wollte, unterzeichnet nun als »ein Knecht wider die Gottlosen«. Schon dem Mansfelder Grafen Ernst hatte er sich anläßlich der ersten brieflichen Konfrontation (Nr. 44) als »ein Zerstörer der Ungläubigen« präsentiert. Nun, da die Würfel gefallen sind und einige thüringische Bauernhaufen sich Anfang Mai bei Frankenhausen zusammengefunden haben, signiert Müntzer: »mit dem Schwerte Gideons«.

Summiert man die verschiedenen Komponenten, die das Scheitern der Bauern und damit der Müntzer-Partei verständlich machen, dann war der Zusammenbruch der Bauernfront lange vor der Schlacht von Frankenhausen – wie auch andernorts – entschieden. Die letzten Briefe aber dokumentieren in höchster Eindringlichkeit sowohl den Gang der tragischen Entwicklung als auch das situationsgerechte Taktieren Müntzers, etwa in den Briefen an die beiden Mansfelder Grafen (Nr. 88, 89). Dabei ist nicht zu übersehen, daß der Briefschreiber ebenso wie der Verfasser der gedruckten Schriften und Pamphlete seine ganze Argumentation und Agitation auf biblische Aussagen aufbaut. Immer wieder aber beziehen sich seine Parolen auf die alt- und neutestamentlichen Belege, wonach »die Gewaltigen vom Stuhl gestoßen« werden müssen (Luk. 1) und »daß die Gewalt dem gemeinen Volk gegeben werden« solle (Dan. 7). Wer bereit ist, von seinem Glauben Rechenschaft abzulegen und bis in sein ethisch-politisches Handeln hinein praktische Konsequenzen zu ziehen bereit ist, der wird – etwa wie Graf Albrecht – als gleichberechtigter Bruder im christlichen Verbündnis der »neuen Kirche« anerkannt.

Schließlich findet sich unter den Briefen auch Müntzers politisches Testament (Nr. 94). »In wahrhaftiger Erkenntnis göttlichen Namens« tritt er seinem Scharfrichter entgegen als einer, der »Heil und Seligkeit durch Angst, Tod und Hölle« hindurch zu erlangen hofft. Seinen Mühlhäusern kann er den Vorwurf nicht ersparen, daß ihn das Volk mißverstanden und manche aufgrund der von Müntzer immer wieder angeprangerten Kurzsichtigkeit nur ihren eigenen Nutzen gesucht hätten. Wie immer man Müntzers letzten Brief oder gar dem unter dem Eindruck harter Folterung von seinen Gegnern aufgezeichneten Protokoll seines angeblichen Widerrufs interpretieren wird: Der Gescheiterte rät mit aller Dringlichkeit zum Nachgeben; die Situation der Unter-

legenen fordert ein Verhalten gegenüber den Mächtigen, das
weiteres Blutvergießen vermeiden hilft. Es versteht sich, daß die
inhaltlich dürftigen Sätze dieses letzten Zeugnisses aus der Hand
Müntzers nur im großen Kontext seiner übrigen Äußerungen
sachgemäß zu deuten sind. Jedenfalls gibt der Briefschreiber deutlich
zu erkennen, daß seine politisch-theologische Erziehungs-
und Agitationsarbeit nicht zu dem in Aussicht genommenen Ziel
geführt hat. Man wird indessen Manfred Bensing zustimmen
dürfen, der in der Einleitung seiner kritischen Müntzerauswahl
(S. 37) schreibt:
»Von dem prophetischen Wort: ›Das Volk wird frei sein!‹ ist
nichts zurückgenommen; und Martin Luther hatte von seinem
Standpunkte aus recht, nach Kenntnisnahme der letzten Zeugnisse
Müntzers verwundert auszurufen, wie ein menschliches Herz
so tief verstockt sein könne (in: WA-Briefe 3, 515). Dieses Urteil
des Widersachers spricht für den Revolutionär Thomas Müntzer.«

Die den nachfolgenden Briefen in Klammern vorangestellten
Nummern entsprechen der Numerierung, die Günther Franz in
seiner kritischen Gesamtausgabe vorgenommen hat. Diese Ausgabe
hat auch hier als Vorlage gedient.

(38) THOMAS MÜNTZER AN UNBEKANNTE ANHÄNGER IN HALLE,
19. März 1523

Heil und Gottes beständige ewige Barmherzigkeit sei mit euch,
meine allerliebsten Brüder!
Ich bitte euch, daß ihr euch über meine Vertreibung nicht ärgern
wollt,[1] denn in solcher Anfechtung wird der Seelen Abgrund
(aus)geräumt, damit er (desto) mehr geläutert und erkannt werde,
das unüberwindliche Gezeugnis des Heiligen Geistes zu schöpfen.
Es kann niemand Gottes Barmherzigkeit empfinden, er muß verlassen
sein, wie Jes. 28 und 54 klarlegt: ›Im Augenblick habe ich
dich verlassen und in großer Barmherzigkeit habe ich dich versammelt.‹
Davon sagt auch Christus, unser Heiland: ›Wenn ich
weggehe, so kommt der Tröster, der Heilige Geist‹[2], der kann
niemandem gegeben werden als dem Trostlosen. Darum laßt euch
mein Leiden ein (Vor)bild sein. Laßt (ruhig) alles Unkraut auf-
(schießen), wie es will, es muß (schließlich) unter den Dreschflegel
mit dem reinen Weizen. Der lebendige Gott macht so seine Sensen
in mir scharf, damit ich danach die roten Kornrosen und die
blauen Blümlein schneiden kann.[3] Hiermit gebe ich euch meinen

[1] Anspielung auf eine etwaige Vertreibung Müntzers aus Halle.
[2] Joh. 16, 7.
[3] Vgl. Prager Manifest.

Gruß. Seid Gott befohlen! Wer es vermag, der teile mir den Lohn des Evangeliums mit: ›Der Taglöhner ist seines Taglohns wert‹, Matth. 10. Wer sich drüber ärgert, der gebe mir nichts. Es wäre besser zu sterben als die Ehre Gottes (um des Broterwerbs willen) mit Ärgernis zu tadeln. Ich habe von der Domina[4] (nur) zwei Gulden den ganzen Winter. Einen gebe ich dem (mir dienenden) Knaben, den andern und noch mehr bin ich schuldig. Dieser Knabe ist mir getreu.

Gegeben im Elende meiner Vertreibung
am Tage Sankt Josefs im Jahre Christi 1523.
Thomas Müntzer, ein williger Botenläufer Gottes.

(44) AN DEN GRAFEN ERNST VON MANSFELD
    22. September 1523

Dem edlen und wohlgeborenen Grafen, Herrn Ernst zu Mansfeld und Heldrungen, christlich geschrieben.
Salut, edler, wohlgeborener Graf! Der Schösser und Rat zu Allstedt haben mir euer Schreiben vorgehalten, (wonach) ich euch mit Worten als einen ketzerischen Schalk und Schinder gescholten haben soll. In der Tat ist es wahr; (ich weiß aber auch) und es ist landbekannt, daß ihr euren Leuten durch ein öffentliches Mandat habt hart gebieten lassen, zu meiner ketzerischen Messe oder Predigt nicht zu kommen. Darauf habe ich gesagt und will es (noch) allen christgläubigen Menschen klagen, daß ihr so kühn seid, das heilige Evangelium zu verbieten. Und wenn ihr – da sei Gott vor – in solchem Toben und unsinnigen Verbieten verharren werdet, so will ich euch noch auf den heutigen Tag und so lange sich in mir ein Äderlein regt, nicht allein vor der Christenheit, sondern (auch in) meinen Büchern gegen euch auf mancherlei (Weise polemisieren), euch den Türken, Heiden und Juden einen (närrischen) unweisen Menschen schelten, ausschreien und aufs Papier klecksen. Und ihr sollt wissen, daß ich in so großen und (ge)rechten Sachen auch die ganze Welt nicht fürchte. Christus schreit Luk. 11 Zeter über die, die den Schlüssel der Kunst Gottes[1] wegnehmen. Der Schlüssel aber der Kunst Gottes ist der, daß man die Leute damit regiere, daß sie Gott allein fürchten lernen, Röm. 13, denn ein Anfang der rechten christlichen Weisheit ist die Furcht des Herrn. Nachdem ihr aber mehr als Gott gefürchtet sein wollt, wie ich an eurem (eigenen) Werk und Mandat beweisen will, so seid ihr es, der den Schlüssel der Kunst Gottes wegnimmt und verbietet den Leuten, in die Kirche zu gehen, (als)

[4] Eine Äbtissin, in deren Dienst Müntzer in dieser kritischen Zeit gestanden haben wird.
[1] den Schlüssel der Erkenntnis Gottes.

könntet ihr (es) besser. Ich will mein angefangenes (Kirchen-)Amt[2] und Predigt mit der heiligen Bibel nahebringen, auch das allergeringste, das ich sage und singe. Wo ich aber das nicht vermöchte, so wollte ich Leib und Leben und meine (Anwesenheit) hier verlieren. So ihr aber keiner anderen Entgegnung fähig seid als nur mit der Hand[3], so mögt ihr euch um Gottes willen (derartiger Maßnahmen) enthalten. So ihr aber, wie wiederholt gesagt, (einschreitet), sollt ihr an einen Zank ohne Ende denken. Der Prophet sagt: ›Es hilft keine Gewalt oder Ratschlagen wider den Herrn‹. Ich bin (nämlich) ebenso gut ein Knecht Gottes wie ihr, darum gemach (in der Sache), die die ganze Welt mit Geduld tragen muß. Pocht nicht, der alte Rock reißt sonst! Bringt ihr mich den Druckern in die Fäuste, so will ich hundertmal tausend ärger mit euch umgehen als der Luther mit dem Papst. Seid mein günstiger Herr, wenn ihr es leiden wollt und (erkennen), wo aber nicht, da lasse ich Gott walten. Amen.

Gegeben zu Allstedt am Tage des Mauritius im Jahre 1523.

Thomas Müntzer, ein Zerstörer der Ungläubigen.

(45) AN FRIEDRICH DEN WEISEN
4. Oktober 1523

Dem durchlauchtigsten hochgeborenen Fürsten und Herrn Friedrich, des heiligen römischen Reiches Erzmarschall und Kurfürst, Herzog zu Sachsen, Landgraf in Thüringen und Markgraf zu Meißen, meinem gnädigsten Herrn.
Jesus, der Sohn Gottes.
Durchlauchtigster hochgeborner Fürst und Herr, Euerer kurfürstlichen Gnaden sei die rechtschaffene Furcht Gottes und der Friede (beschieden), dem die Welt feind ist.
Gnädigster Herr, nachdem mich der allmächtige Gott[1] zum ernsten Prediger gemacht hat, so pflege ich auch die lauten beweglichen Posaunen[2], daß sie erschallen mit dem Eifer der Kunst Gottes, keinen Menschen auf dieser Erde zu verschonen, der dem Wort Gottes widerstrebt, wie Gott selber durch den Propheten Jes. 58 befohlen hat. Darum muß mein Name billigerweise und notgedrungen den Weltklugen sehr grausam, häßlich und untüchtig sein, Matth. 5, Luk. 6. Er ist aber dem armen (be)dürftigen Häuflein ein süßer Geruch des Lebens und den wollüstigen Menschen ein mißfallender Greuel des geschwinden Verderbens, II.

---

[2] die Arbeit an der liturgisch-sakramentalen Erneuerung in Allstedt.
[3] d. h. autoritativ und mit Gewalt.
[1] er, nicht der Kurfürst ist Müntzers Auftraggeber.
[2] Vgl. Prager Manifest.

Kor. 2. Und an mir hat sich bewahrheitet, daß der inbrünstige Eifer der armen elenden erbarmungswürdigen Christenheit mich gefressen hat, weil Schmähworte der Gottlosen über mich häufig herniederfallen, Psalm 68. Sie haben mich von einer Stadt in die andere ohne rechtschaffene Ursache vertrieben, Matth. 23, und meine Antwort sehr gehässig verspottet, Jer. 20. Aus diesem (Grund) habe ich (mich besonnen), Psalm 1, wie ich mich zur eisernenen (Schutz-)Mauer der Bedürftigen aufwerfen möchte, Jer. 1, Ezech. 13. Auch habe ich gesehen, daß die Christenheit aus dem Munde des wütenden Löwen nicht errettet werden kann, außer man tue das lautere reine Wort Gottes hervor, tue den Scheffel oder Deckel, der es verbirgt beiseite, Matth. 5, und treibe die biblische Wahrheit öffentlich vor aller Welt, Matth. 10. Man lege dem Kleinen und dem Großen davon Zeugnis ab, Apg. 26, (und zwar von) nichts anderem als von Christus, dem Gekreuzigten, I. Kor. 1, singe und predige davon unverstohlen und unverdrossen.

Ein solches Amt (ist) in der Kirche zu treiben, um die Zeit nicht vergebens zuzubringen, sondern das Volk mit Psalmen und Lobgesängen zu erbauen, Eph. 5 und I. Kor. 14, (wodurch) die Grundlage der Deutschen Messe ganz klar nachgewiesen wird.[3]

Über all dem hat (meine Handlungsweise) und mein Zeugnisablegen nicht helfen wollen, als der wohlgeborene Graf Ernst von Mansfeld (dies) den ganzen Sommer hindurch seinen Untertanen immer mehr verboten hat, ehe des Kaisers Mandat[4] hier ausgegangen war und dadurch die Unsrigen und die Seinen zur Empörung (angestiftet) wurden. Da ichs auf die Dauer mit meinem Zureden nicht wehren konnte, habe ich ihn am Sonntag nach Mariä Geburt[5] auf offener Kanzel ganz (eindringlich) vermahnt und dringend eingeladen, indem ich zu meinen Schäflein sagte: Ich bitte den Grafen Ernst von Mansfeld, daß er mit den Ordinarien dieses Bistums hier erscheine und nachweise, daß meine Lehre oder Messe ketzerisch sei. Wenn nicht – da sei Gott vor – so will ich ihn für einen Bösewicht, Schalk und Buben, Türken und Heiden achten und das auf Grund der Wahrheit beweisen aus der Schrift.

Das ist die Form der Worte gewesen und nicht anders, wie ich nachweisen kann. Er hat nicht ordnungsgemäß mit mir gehandelt, wenn er sich nun aufs kaiserliche Mandat beruft, als sei seine Sache im selben enthalten, was doch (nicht der Fall) zu sein scheint. So sollte er gelehrte[6] Leute mitgebracht haben, um mich gütig und (sachlich) zu unterweisen. Wenn ich widerlegt worden wäre, sollte

---

[3] Müntzer legt großen Wert auf die biblische Begründung seiner liturgischen Erneuerungsbestrebungen, die wiederum im Dienst einer tiefgreifenden Menschenbildung stehen.
[4] Mandat des Reichsregiments vom 6. März 1523, versandt durch Kurfürst Friedrich Ende Mai 1523.
[5] 15. September.
[6] sachkundige.

er mich vor Euer kurfürstlich Gnaden (Gericht) verklagt und
seinen Leuten verboten haben, solche Messen zu hören. Wenn
man es gelten läßt, daß man das Evangelium mit menschlichen
Geboten aufhalten will, Jes. 29, Matth. 15, Tit. 1 und sich nicht
in aller Form an die Worte des Mandats[7] hält, wird man das Volk
irre machen, das die Fürsten (doch) mehr lieben als fürchten soll,
Röm. 13: ›Die Fürsten erschrecken die Frommen nicht.‹ Und
wenn sich dies zutragen wird, dann wird ihnen das Schwert genommen
und dem (wut)entbrannten Volk gegeben werden zum
Untergang der Gottlosen, Dan. 7. Da wird das edle Kleinod, der
Friede, von der Erde aufgehoben[8] werden, Offb. 6: ›Der auf dem
weißen Pferd sitzt, will überwinden und es gebührt ihm nicht.‹
O hochgeborener, gütiger Kurfürst, hier ist Fleiß aufzuwenden,
(wenn) unser Heiland zur Rechten Gottes am Tage seines Grimmes
– wenn er die Schafe selbst weidet und die wilden Tiere von
der Herde vertreibt – die Könige gnädig zerbricht, Psalm 109,
Ezech. 34. Ach, es gefiele Gott, wenn das nicht verursacht würde
infolge unserer Nachlässigkeit.
Das habe ich mit langer Rede Euer kurfürstliche Gnaden nicht
verbergen wollen, Ezech. 3. Und ich vermahne sehr mit beigefügter
Bitte, daß ihr mein Schreiben gnädig ansehen und mich
entschuldigen wollt. Sollte ich jetzt weichen[9], so könnte mein
Gewissen und mein Wandel vor der Christenheit nicht (bestehen),
I. Tim. 3. Euer kurfürstliche Gnaden müssen hier auch keck sein,
seht ihr doch, daß Gott von Anbeginn so unaufhörlich bei Euer
kurfürstlichen Gnaden gestanden hat; der bewahre euch und euer
Volk in Ewigkeit, amen.
Gegeben zu Allstedt 1523, im Jahre des Herrn am Tag des Franziskus.

Thomas Müntzer von Stolberg, ein Knecht Gottes.

(47) An Christoph Meinhard in Eisleben
   Allstedt, 11. Dezember 1523

Seinem lieben Bruder im Herrn Christoph Meinhard.
Gnade und Friede des zarten Heilands Jesus Christus zuvor, mein
emsiger Bruder der Wahrheit Gottes!
Ich habe mich nicht enthalten können, die mächtige Wahrheit
eurem Gewissen vorzutragen, wie Gott durch David sagt: ›Meine
Lippen will ich nicht nachlässig machen‹, deine Wahrheit allen
Leuten zu sagen, wie ihre (Hoffnung) auf den harten Felsen

---

[7] Das kaiserliche Mandat verbot Predigten, die Ungehorsam und Aufruhr erregten.
[8] d. h. entfernt.
[9] nachgeben.

gegründet werden könne. Man muß wissen, daß ich nach der Lehre des Paulus sage und (nachdrücklich) mit vielfältiger Schrift beweisen will, daß niemand selig werden kann, er erdulde denn, daß Gott die ganze Schrift in ihm wahrmache,[1] Matth. 5. Christus ist nicht gekommen, daß er uns erlöste, ohne daß wir die Armut unseres Geistes erleiden, (nämlich) durch Versetzung aus allem, was uns ergötzlich ist. Es ist sein einziger Dienst, daß die Armen allein getröstet und die Unerprobten dem Peiniger überantwortet werden. Denn wer dem Sohne Gottes nicht gleichförmig wird, ist ein Mörder und Bösewicht, derselbe will eher mit Christus auferstehen als (mit ihm) sterben. Er wird weder ein- noch ausgehen, ein Schaf der rechten Weide zu sein. Er muß mit allerhöchstem Ernst in aller Beherzigung ansehen, wie ihn Gott von außen zerschlägt und er (gleichzeitig) von Tag zu Tag in der Erkenntnis Gottes zunehme, damit ein jeder in Wahrheit den alten Menschen ausziehe und nicht wie die unversuchten Schriftgelehrten tue, die einen neuen Fleck auf den alten Rock setzen.[2] Sie stehlen ein oder einige Sprüchlein und versehen sie (doch) nicht mit der Lehre, die aus wahrhaftigem Grund quillt. Das sind die Leute, die da meinen, man könne Gottes Kunst in einem Augenblick empfangen. Sie sehen aber nicht, wie viele Mühe es einem kostet, (an sich) im höchsten Grad der Furcht Gottes das Werk Gottes zu ertragen wie den Mörder am Kreuz.

Den einen und den anderen Spruch (zitieren) sie, wie sie ihnen im Schlaf einfallen, als wäre die ganze Schrift nicht in einem (zum Vergleich auffordernden Zusammenhang) abgefaßt. Ich sage es mit offenem Maul, mit allen Kräften gegen alle unversuchten Schriftgelehrten, daß die ganze Schrift in einem jeden Menschen, nach dem Maße jedes einzelnen, wahr werden muß, ehe er selig werden (kann). Wer mir das leugnen will, dem will ich offen beweisen, daß er nicht einen (einzigen) Wort in der Bibel glaubt und das gestohlene Wort trägt, Jer. 23.

Ich habe euch (seelsorgerlich) getröstet, daß ihr für die Toten nicht bitten sollt und die Unweisen sind, gemäß dem Inhalt der Schrift (und) nicht nach abergläubischen Urteil (der Menschen) dem Gericht und der Gerechtigkeit Gottes befohlen. Aus solchem Schreiben soll man nicht schließen, daß ich der päpstlichen Bosheit auch nur die geringste Haaresbreite stattgegeben hätte, denn ich weiß wohl, daß alle Wohlfahrt der Gotteslästerer auf der (Erfindung) eines Fegefeuers steht. Von der (Bemühung um die) Verstorbenen habe ich kaum ein wenig Atem geholt; da meinen meine lieben Freunde, ich wolle das Fegfeuer bestätigen? Da sieht man wohl, welche ›erfahrenen‹ Leute es sind, wissen von der Gerechtigkeit aus Glauben in Glauben (nicht einmal) eine Meile zu berechnen. Nachdem der Glaube des Senfkorn noch nie in sie

---

[1] Es geht um eine innere, religiöse Erfahrung. Nur wer sie erlangt, ist erprobt.
[2] Matth. 7, 16.

gepflanzt worden ist, wie will er dann (in ihnen) wuchern? Meine Lehre kann und mag die elende erbärmliche Beurteilung nicht (einfach) hingehen lassen, Psalm 68. Da frißt der inbrünstige Eifer und verschlingt die Schriftgelehrten. Ihr habt genug, wenn euch die Schrift nicht lehrt, für die Toten zu bitten; was aber Gott mit den unerfahrnen[3] Toten tut, sollt ihr seinem Urteil anheimstellen. Das 24. Kapitel von Matthäus gibt euch (darüber) guten Unterricht, daß ihr auf alle Kreaturen acht haben sollt. Wie euch die Kreaturen so sollt ihr Gott untertan sein; und wenn Gott sein Evangelium in euch wahrmachen will, sollt ihr euch in der Zeit der Anfechtung nicht in euer Haus (zurückziehen), (um die Anfechtung) zu vermeiden; befehlt euch Gott (nicht nur), wenn ihr den Überschwang (frommer Ekstase) erlebt, sondern befehlt ihm euch frei und ohne alles Ankleben (ans Irdische). Laßt euch die Leiden zur Unterrichtung und Übung (als auch) zur Überwindung eures Unglaubens dienen – durch Jesus Christus, den Sohn Gottes, der euch bewahre, amen – samt euren Kindern, Weib etc.
Gegeben in Allstedt im Jahr 1523 am 6. Tag nach (Mariä) Empfängnis.

Thomas Müntzer, ein Knecht Gottes.

(49) AN CHRISTOPH MEINHARD IN EISLEBEN
   Auslegung des 19. Psalms.
   Allstedt, 30. Mai 1524

Seinem lieben Christoph Meinhard – Thomas Müntzer.
Der Geist der Weisheit und die Erkenntnis (der) Kunst Gottes sei mit euch, herzhaftiger Bruder.
Ich spüre in eurem Briefe ganz emsige Begier zur Wahrheit, darum daß ihr so mannigfaltigen Fleiß aufwendet zu fragen nach dem rechten Wege. Welcher euch am allersichersten zu erkennen (sein) wird in der reinen Furcht Gottes am 19. Psalm: ›Die Himmel erzählen ...‹ etc.
Da wird euch durch den Heiligen Geist angesagt, wie ihr lernen müßt, daß euch durch das Leiden Gottes Werk, im Gesetz erklärt, zum ersten die Augen geöffnet werden müssen. Ihr müßt immer ein Wort gegen das andere halten und die Betrachtung eures Herzens dahin richten, da die Sonne aus (ihrem) wahrem Ursprung aufgeht nach der langen Nacht, Psalm 130. Wer die Nacht nicht erlitten hat, kann nicht die Kunst Gottes, die die Nacht verkündigt der Nacht, nach welcher erst das rechte Wort hervorgezeigt wird am hellen Tage, Joh. am 8. und am 11. Himmlische

---
[3] im Kreuz nicht erprobten.

Menschen müssen es sein, die den Preis Gottes mit Nachteil[1] ihres Namens suchen. Man muß alle Augenblicke in der Ertötung des Fleisches wandeln, sonderlich daß unser Name den Gottlosen häßlich stinke, dann kann ein Erprobter Gottes Namen predigen, und der Zuhörer muß zuvor Christus in seinem Herzen durch den Geist der Furcht Gottes haben predigen hören, da kann ihm der Prediger genug Zeugnis geben. Die Werke der Hände Gottes[2] müssen die erste Verwunderung vor Gott erwiesen haben, es ist sonst alles Predigen und Schreiben verloren. Wer in solchem Ding stetiglich geübt wird, der kann alle Rede mit unsträflichem Urteil[3] vernehmen. Solcher Menschen Unterricht(ung) muß in die ganze Welt erschallen, an alle Grenzen der Gottlosen, auf daß sie sich mit ihrer unsinnigen Gewalt entsetzen vor dem, der sie durch den anderen Jehu[4] unterrichten wird, II. Kön. 9. Gott ist ein freundlicher Bräutigam seiner Geliebten. Er läßt sie allererst verworfene Dienstmägde sein, bis er sie bewähre. Da sieht er die niedrigen Dinge an und verwirft die hohen, Psalm 113, I. Sam. 2; 5. Mose 32. Es scheint, als sollten die Gottlosen das Regiment ewig behalten, aber der Bräutigam[5] kommt aus der Schlafkammer wie ein Gewaltiger, der wohl bezecht war, der es alles verschlafen hat, was sein Gesinde (ihm) angerichtet hatte, Psalm 78. Ach, da müssen wir bitten, ich meine, es sei Zeit (zu rufen:) Stehe auf, warum schläfst du? – Es hat der Herr ja in dem Schifflein geschlafen, daß der Sturmwind der frechen Gottlosen das Schifflein fast ganz zu Boden geworfen hätte. Da steht der Bräutigam von seiner Schlafkammer auf, wenn man die Stimme des wahrhaftigen Besitzers in der Seele hört, Joh. 3. Darnach fragen sich alle Auserwählten mit Jesu, sagen Luk. am 12.: ›Ich muß mit einer anderen Taufe übergossen werden als mit der Taufe Johannis, und ich werde sehr gepeinigt, weil ich solches vollführe.‹ Das stimmt mit diesem Psalm überein: Er freut sich wie ein Held. Er ist wundersam gewesen, wie ein Riese seine Straße wandert.[6]

Wenn ein Mensch seines Ursprungs gewahr wird im wilden Meer seiner Begegnung[7], wenn er nun mitten im Schwange ist, so muß er wie ein Fisch tun, der vom faulen Wasser oben hinuntergegangen ist: (er) kehrt wieder um, schwimmt, klimmt (aus den Tiefen des) Wassers wieder hinauf, auf daß er zu seinem ersten Ursprung kommen möge. Die Auserwählten mögen nicht zu weit von Gott kommen, er sendet sein Feuer aus, Luk. 12, vor welchem sich niemand verbergen kann, daß er sein Herz, sein Gewissen nicht treiben soll. Wiewohl (auch) die Auserwählten

---

[1] d. h. unter Zurückstellung.
[2] die Schöpfung.
[3] Einsicht, Erkenntnis.
[4] Prophet Israels, I. Kön. 16; 6, 12.
[5] Christus, der Wiederkommende.
[6] Psalm 19, 6.
[7] d. h. mit dem, was ihm schicksalhaft widerfährt.

mächtige große Sünde tun, treibt sie doch das Feuer ihres Gewissens zum Ekel und Greuel der Sünden. Wenn sie solcher Betrübnis und desselbigen (Widerwillens gegen die Sünde) pflegten, dann könnten sie nicht sündigen. Das heiße ich die ›Langeweile‹, die den wollüstigen Schweinen so spöttisch in die Nasen geht. Welche verfluchen das Alte Testament, disputieren viel aus Paulus Werken, verschimpfieren das ganze Gesetz aufs äußerste und haben dennoch nicht die Meinung[8] des Paulus, sollten sie auch (darüber) zerbersten.

Das Gesetz Gottes ist klar, erleuchtet die Augen der Auserwählten, macht starblind die Gottlosen und ist eine untadelige Lehre, wenn der Geist der rechten reinen Furcht Gottes dadurch erklärt wird, welches geschieht, wenn ein Mensch seinen Hals für die Wahrheit setzt, wie Christus sagt, Luk. 12. Paulus hat solche Werke des Gesetzes geboten, kurzum: sie sind auch vonnöten, wiewohl die Gottlosen nur (einen) sophistischen und gedichteten Paulus hervorbringen. Daß Paulus keinmal geträumt haben (soll), muß ihr (eignes) Zitat sein. Hinaus zum Teufel mit solchen Predigern! Paulus spricht von den losen Lumpen, womit die Gottlosen die Auserwählten verführen. Da kommen dann unsere frechen Bacchanten und meinen, sie haben es getroffen, wenn sie nur das 4. Römerbrief-Kapitel zitieren, wie Abraham umsonst Gottes Gnade empfangen habe, nehmen aber nicht dazu das 15. Kapitel von I. Mose und den 32. Psalm ›Selig denen ...‹. (Dabei) wird im selben Kapitel durch Paulus zitiert, wie der Mensch durch manche Stacheln seines Gewissens von Gott zur Erklärung der Gnaden, die schon zuvor im Herzen wohnt, getrieben wird.

So hoch wie Paulus auf den Glauben ohne der Werke Verdienst setzt, so hoch setze ich aufs Werk Gottes zu leiden, Jes. 5, Joh. 6. Ich konkordiere[9] mit Paulus und nicht mit unseren Schriftgelehrten, die es stückweise aus ihm gestohlen haben wie die Tiere des Bauchs, Phil. 3, daß die Verdammten die Wirkung Gottes nicht erleiden.

Die Gerechtigkeit Gottes muß unseren Unglauben so lange erwürgen, bis daß wir erkennen, daß alle Lust Sünde ist und wie wir durch die Verteidigung der Lüste so sehr verstockt werden. Da muß der Mensch emsig sein, daß ihm die heimlichen Lüste, die mächtig listig sind, zu verstehen gegeben[10] werden. Wenn der Mensch da kein Entsetzen[11] hat, läßt er sich (durch) die Lüste regieren, (gängeln), tut ihnen genüge, dann ist ihm weder zu raten noch zu helfen. Das hat Paulus sicherlich nicht

---

[8] d. h. das richtige Verständnis.
[9] stimme überein.
[10] bewußt gemacht.
[11] innere Erschütterung.

verkündigt, II. Tim. 3. Er sagt: Es werden die Leute wollüstig sein, Liebhaber der Lüste und werden sagen, man könne das Werk Gottes nicht erleiden, nicht verstehen, das ist: sie werden verleugnen die Studierung,[12] die Betrachtung des Gesetzes, daß das Werk Gottes erkannt werde.

Da habt ihr eine kurze Auslegung über den 19. Psalm. Sendet mir eine Abschrift oder Kopie desselben.

(50) RAT UND GEMEINDE ZU ALLSTEDT
AN HERZOG JOHANN VON SACHSEN,[1]
Allstedt, 7. Juni 1524

Dem durchlauchtigsten hochgeborenen Fürsten und Herren, Herrn Johann Herzog zu Sachsen, Landgrafen zu Thüringen und Markgrafen zu Meißen, unserem gnädigsten Herren und Landesfürsten.

Die rechte ewige rechtschaffne Furcht Gottes sei Euern Gnaden zuvor! Gnädiger Herr, nachdem wir armen Leute, Rat und Gemeinde zu Allstedt Euer Gnaden Bruder Herzog Friedrich, dem löblichen Kurfürsten, allezeit untertänig und uns allerhöchste willig gehorsam gewesen sind, und gedenken dies nun auch fortan wie gebührlich zu vollführen nach allem unserem Vermögen, so haben wir dasselbe auch über die Maßen in der Sache der Nonnen zu Naundorf[2] bewiesen. Wiewohl durch dieselben höchlich beschwert, haben wir doch seine kurfürstlichen Gnaden uns dahin weisen lassen, daß wir ihnen Zinsen und Zehnten ohne billige Christenpflicht gegeben haben, auf daß wir uns ihrer ja ohne Empörung möchten entledigen. Aber es hat (das) alles nicht helfen wollen, sondern sie haben uns (in der Sache) der Kapelle zu Mallerbach und mit anderen (Dingen) in diesem (Bereich) genötigt und gedrungen mit aller Hinterlist unfüglicher Ursache, dergestalt daß sie ihre gottlose und unchristliche Sache, ihren gehässigen und neidischen Antrag[3] in guter Gestalt Euer Gnaden vorbringen mochten. Wenn aber nun ihrem Antragen bei Euer Gnaden stattgegeben wird, sind wir armen Leute darüber hochbeschwert und mögen dasselbige vor Gott nicht verantworten, daß wir Gottes Lästerung sollen erhalten und verteidigen helfen.[4] (Auf Grund) des Gezeugnisses der Heiligen Schrift sind wir daran gewiß unschuldig. Denn es ist kund und offenbar, daß die

---

[12] die Bemühung um Heiligung.
[1] In der kritischen Gesamtausgabe ist auch dieser Brief aufgeführt, da er unverkennbare Stileigentümlichkeiten Müntzers enthält.
[2] Zisterziensernonnenkloster bei Allstedt.
[3] Anzeige.
[4] Müntzer und die Allstedter hatten das Mallerbacher Marienbild als Gotteslästerung empfunden und deshalb zerstört. Vgl. S. 137, Anmerkung 82.

armen Leute aus Unverstand und (dazumal) unbewußt den Teufel unter dem Namen der Maria zu Mallerbach geehrt und angebetet haben. Wenn nun derselbige Teufel durch gutherzige fromme Leute zerstört worden ist, wie sollten wir dann dazu helfen, daß solche um des Teufels willen festgenommen und gefangen gesetzt werden? Wissen wir doch durch das Gezeugnis des heiligen Apostels Paulus,[5] daß Euer Gnaden das Schwert zur Rache gegeben ist (gegen) die Übeltäter und Gottlosen, zur Ehre und Schutz der Frommen. Weil aber durch die Unsern nicht sonderlicher Schaden geschehen ist, der dem allgemeinen Nutzen hinderlich ist, dem löblichen Kurfürsten auch (die ihm geschuldete) Verpflichtung und Gehorsam gehalten wird – (außer) seine Gnade wolle den Menschen mehr als Gott achten, daß wir uns in keinerlei Weise zu seiner und Euer Gnaden (vermessen), begehren wir armen Leute doch nicht Schutz oder große Verteidigung vor unseren Feinden – so wollen wir armen Leute auch (weder) Euer Gnaden noch des löblichen Kurfürsten in keinem Teil beschweren, müssen wir doch alle Augenblicke der Gefahr des Todes und unserer Feinde Ankunft gewärtig sein, welche uns um des Evangeliums willen mit gehässigem Grimm mächtig verfolgen.

Deshalben bitten wir um Gottes willen, Euer Gnaden wollten als ein christlicher löblicher Fürst betrachten und beherzigen, was Gott unser Schöpfer selber sagt durch den frommen Mose, II. Mose am 23.: ›Den Gottlosen sollst du nicht verteidigen‹. Weil aber nun der ganzen Welt kund ist, daß Mönche und Nonnen abgöttische Menschen sind, wie mögen sie dann von frommen christlichen Fürsten mit Billigkeit verteidigt werden? Wir wollen Euer Gnaden und unserm löblichen Kurfürsten alles tun mit Leib und (mit unserm) Gut, das uns billig auferlegt wird. Daß wir aber weiter(hin) den Teufel zu Mallerbach sollten anzubeten gestatten, daß unsere Brüder ihm überantwortet werden zum Opfer, wollen wir ebenso wenig tun wie dem Türken untertänig zu sein. Geschieht uns darüber etwa Gewalt, so weiß doch die Welt und sonderlich (wissen es) die frommen Auserwählten Gottes, warum wir leiden und daß wir Christus Jesus gleichförmig werden, der Euer Gnaden bewahre in der rechten Furcht Gottes.

Gegeben zu Allstedt im Jahre 1524 der Geburt Christi unsereres Heilands.

Euer fürstliche Gnaden Rat und Gemeinde, Untertänige zu Allstedt.

---

[5] Röm. 13, 4, die für Müntzers Argumentation entscheidende Schriftstelle!

(52) AN HERZOG JOHANN
   Allstedt, 13. Juli 1524

Dem teuren Herzog und Vorsteher zu Sachsen, meinem lieben Vater, Herrn Johann dem Älteren.
Mein teurer Vater und Herr. Ich gedenke Gottes Kunst und Glauben der armen elenden Christenheit so vorzutragen, wie ich durch Gottes Gezeugnis unbetrüglich gewiesen bin, wie auch Paulus zu den Römern im 8. Kapitel getan hat. Bin ich aber zu strafen, so erbiete ich mich vor der ganzen Welt, daß man mitteile, angebe aller Nation, denn ich will sagen und schreiben, was beständig und zu verantworten ist vor allen Geschlechtern, unangesehen[1] alle Schriftgelehrten, die den Geist offenbarlich leugnen. Sollte ich nun im selbigen gehindert oder aufgehalten werden, ist getreulich zu bedenken, welcher merkliche Schaden aus weiterem Verzug entstehen möchte, nachdem das Volk einen unersättlichen Hunger nach Gottes Gerechtigkeit hat, mehr als ich sagen mag, Matth. 5. In der Summe (heißt das), der Mund der Verkehrten wird verstopft werden, denn sie fürchten das Licht, Joh. 3. Ich will das Licht nicht scheuen, ich will verhört werden um der unerstattlichen Ärgernis der Auserwählten (willen). Wollt ihrs haben, ich soll vor denen von Wittenberg allein verhört werden, so bin ich (dazu nicht bereit). Ich will die Römer, Türken, den Heiden dabei haben. Denn ich spreche an, ich tadle die unverständige Christenheit zu Boden, ich weiß meines Glaubens Herkunft zu verantworten. Wollt ihr darauf meine Bücher hinausgehen lassen[2], sehe ich (das) gerne; wo aber nicht, so will ich das dem Willen Gottes befehlen. Ich will euch getreulich alle meine Bücher zum Vorlesen geben. (Woran) euch die Offenbarung Gottes erinnert, (daran) will ich mich mit euch halten in Christus Jeʃus, unserm Heiland, der euch Allerliebsten bewahre samt eurem Volk, amen.
Gegeben, Allstedt am Tag Margarethen, Anno 24.

Thomas Müntzer, ein Knecht Gottes.

(55) AN DIE VERFOLGTEN CHRISTEN IN SANGERHAUSEN
   Allstedt, zwischen dem 15. und 22. Juli 1524

Allen geliebten Brüdern in Christus des tyrannischen Gefängnisses zu Sangerhausen – Gnade und Friede mit der reinen ungedichteten Furcht Gottes anstatt meines Grußes.
Es hat Christus Jesus, der zarte Sohn Gottes, mit klaren Worten

---
[1] ohne Rücksicht auf.
[2] d. h. Müntzers Veröffentlichungen gestatten.

gesagt und seine geliebten Aposteln und Freunde mit betrübten Worten in der heiligen Mahlzeit seines Abendessens[1] zuvor gesagt alle Anlässe, wie es sich begeben soll, wie sich die wollüstige Welt samt den Wüterichen würde stellen, wenn die auserwählten Menschen würden anfangen, den gekreuzigten Christus zu erkennen und zum rechten Glauben zu greifen, und (er) sprach Johannes am 16. also: ›Ihr sollt euch nicht daran ärgern, denn die Gottlosen werden euch aus der Gemeinde verstoßen und es kommt die Stunde, daß sie sich werden dünken lassen, wenn sie euch würgen, sie hätten Gott einen Dienst daran getan.‹

Diese Worte sollt ihr wohl beherzigen und in eures Herzens Grund schließen, nachdem sich jetzt die gefährliche Zeit begibt, von der der heilige Paulus gesagt hat[2], daß ein jeglicher, der gerne recht täte und sich zum heiligen Evangelium neigen wollte, vor den Gottlosen ein Ketzer sein muß, als ein Schalk und Bube oder wie sie es (sich) erdenken, gehalten werde. Nun ich aber durch etliche fromme Menschen verständigt (worden) bin, wie ihr aufs höchste betrübt seid und den tollen wahnsinnigen Menschen und Tyrannen doch gelobt (habt), euch wieder ins Gefängnis einzustellen und dazu meinen Rat begehrt, kann ich (den) aus christlicher Pflicht nicht verweigern; aber ihr müßt euch (an diesen Rat) halten. Nachdem ihr aber gerne euer Gewissen bewahren wollt, so ist das ein Anfang dazu, daß ihr reine rechtschaffene Furcht Gottes euch vornehmt[3], und lernt Gott allein über alle Kreaturen im Himmel und auf Erden fürchten. Und aus der Furcht werdet ihr wissen und lernen, was ihr tun und lassen sollt, was Gott wohlgefällt. Denn ein Anfang der Weisheit Gottes ist die Furcht Gottes, wie im 111. Psalm der Geist Gottes sagt und im Buch der Sprüche am 1. Kapitel. Darum sollt ihr Tag und Nacht mit ganzem Herzen zu Gott seufzen, schreien und bitten, daß er euch lehre, allein Gott zu fürchten. Denn wenn ihr dieselbige reine Gottesfurcht nicht habt, so werdet ihr in keiner Anfechtung bestehen mögen. Habt ihr aber dieselbige, so werdet ihr vor allen Tyrannen den Sieg behalten, und sie werden so jämmerlich zuschanden, daß es nicht zu sagen ist.

Nun lehrt aber die Furcht Gottes, wie ein Mensch gelassen[4] stehen soll um Gottes willen und seinen Leib, Gut, Haus und Hof, Kinder und Weiber, Vater und Mutter samt der ganzen Welt (dran) wagen. O, das ist aber ein mächtiger Greuel den fleischlichen Menschen, die ihr Leben lang alle ihre Vernunft darauf angewendet haben, daß sie (nur) Nahrung erwerben und nicht weiter gedacht (haben). Haben gemeint, Gott würde sie doch wohl selig machen, wenn sie einfach glaubten, was ein anderer glaubt. So

---

[1] beim Abendmahl am Gründonnerstag.
[2] I. Tim. 3, 1.
[3] an die erste Stelle rückt.
[4] gemeint ist die mystische Seelenverfassung der Gelassenheit.

toll und töricht ist jetzt die ganze Welt, und (es) will niemand gelassen stehn um Gottes willen, obwohl doch der Herr klar im heiligen Evangelium Matth. am 10. sagt: ›Wer da etwas mehr liebt als mich, der ist meiner nicht würdig.‹ Daselbst spricht Christus, der Sohn Gottes, die rechte Art des Glaubens aufs höchste aus.

Wollt ihr nun Christen sein und glauben an Christus Jesus, daß er euch erlöst hat, so müßt ihr mit der reinen Furcht Gottes anheben[5], denn sie ist ein Anfang zum Glauben, wie oben berührt. Summa summarum: Außer Gott müßt ihr nichts fürchten, (ebenso wenig) wie neben dem lebendigen Gott ein Abgott angebetet werden soll. Da gibt es keine Entschuldigung, sondern der gerade Weg muß (zu Ende) gegangen werden. Wenn euch euer Fürst oder sein Befehlshaber gebietet, ihr solltet nicht hierhin oder dahin gehen, das Wort Gottes zu hören oder geloben, nicht mehr dahin zu gehen, (so) sollt ihrs auf keinerlei Weise geloben, denn da wird Menschenfurcht an die Stelle der Furcht Gottes gestellt und euch als Abgott aufgerichtet. Wollt ihr nun denken, daß ihr eurem Fürsten und Gott (gleichzeitig) wohltun wollt, so werdet ihr das nicht zu tun vermögen, denn alles, was sich neben Gott auflehnt und gefürchtet sein will, das ist gewiß, gewiß der Teufel selber; darauf habt acht. Wenn nun die Wüteriche euch vorhalten, ihr solltet eurem Fürsten und Herren gehorsam sein, so habt ihr zu antworten: Ein Fürst und Landesherr ist über zeitliche Güter zu regieren gestellt und seine Gewalt erstreckt sich nicht weiter, und das ist auch die Meinung Sankt Peters und Pauls, wenn sie von der Gewalt der Menschen schreiben. Darum sollt ihr euch keck erbieten und sagen: ›Lieber Herre, lieber Herr Hauptmann, wenn unser Herr, der Fürst, an denselbigen Abgaben und Zinsen, die wir ihm jährlich geben, nicht genug hat, so nehme er all unsere Güter dazu, die wir ihm gerne zugestehen. Aber unsere Seelen soll er gar nicht regieren, denn in den Sachen muß man Gott mehr gehorsam sein als den Menschen; da macht aus, was ihr wollt. Tut ihr uns etwas darüber zuleide, so wollen wir das der ganzen Welt klagen und zu erkennen geben. So wird sie doch sehen und hören, warum wir leiden, wollen wir doch an zeitlichen Dingen tun und lassen alles, was euern Augen wohl gefällt. Was sollen wir doch mehr tun?

Also, allerliebste Brüder, sollt ihr euch, wenn ihr gefordert werdet, wieder ins Gefängnis einstellen oder Gehorsam (sein) und bleibt bei diesen Worten. Wollen sie euch aber um Geld büßen (lassen), so gebt dem Teufel immer hin, was er haben will, allein behaltet (euer) Gewissen frei und ledig und laßt euch dasselbige mit tyrannischem Gebot nicht verstricken, denn das hat Christus unser Herr auch gemeint, Matth. am 10.: ›Fürchtet die nicht, die euch

---

[5] anfangen.

den Leib töten, denn dann haben sie nicht mehr, das sie (noch) tun mögen, sondern ich will euch anzeigen, wen ihr fürchten sollt: Fürchtet den, der die Gewalt hat, wenn er den Leib getötet hat, so auch Macht hat, die Seele ins höllische Feuer zu stoßen; denn den sollt ihr fürchten.‹

Deshalb laßt die Tyrannen eine Weile ihren Mutwillen an euch üben, denn die Welt hat nicht andere Herrn und Fürsten verdient mit ihrem Unglauben. Darum so laßt sie euch plagen, so lange es ihnen Gott gönnen will und bis ihr euere Schuld erkennt. Denn die ganze Christenheit wird darüber zu leiden haben, daß sie die Menschen anbetet. Und es ist eine Menschenanbeterei, das sieht man jetzt klar, wie sich die Menschen vor Herren und Fürsten fürchten, daß sie um der schändlichen[6] Nahrung und um des Bauches willen Gottes Wort und seinen heiligen Namen aufs höchste verleugnen, ja daß sie auch der heilige Paulus (im Brief) an die Philipper[7] Tiere des Bauches nennt und spricht, daß der Bauch ihr Gott sei.

O seht zu, allerliebste Brüder, daß ihr nicht auch aus demselbigen Haufen seid oder werdet. Der Teufel ist ein gar listiger Schalk und legt dem Menschen stets die Nahrung und das Leben vor Augen, denn er weiß, daß fleischliche Menschen das lieb haben. Darum müssen sie Gott um deswillen verleugnen. Ist es nicht ein grausamer schändlicher Unglaube? Ja, wenn ihr nicht glaubt, daß Gott so gewaltig sei, wenn ihr euer Gut und des Leibes Nahrung samt euerm Leben um Gottes willen wagt oder verlaßt, daß er euch andere Nahrung geben möge, mehr als vorhin, wie wollt ihr dann glauben, daß er euch das ewige Leben geben kann? Es ist ein rechter Kinderglaube, Gott (nur) die Nahrung zu vertrauen; aber vertrauen, (daß er) das ewige Leben gibt, (das) ist ein übernatürlicher Glaube, über alle Vernunft des Menschen. Wollt ihr nun im Kleinen ungläubig sein, wie soll euch dann Gott das Große befehlen?[8]

Darum vermahne ich euch, liebe Brüder, sehet an das Vorbild aller auserwählten Freunde Gottes, wie sie sich zur Zeit der Anfechtung gestellt haben. Habt ihr nun euere Güter lieb, so seht den heiligen Freund Gottes, den lieben Hiob an, wie gelassen er gewesen ist. Wie im 1. Kapitel seines Buches geschrieben steht, was er fröhlich sagte, als die Boten kamen und ihm verkündigten, daß alle seine Kinder mit allen seiner Gütern umgekommen wären; da hat er mit Gelassenheit geantwortet: ›Der Herr hat mirs gegeben, der Herr hat mirs auch genommen.‹[9]

Fürchtet ihr dann (um) das Leben, so seht an das Vorbild der

---

[6] gewöhnlichen.
[7] Phil. 3, 19.
[8] anvertrauen.
[9] Hiob 1, 21.

heiligen Märtyrer, wie gering sie ihr Leben geschätzt haben und die Tyrannen in die Zähne[10] verspotteten.

Nun hat euch Gott der Allmächtige ja so lieb wie er den lieben Hiob mit allen heiligen Märtyrern gehabt hat, denn er hat euch mit dem Blut seines zarten Sohnes Jesus Christus ebenso teuer erkauft. Er will euch auch seinen Heiligen Geist so (freigebig) mitteilen, wie er ihnen getan hat. Was wollt ihr dann verzagen? Denn ich sage euch fürwahr, es ist die Zeit vorhanden, daß ein Blutvergießen über die verstockte Welt ergehen soll um ihres Unglaubens willen. Da werden dann einem jeglichen seine Güter, die er zuvor um Gottes willen nicht hat wollen wagen, um des Teufels willen ohne seinen Dank genommen werden, das weiß ich fürwahr. Was wollt ihr euch lange an der Nase herumführen lassen? Weiß man doch wohl und ist mit der heiligen Bibel zu beweisen, daß Herrn und Fürsten, wie sie sich jetzt stellen, keine Christen (mehr) sind. So beten eure Pfaffen und Mönche den Teufel an und sind noch weniger Christen. So sind alle eure Prediger Heuchler und Anbeter der Menschen. Was wollt ihr dann lange hoffen? Es wird da bei den Fürsten wenig Hoffnung sein.

Wer da nun wider die Türken fechten will, der darf[11] nicht (in die) Ferne ziehn, er ist im Land! Aber tut ihm[12], wie ich euch oben angezeigt habe. Macht es so, daß ihr Schuld und Ursache (zum Kampf) gegen sie haben mögt und nicht sie gegen euch. Und sagt ihnen frei in ihr Gesicht: ›Lieber Herr! Sankt Paulus lehrt und spricht: Das Wort Gottes sei frei und unverbunden[13]; – warum wollt ihr uns das dann wehren zu hören? Habt ihr doch zuvor nicht gewehrt, da ein jedermann zu Sankt Jakob[14] und zum Teufel gen Heckenbach gelaufen (ist), Witwen und Waisen gemacht hat, Gut und Geld aus dem Lande getragen hat. Wollt ihr uns denn nun wehren, den Weg zu gehen, der uns vonnöten ist? Wollt ihr uns nicht gestatten, daß wir rechte Prediger haben mögen und wollt uns andere auch zu hören verbieten? Wenn ihr das wollt, so will ich euch für einen Türken halten und nicht für einen christlichen Fürsten und Herrn!‹ Das sagt ihnen frei und ungeheuchelt, ihr werdet (be)stehen, wo ihr allein Gott fürchtet und nicht heucheln werdet. Geschieht euch was zuleide, so wird er euch beistehen und die Rache tun. Werdet ihr aber heucheln, so wird euch Gott auch ängstigen, daß ihr nimmer zur Wahrheit kommen werdet und einen großen Schaden (an) eurer Seligkeit empfangt. Denn Gott kann seine Auserwählten nicht verlassen, ob er sich wohl zu Zeiten so stellt, aber er tut die Rache zur rechten Zeit.

[10] Auge in Auge.
[11] muß.
[12] dem Türken im eigenen Land, d. h. in Gestalt der Unterdrücker und Ausbeuter.
[13] II. Tim. 2, 9.
[14] St. Jacob di Compostella, Wallfahrtsort in Spanien.

Solches habe ich euch aus christlicher Pflicht nicht vorenthalten wollen, Gott zu Ehren und Lob, der euer Gemüt bewahre im beständigsten Glauben!
Die Gnade unseres Jesus Christus sei mit euch allen, amen.

Gegeben zu Allstedt mit Eile 1524.

(57) AN DEN SCHÖSSER ZEISS
    Allstedt, 22. Juli 1524

Seinem in Christus lieben Bruder Johann Zeiß, Amtmann zu Allstedt.
Die reine unbetrügliche Furcht Gottes entbiete ich euch! Ich habe heute dem Unflat der umliegenden Empörung zuvorkommen und euch (im Blick auf die Zukunft) raten wollen, solche ohne unser (Zutun) zu vermeiden, dem Landesfürsten (zusammen) mit euerem Rat vorzutragen, auf daß niemandem unfügliche Ursache gegeben würde, nachdem fast alle Tyrannen sich befleißigen, den Christenglauben zu vertilgen. Johannes Reichart hat den armen vertriebenen Leuten darauf eine unfügliche Antwort gegeben, (und zwar) nach dem alten Gebrauch der Ämter der Fürsten und ihrer Pfleger.[1] Darüber haben mir die Vertriebenen und Flüchtigen vorgehalten, was wir für ein Evangelium hätten. Ob wir die Leute, die um des Christenglaubens willen leiden, so ganz jämmerlich auf der Fleischbank opfern wollten? Da hab ich gesagt, es ist mir ganz und gar nicht kund getan (worden). Wenn ichs wüßte, wollte ich gerne das Meine tun, so viel wie ich vermöchte.
Gleich als ich mit den Flüchtigen gehandelt habe, ist mir Hans Reichart aus der Druckerei entgegengegangen. Da hab ich gesagt: Was will das für ein Spiel werden? Wollt ihr die Leute so trösten, die um des Evangeliums (willen) vertrieben werden? Könnt ihr nicht weiter drüber nachsinnen, was für ein Spiel draus werden will? – Da hat er gesagt, ihr habts ihm so befohlen. Wenn der Amtmann aus Sangerhausen oder aus anderen Pflegen[2] Allstedt besuchen würde, so müßte man ihm die Leute (zur Verfügung) stellen.[3] Da habe ich geantwortet, es wäre wohl billig, wenn die Regenten nicht wider den Christenglauben handelten. Nun sie aber nicht allein wider den Glauben, sondern auch wider ihr natürliches Recht handeln, so muß man sie erwürgen wie die Hunde. Und wenn ihr Amtleute in allen Pflegen das nicht öffentlich (an)klagen werdet, daß euer Nachbar zu Schönewerda[4] zum

---

[1] Nach diesem Brauch wurden Flüchtige dem zuständigen Herrn ausgeliefert.
[2] Vogteien.
[3] nämlich zur Bestrafung.
[4] Das Rittergut derer von Witzleben im Amt Sangerhausen.

ersten Mal den gemeinen Frieden aufgehoben hat und ein Räuber seiner eigenen Untersassen geworden ist, so werdet ihr in kurzer Zeit wohl sehen, wie es euch gehen wird. Drum rate ich euch von Herzen, mein lieber Bruder, daß ihr betrachten wollt, was draus werden will. Die Flüchtigen werden alle Tage kommen; sollen wir uns die Tyrannen zu Freunden machen mit dem Geschrei der armen Leute? Das wird dem Evangelium nicht wohl anstehen etc. Ich sage euch, daß das grausame Wesen des Unfriedens angehen wird. Ihr müßt euch nicht mehr halten nach dem Gebrauch, andern Ämtern zu willfahren. Denn es ist klar am Tage, daß sie vom Christenglauben ganz und gar nichts halten. Da hat ihre Gewalt auch ein Ende; sie wird in kurzer Zeit dem gemeinen Volk gegeben werden.

Drum handelt sicher, man wird den Buben zu willen die Christen nicht[5] einsetzen, wo (immer) das Evangelium (Gültigkeit hat). Wie ich dem Fürsten mit eigener Handschrift zugesagt[6], (daran) will ich mich herzlich gerne halten, aber ich will wahrlich keine Kramanzen[7] haben. Wie mich der Geist Gottes treibt, sollte ich sie erdulden (als) meine Richter im Christenglauben. Wenn sie euch vielleicht befohlen haben, die Leute zu fangen, die um des Evangeliums willen flüchtig werden, wüßte ichs in der Wahrheit, so wollte ich ihm[8] wieder abschreiben.

Ich rate euch, an die Fürsten selber zu schreiben, wiewohl es ihnen vielleicht spöttisch ist, (das) von dem Erzräuber Friedrich von Witzleben[9], daß er den gemeinen Frieden aufgehalten hat; wodurch er aller Tyrannen Vorbild und Ursprung aller Empörung (geworden) ist. Wenn er deswegen nicht durch andere Herren gestraft wird, so wird der gemeine Frieden auch untergehen. Denn es wird nun fortan kein Volk (mehr) seinem eigenen Herrn glauben; so kann auch das Volk dem Herrn und der Herr dem Volk nicht helfen. Da ist der Ursprung alles Totschlagens so erbarmungswürdig durch sehende und bescheidene Menschen anzusehen, daß einem billig das Herz vor Angst zittert. Noch verspottet das die unsinnige Welt. Sie meint, es sei noch das alte Leben; sie geht immer in ihrem Traum dahin, bis daß ihr das Wasser überm Kopf zusammenschlägt. Davor euch, lieber Bruder, Gott behüte, amen.

Gegeben zu Allstedt am Tag Maria Magdalena im 1524. Jahre unseres Herrn.

Thomas Müntzer, dein Bruder.

---

[5] ins Gefängnis.
[6] Vgl. Brief Nr. 52 an Herzog Johann.
[7] Unsinnigkeiten.
[8] Herzog Johann.
[9] Er half dem Grafen Ernst von Mansfeld im Mai 1525 bei der Niederwerfung des thüringischen Bauernaufstands.

Wer[10] ein Stein der neuen Kirche sein will, der wage seinen Hals, sonst wird er durch die Bauleute verworfen!

Gedenkt, lieber Bruder, wer in dieser gefährlichen Zeit seinen Hals nicht wagen wird, der wird auch nicht im Glauben bewährt. Er will alles (ungefährlich machen), damit er nicht leiden muß. Drum muß er um des Teufels willen gar manche Gefahr ertragen und vor allen Auserwählten zuschanden werden und zuletzt dem Teufel zu Willen sterben, davor euch Gott behüte, amen.

Ich wollte bei dieser Botschaft, die ihr neulich zu Weimar (überbracht habt), mein Büchlein[11] (ausge)fertigt haben; so betrachte ich die Sache allenthalben weiter nach Gottes Ehre und Willen, denn es ist jetzt die allergefährlichste Sache, vor denen zu (vertreten), die Gottes Urteil verspotten.

Antwort auf eure vier Fragen:

1. Der Wille Gottes ist das Ganze über seine Teile. Gottes Kunst und seine Urteile zu erkennen, (dient der) Erklärung desselben Willens, wie Paulus zu den Kolossern am 1. und Psalm 118 schreibt, aber das Werk Gottes fließt aus dem Ganzen und allen seinen Teilen (hervor).

2. Der Zweifel ist das Wasser, die Bewegung zum Guten und Bösen. Wer auf dem Wasser ohne einen schwimmt, der ihn hält, der ist zwischen dem Tod und dem Leben etc. Aber die erlangte Hoffnung nach dem Werk des Zweifels[12] bestätigt den Menschen im Besten, Röm. 4, I. Mose 13. 22.

3. Das Urteil von der Eigenschaft des Menschen ist wohl durch euch begriffen. Aber die groben Umstände müssen erst alle verzehrt werden[13], ehe der Mensch anfange, seine Eigenschaft zu dämpfen. Sonst treibt er immer bei sich selber einen (bloßen) Schein; er betrügt auch sich selber. Drum muß er eben darauf sehen, wann einer zur Unkeuschheit geneigt ist, daß er zum ersten den Begierden weh tue mit einem starken Überschwang des Betrachtens der Lüste und der Stacheln des Gewissens. Wenn er das Gewissen im Schwange hält[14], so verzehrt sich der Unflat in dem Entsetzen. Da sieht man alles klar, was den Menschen zum Unflat (hin)bewegt; dem wird er feind, zum ersten der Lust mit Langeweile[15]. Wenn ihm die verdrießlich ist, so fällt (bzw. fehlt) er wieder, auf daß er wieder durch das Gewissen getrieben werde. Welcher da stille hält, der wird leichtlich erleuchtet.

4. Zur ersten rechten christlichen Erinnerung[16] kann ein Mensch

---

[10] Den nachfolgenden Text, eine predigtartige Fortsetzung des vorstehenden Briefs an Zeiß, der ebenfalls von Müntzer stammt, hat der Herausgeber der kritischen Ausgabe dem Brief 57 beigefügt.
[11] evtl. Müntzers »Vom gedichteten Glauben«.
[12] d. h. es gilt den Nullpunkt des Zweifels durchzustehen.
[13] Es handelt sich um den mystischen Wandlungsprozeß der Entgröberung des Menschen.
[14] Sensibilisierung des Gewissens.
[15] Langeweile als Resultat nach der Überwindung des Verstricktseins in die weltliche ›Kurzweil‹.
[16] im Sinne von ›Innerung‹, zum Wesentlichen kommen etc. Vgl. S. 99, Z. 4.

ohne Leiden nicht kommen. Denn das Herz muß von dem Ankleben (an) dieser Welt durch Jammer und Schmerzen abgerissen werden, bis daß einer diesem Leben ganz und gar feind wird. Wer dazu gekommen ist, der mag mit sicherem Gewissen viel füglicher gute denn böse Tage erwählen, welches in Johannes dem Evangelisten und in Elia und in Henoch klar angezeigt ist.

Zum letzten:
Es ist nur das einzige Gebrechen in dem, (nämlich in) der unflätigen Sache der Welt, daß man den Flüchtigen nicht vor(ent)halte die Gewalt ihrer Herren, daß sie sie an unserem Ort sollen (zu spüren) bekommen. Das Volk würde sonst über uns verbittert werden. Ich sage euch, man muß gar mächtig Achtung haben auf die neue Bewegung der jetzigen Welt. Die alten Anschläge[17] werden es ganz und gar nicht mehr tun, denn es ist nur Schlamm, wie der Prophet sagt, Psalm 75.

(58) AN DEN SCHÖSSER ZEISS
   Allstedt, 22. Juli 1524

Seinem lieben Bruder Johann Zeiß, Amtmann in Allstedt.
Heil! Die Sache mit den armen Leuten[1] hat sich so ergeben: Da Hans Reichart von euch vom Schloß gekommen ist, haben (sie) sich über die Maßen traurig gestellt und ihm die Meinung des Warnens erzählt. Da haben sie nichts anderes vernommen, (als daß) man sie (an ihre Peiniger) überantworten (wolle). Und da (sind) sie zu mir gekommen und haben gesagt, ob das unser Evangelium wäre, die Leute auf der Fleischbank zu opfern. Da hat michs mächtig wunderlich gedünkt, woher solche Rede käme. Da haben sie es gesagt. Drauf habe ich ihnen gesagt, ich will dem Schösser schreiben; ich weiß nicht, ob er den Befehl vom Fürsten hat. Da ist mir bald darauf Hans Reichart begegnet aus der Druckerei. Da hab ich gesagt: ›Was will daraus für ein Spiel werden, daß man die Leute so will weggeben?‹ Da hat er gesagt, ihr habts ihm befohlen. Da habe ich gesagt, wenn der Amtmann von Sangerhausen oder andere Tyrannen hierher kämen, dann sollten sie nicht denken, daß ihre alten Kramanzen[2] durchgehen sollten, nachdem sie den Christenglauben öffentlich ausrotten wollen, sondern man sollte sie erwürgen wie die wütenden Hunde. Ich kann nichts anderes von den Feinden des Christenglaubens sagen, nachdem ich vor der ganzen Welt nachweisen will, daß sie offenbare lebendige Teufel sind.

---

[17] Verbündnisse; gemeint ist wohl auch die Wirksamkeit des Allstedter Bundes.
[1] gemeint sind die Vertriebenen aus Sangerhausen.
[2] Unsinnigkeiten.

Daß ich aber fromme Amtleute mit der Inbrunst[3] des gemeinen Volkes überladen sollte, das soll weit von mir sein. Habe ich doch in allen Predigten gesagt, daß noch fromme Diener an den Herrenhöfen sind etc. Ich will die armen Leute nicht dazu (an)halten, daß sie uns allhier auf dem Halse liegen und die Feinde verbittern, sondern sie sollen ihre Anschläge viel weißlicher[4] nach ihrer und unserer Sache Gelegenheit[5] machen, auf daß sie keinen falschen Trost von uns empfangen. Ich weiß fürwahr: alles, was die Tyrannen tun, ist nichts als Furcht und Verzweiflung. Es ist von der Witzleben Sache ein ganz anderes Urteil zu halten zu diesen Zeiten. Herzog Georg weiß die Sache, es ist ein Kuchen.[6] Ihr sollt nichts anderes als das allerbeste von mir (denken). Wenn solche Sache vorgefallen (ist), so will ich euch allezeit schreiben; denkt an die Veränderung der Welt, die jetzt vor der Tür (steht), Dan. 2. Das helfe euch Gott, amen.

Datum Allstedt am Tage Maria Magdalena im Jahre des Herrn 1524.

Der Bote von Lang geschickt heißt Herr Lamprecht, vorzeiten Karmeliter von Hettstedt; er will wieder hierher kommen. Ich will den Fürsten (dazu an)halten, es habe keine Not als die allein, den zukünftigen Schaden zu bedenken.

Thomas Müntzer, dein Bruder in Gott.

(59) AN DEN SCHÖSSER ZEISS
Allstedt, 25. Juli 1524

Seinem liebsten Bruder im Herrn, Johann Zeiß, Amtmann zu Allstedt.

Die Stärke und Kraft des Heiligen Geistes sei mit euch, lieber Bruder! – In kurz vergangener Zeit habe ich (über) das vierte Buch der Könige[1] gepredigt und meinen getreulichen Rat der Christenheit vorgehalten (anhand) des 22. und 23. Kapitels vom heiligen Josia, als der Priester Hilkia das Buch des Gesetzes aufgefunden hat. Da hat er hingeschickt nach den Ältesten in Juda und Jerusalem; und er ging mit allem Volk in den Tempel und machte einen Bund mit Gott, welchem die ganze Gemeinde stattgegeben hat, auf daß ein jeder Auserwählte die Gezeugnisse Gottes mit ganzer Seele und (mit ganzem) Herzen bewahren und erkunden möchte.

Ehe die Christenheit ihr Blut wagt gegen die Wüteriche des rechten

---

[3] Wut.
[4] klüger.
[5] d. h. in ihrem und in unserem Interesse.
[6] sie sind einander wert.
[1] gemeint ist II. Kön.

Glaubens, wird ihr wohl viel höher vonnöten sein, daß sie zu Herzen nehme mit vorgewandtem Fleiß, wie sie dem allerärgsten Übel zuvorkomme, der sich mit dem Christenglauben meisterlich fetzen kann[2], Luk. 5. Darum wollte ich, daß unsere Landesfürsten nicht so stolz in dieser Sache wären. Das Volk sieht wohl, daß sie mit großer Gefahr ihren Namen und weltlichen Preis auf die wilden Wogen gesetzt und gestellt haben. Aber es möchte in solcher Gefahr bei sich selbst verwirrt werden und so unüberwindliche Scheu gewinnen, wenn sie nicht mehr dazutun wollen als allein[3] durch die Finger sehen, keine rechten Priester in ihrem Fürstentum verordnen, die Bösen beschützen und ganz und gar keine Anschläge[4] nach Gottes Willen machen. Ist es doch offenbar am Tage, daß die gottlosen Regenten den Frieden des Landes selber aufheben, die Leute stocken und blocken[5] um des Evangeliums willen; und es schweigen unsere Fürsten dazu ganz und gar stille. Sie meinen, die Sache habe keinen Mangel, nachdem sie vielleicht durch die ungetreuen Schriftgelehrten verführt sind. Sie bedenken auch nicht, daß die Christenheit zur Zeit noch ungeschickt ist, ihr Blut um des Glaubens willen zu vergießen. Ja, sie klebt so hart am Kreatürlichen, daß sie darüber all den Hader und Zank erregt, daß ein jeder seinen Verstand (verliert), daß er auch wie ein Eichenblock[6] ist, wenn ihm von Gott gesagt wird.

Es ist eine mächtige große Frechheit, daß man sich auf den alten Gebräuch der Ämter[7] vertrösten will, nachdem sich die ganze Welt so mächtig (tiefgehend) verwandelt hat. Ich sage es euch bei der Liebe und Wahrheit Gottes: es ist hoch vonnöten, daß ihr dies den Landesfürsten mit großem Ernst vorhaltet und ohne alle Scheu getreulich aufdeckt und sie warnt, daß sie mit ihrer Nachlässigkeit ihr eigenes Volk nicht scheu machen, sondern in (dieser) Zeit gedenken, allem Argen zuvorkommen, solange ihnen das Volk noch vertraut. Ich sage es von ganz getreuem Herzen: wenn sie zu lange sich werden versäumen, so werden sie viel mehr verachtet werden als die anderen Fürsten. Da wird man sagen: Ecce homo, siehe der Mensch, der sich durch Gott nicht helfen lassen konnte,[8] – da sei Gott vor! Dann würde es Mühe und Arbeit geben, da würde das deutsche Land viel ärger werden als eine Mordgrube, deshalb weil der Geiz der Menschen jetzt im höchsten Schwange geht, drum müssen sie mit ihrem eigenen Volk Pflicht und Eide der Heidenschaft[9] in einen getreulichen Bund göttlichen Willens verwandeln, auf daß ihr Volk mit sehenden Augen sehe, daß sie etwas dazu tun; so wird der unzählig (große) Haufe der

---

[2] d. h. er paßt so gut zum Christenglauben wie ein alter Stoffetzen auf ein neues Kleid.
[3] passiv, untätig.
[4] Unternehmungen.
[5] im Gefängnis in Stock und Block legen.
[6] d. h. unzugänglich.
[7] die bisherigen Herrschaftsverhältnisse und -methoden.
[8] Psalm 51, 9.
[9] d. h. die traditionellen gesellschaftlichen und politischen Ordnungen.

Gottlosen so ganz jämmerlich erschrecken, daß sie in der weiten Welt nicht werden wissen zu bleiben, wie geschrieben steht 4. Mose 14 und Jos. im 11. Kap.

Wenn ihr Amtleute den Frieden erhalten wollt, so muß ein Schwert das andere in der Scheide (zurück)halten. Es wird nicht mehr gelten, daß ihr miteinander heucheln wollt, wie ihr getan habt, als die Leute flüchtig wurden und wolltet sie mit einem Schein anderer gedichteter Ursachen (letztlich) doch um des Glaubens willen überantworten. Sondern es muß ein beschiedener Bund gemacht werden in solcher Gestalt, daß sich der gemeine Mann mit frommen Hauptleuten verbinde, allein um des Evangeliums willen. Wenn aber Buben und Schalke darunter wären, solchen Bund zu mißbrauchen, so sollte man sie Tyrannen überantworten oder selbst nach Gelegenheit der Sache[10] richten. Auch müßte das sonderlich der Fron(dienste) halben im Bunde verbindlich festgelegt werden, daß die Bundesgenossen nicht denken dürften, daß sie dadurch sollten (gänzlich) befreit würden, ihren Tyrannen etwas zu geben, sondern sie sollen sich halten, wie der Sohn Gottes mit Petrus getan hat, Matth. 17[11], auf daß etliche böse Menschen nicht denken dürfen, daß wir uns um der Kreaturen[12] willen verbunden hätten.

Das allernötigste ist über die Maßen hoch zu betrachten: daß niemand sein Vertrauen setze auf den Bund, denn der ist von Gott verflucht, der seinen Trost auf einen Menschen setzt, Jer. 17. Er[13] soll allein eine Bedrohung sein der Gottlosen, daß sie mit ihrem Wüten stillhalten, bis daß die Auserwählten Gottes Kunst und Weisheit mit allem ihm zugehörigen Gezeugnis erforschen mögen. Wenn die Frommen einen Bund machen, obwohl auch die Bösen drunter sind, (so) werden sie ihren Mutwillen doch nicht zuwege bringen, denn das (Freisein von Bitterkeit) der Guten wird ihnen viel weniger Böses gestatten als sonst, auf daß der ganze Haufe nicht getadelt würde. Es ist der Bund nichts anderes als eine Notwehr, welche niemand verweigert wird nach dem natürlichen Urteil aller vernünftigen Menschen.

Daß die Unerprobten wollten hier sagen, was bedürfen wir viel (eines) Bundes, wir haben uns in der Taufe verbunden, ein Christ soll und muß leiden, – (so) lerne als Antwort erst, was die Taufe sei. Lerne erst und erkunde, ob du Gottes Gezeugnis in dir gefunden hast, ob du (be)stehen mögst. Gedenke, daß der ganze Vorrat der Kunst Gottes muß gewußt und erfahren sein in der Länge, Weite, Breite und Tiefe, Eph. am 3. Sonst würden die frechen fleischlichen Menschen alle Märtyrer werden und die

---

[10] ihrem Vergehen gemäß.
[11] Das bedeutet Beibehaltung der traditionellen Besteuerung.
[12] um äußerer Vorteile willen.
[13] der vorgeschlagene Bund.

Erzverführer würden ein Liedlein oder zwei von ihren Märtyrern singen[14], so schwüre man zu den Heiligen, sie wären Märtyrer, so würde unsere Sache den Nachkommen als viel ärger und schädlicher zu beurteilen sein als der Römer Grobheit.[15] Darauf müßt ihr frommen Regenten acht haben. Es ist so ein einfaches Ding zu glauben und gemartert werden. Wenn sich die Auserwählten so einfach durch gedichtete Güte, (gedichteten) Glauben etc. martern ließen, dann würde die Büberei der Gottlosen nimmermehr entdeckt bis auf den Grund, dann könnte auch das Gezeugnis Gottes nimmermehr in den richtigen Schwung kommen.

Aus diesem allem mögt ihr betrachten, (mögt) gottesfürchtige, getreue Leute zu Rate ziehen, die die Furcht Gottes haben, die dem Geiz feind sind, die die Wahrheit von Herzen lieben, II. Mose im 18. Kapitel, dann werdet ihr tausend Mittel für eins finden; seid nur getrost! Der Herr ist mit uns, ein starker Kriegsmann, etc. welcher dich behüte in Ewigkeit, amen.

Datum Allstedt am Tag des Apostels Jakobus im Jahr des Herrn 1524.

(61) AN JEORI[1]
   ohne Zeit- und Ortsangabe

Die Gnade und (der) Friede Jesu sei allezeit zuvor, lieber Bruder Jeori!

Nachdem ihr bei mir gewesen seid, Unterricht zu empfangen, habe ich euch, wie euer Schreiben anzeigt, keinen Unterricht gegeben. Das ist nicht (ver)wunderlich, nachdem (mir) die Seelsorge mit vielen Leuten Mühsal bereitet hat. Ihr wißt, daß ich an demselbigen Tag auch fremde Leute (da) hatte, mit denen ich auch meine Arbeit hatte und denselbigen Tag ganz müde geworden war des Kirchenamts halben. Es ist eine solche Arbeit jetzt, mit den Leuten umzugehen, wie (für) eine Mutter mit ihren Kindern im Unflat. Einer ärgert sich[2], der andere bessert sich nach Bewegung seines Gemüts, Ps. 88.

Unterrichtung des Glaubens ist nicht die Arbeit eines Tages, denn der heilige Knecht Paulus sagt II. Kor. 4: ›Der äußerliche Mensch nimmt ab von Tag zu Tag, aber der innerliche Mensch (wird) erneuert.‹ Er wird (in dem Maß) erneuert, in dem er den alten auszieht. Wenn er meinen will, er habe ihn ausgezogen, wenn er nur einen Fleck vom neuen Tuch gestohlen und auf seinen alten

---

[14] Anspielung auf Luthers erstes, auf die reformatorischen Märtyrer Esch und Voß bezogenes Lied. Vgl. S. 136, Anmerkung 72.
[15] gemeint ist die römische Kirche mit ihren ohnehin schon großen Mängeln.
[1] Über die Person ist nichts Näheres bekannt.
[2] es wird ärger mit ihm.

Rock gelappt hat, so ist dies ärger, (als) wenn das ein Türke oder Heide unter der (Maske) eines christlichen Menschen wäre.

Bewegung des Glaubens kann keiner dem andern geben, wie Johannes der Täufer mit seiner Taufe anzeigt. Ein Prediger wird ja stracks hinweisen auf das todes(wunde) Lämmlein, das dem verlorenen Schäflein in die Wüste nacheilt.[3] So habe ich euch (unter)wiesen vom gedichteten Glauben, welcher vor dem wahrhaftigen hergehen und die Begier entblößen muß, die der Heilige Geist gepflanzt hat, welche einen Durchbruch tut durch alle Verzweiflung. Denn der Glaube des Senfkorns muß den großen Berg unserer Eigensucht ins Meer aller unserer Bewegung werfen. Da steigt Christus, der wahrhaftige Gottessohn, zu denen, die jetzt beinah ganz ersoffen sind und keinen Trost mehr haben.[4] Er kommt zu ihnen in der Nacht, wenn die Trübsal am höchsten ist. Da meinen die Auserwählten (zunächst) er sei ein Teufel, er sei ein Gespenst. Da sagt er: Ach, ihr Allerliebsten, fürchtet euch nicht, ich bin es, ich kann euch nicht anders erleuchten, ich habe keine andere Weise, meine Gnade euch einzugießen.

Da springen Petrus und alle Auserwählten mit ihm zu Jesus ins Meer[5], wollen gerne solche Bewegungen (er)tragen, aber die von Genesareth bitten, der Herr solle von ihrem Lande abweichen[6]. Diese Menschen sind die Schweine, die in den Wassern ersaufen[7], die die Herkunft ihres Glaubens nimmermehr lernen wollen und die Natur mit der Natur verdecken und die Heilige Schrift nutzen wie ein fleischliches Ding oder wie die Bücher der Heiden. Diese (Menschen) erdulden nicht den geschwinden Schreiber, der da nicht mit Tinte oder mit anderen Materien schreibt, sondern mit dem Griffel seines Geists im Abgrund der Seele, da der Mensch erkennt, daß er sei ein Sohn Gottes und Christus sei der oberste in den Söhnen Gottes. Denn das, was alle Auserwählten aus Gnaden sind, das ist er durch göttliche Natur. Und es sei denn, daß der Mensch (aus der Ferne) komme in die Empfindlichkeit[8] göttlichen Willens, ist es nimmermehr möglich, daß er wahrhaftig an den Vater oder Sohn oder den Heiligen Geist glaube. Das ist klar und hell bezeugt Joh. 7. Christus sagt: ›Wer da will tun den Willen meines Vaters, der wird erkennen, ob ich von mir oder von Gott, meinem Vater, geredet habe.‹

Soll nun Gottes unwandelbarer Wille erkannt werden, kanns nicht anders geschehn, als daß unser Wille mit ernster Zerknirschung allezeit untergehen muß und das mit hoher Beherzigung, daß man wisse nachzusagen und Rechenschaft abzulegen, wie einem solchen ernsten, leidenden, emsigen Menschen zu Mute ist, der nicht

[3] Luk. 15, 1 ff.
[4] Matth. 14, 22 ff.
[5] Joh. 21, 7.
[6] Matth. 8, 34, die Gadarener.
[7] Matth. 8, 32.
[8] Fähigkeit zu empfinden und zu erfahren.

darum an Gott glaubt, daß die ganze Welt sonst oder so glaubt; (denn) Gott wird wieder angezeigt, offenbart durch die Ordnung in sich und (durch die) in die Kreaturen gesetzte (Ordnung) und daß der Mensch eines solchen (Glaubens) wahrnehme und gewiß werde, viel gewisser als aller natürlichen Dinge.

Diese Sache will einen wundersamen und ungesparten[9] Menschen, welcher solche Achtung von Tag zu Tag pflegen muß. Es hat ein solcher nicht eine Art wie die wahnsinnigen Schriftgelehrten, die ihre Dinge nach Belieben der Welt anzeigen, sondern (er) ist ein Schandfleck allen unerprobten Menschen und sonderlich der Christen. Wie kann ich wissen, was Gott oder Teufel sei, eigenes oder fremdes Gut, es sei denn, daß ich mir entworden[10] bin? ›Da ich ein Narr war und wußte nichts, ich war ein Tier vor dir. Dennoch bleibe ich bei dir . . .‹[11]

O, wo ist unsere Armut des Geistes, wenn wir nicht davon reden können wegen unserer trägen Übung? Wie wollen wir denn hinaus, wenn sie Gott ins Werk leiten soll? Es wird noch vieles eine andere Nase bekommen[12], denn noch (gibt es) Leute, die sich so leicht ärgern. Ärgernis kommt von einem unvollkommenen oder von einem gedichteten Glauben, welcher mit aller Unbarmherzigkeit ausgerottet werden muß, wie Christus seinen Jüngern tat, da sie (im Blick auf) sein Leiden alle Ärgernis leiden mußten. Man halte aber alles gegen die Besserung, so wird man den Gefug der Kinder daneben bewahren.

Ich bitte euch, lieber Jeori, mit dem guten Männlein, das bei euch war, daß ihr helfen wollt anzuhalten,[13] daß man das deutsche Amt je eher je lieber anfangen wolle. Ihr werdet sehen, Gott wird euch beistehen. ›Fürchte dich nicht, du kleines Häuflein,[14] denn es gefällt dem starken Gott Zebaot, seinen Namen einmal vor der prächtigen Welt sehen zu lassen. Es ist hohe Zeit, steht auf vom Schlaf der heidnischen Gebärde[15], denn sie ist zu nichts anderem nütze, als daß sie euch von Tag zu Tag noch weiter verstockt. Ihr müßt das Amt täglich treiben mit der Lesung des Gesetzes, der Propheten und Evangelisten, auf daß die Texte dem gemeinen Mann gleich so geläufig sind wie dem Prediger etc. Es wird angehen. Sucht nur keine Geltung, keinen Ruhm, brüstet euch nicht desselbigen! O es reißt leicht ein unter der guten Gestalt, daß der Mensch wohl selber zu den Heiligen schwüre, und wenn er auf den Grund geht, ist es nicht anders. Seht, daß euer Stein[16] Christus sei und eure (ganze) Begierde auf denselbigen Felsen im Sturmwind gegründet sei. Kehrt euch weder um das Mandat

---

[9] fröhlichen, rückhaltlosen, sich nicht schonenden.
[10] mystischer Ausdruck der Überwindung des niederen Ich.
[11] Psalm 73, 22 f.
[12] d. h. sich verändern.
[13] d. h. darauf dringen.
[14] Luk. 12, 32.
[15] Es ist an der Zeit, die römische Messe durch die deutsche zu ersetzen.
[16] kein anderer als.

des Kaisers oder des Herzogs Georg, denn sie sind (auch nur) Fleisch (und) kein beständiger Gott, wie euch Jesaja hell und klar am 31. Kapitel lehrt, da er von Ägypten sagt. Solche Leute sind auch alle eure Widersacher. Sehet euch vor; wollt ihr eure zeitliche Freiheit nicht genießen, solange ihr sie habt zur Förderung des Evangeliums, so wird sie euch genommen werden wie Midian.[17]

(64) AN FRIEDRICH DEN WEISEN
    Allstedt, 3. August 1524

Dem tätigen Vater und Herren Friedrich, Kurfürst des teuren Landes zu Sachsen.
Die reine rechtschaffene Furcht Gottes mit dem unüberwindlichen Geist göttlicher Weisheit anstatt meines Grußes.
Nachdem die Not aufs allerhöchste fordert, allem Unglauben zuvorzukommen und zu begegnen, welcher sich mit dem Schein der christlichen Kirche bisher beholfen und sich jetzt mit der betrüglichen Gestalt der fleischlichen und gedichteten Gütigkeit dargestellt hat, ist durch Gott verfügt, mich vorzulegen, wie Hesekiel[1] sagt, als eine Mauer dem armen zerfallenden Christenheit, welche nicht allein zu strafen ist, wie etliche meinen, sondern (deren Übel) auch ganz und gar bei der Wurzel anzugreifen ist, welches denn Gott (von Fall zu Fall) an etlichen Orten getan hat. Es treibt aber jetzt der Satan die gottlosen Gelehrten zu ihrem Untergang wie zuvor Mönche und Pfaffen, denn sie (lassen) ihren Schalk hervorgucken[2], indem sie den Heiligen Geist Christi zum verachtetsten Spottvogel machen und den(selben) in vielen Auserwählten einen Teufel schelten, wie jetzt der verlogene Luther in seinem Schandbrief an die Herzöge in Sachsen tut, der gegen mich gerichtet ist, in dem er so grimmig und gehässig einherplatzt wie ein prächtiger Tyrann, ohne alle brüderliche Vermahnung. Deshalb bitte ich um Gottes willen ernstlich zu betrachten, was für ein Scherz daraus (hervor)gehen möchte, wenn ich ihm sein Lästermaul vergelten sollte, was ich jedoch nicht vorhabe[3], aber um des Ärgernisses vieler Frommer willen, die meine Lehre in fremden Ländern und Städten gehört haben, ist eine solche Beantwortung schwerlich nachzulassen.
Deshalb bitte ich treulich, euere tätige Güte wollen mir nicht wehren oder verbieten, der armen Christenheit zu frommen[4] zu predigen und zu schreiben, andere Gefahr zu vermeiden, die durch

[17] 4. Mose 31.
[1] Hes. 13, 5.
[2] d. h. sie zeigen ihr wahres Gesicht.
[3] Vgl. Müntzers ›Hochverursachte Schutzrede‹.
[4] zum Wohl der Christenheit.

die Christenheit wider den genannten Luther (entstehen) und danach schwerlich wieder zur Einigkeit[5] gedeihen könnte.

Endlich ist das meine ernstliche Meinung: Ich predige einen solchen Christenglauben, der mit dem Luther nicht übereinstimmt, sondern der da in allen Herzen der Auserwählten auf Erden gleichförmig ist,[6] Psalm 67. Und wenn gleich ein geborener Türke da wäre, so hätte er doch denselbigen Glauben, das ist die Bewegung des Heiligen Geistes, wie vom Cornelius[7] geschrieben ist Apg. 10. Drum wenn ich vor der Christenheit sollte verhört werden, so müßte man entbieten, kundtun und zuschreiben[8] allen Nationen der Menschen, die im Glauben unüberwindliche Anfechtung erduldet haben, ihre Verzweiflung des Herzens gefunden und durch dieselbigen allenthalben erinnert[9] worden sind. Solche Leute möchte ich als Richter dulden. Darum will ich den Winkel[10] zu meinen Verhören meiden, wozu mich die Schriftgelehrten drängen. Christus wollte vor dem Hannas nicht sich selbst beschuldigen, sondern sagte: ›Was fragst du mich, frage die, die meine Lehre gehört haben.‹[11] Da hat er den gottlosen Regenten an das Volk gewiesen. Wie sollte ich aber nun den Schweinen die Perlen vorwerfen, die den Heiligen Geist öffentlich bespotten und verlästern, so doch Christus gesagt hat, daß sie aus dem Teufel geboren sind? Wie mag ich ihnen dann im Winkel vertrauen? Wie käme ich dazu, daß sie meine Geduld zu ihrem Schanddeckel benutzen sollten? Es wäre so wie sie jetzt sagen: Die Christen sollen leiden und sich martern lassen und sich nicht wehren. – Das wäre aber den Tyrannen eine große Güte, daß sie darunter ihre Schande wohl decken und üben möchten.

Ich habe gelobt dem teuren Herrn Herzog Johann, eurem Bruder,[12] meine Bücher vor dem Druck zur Durchsicht vorzustellen, aber ich will das giftige und prächtige Urteil der Schriftgelehrten nicht allein erdulden, sondern auch dessen, der des Glaubens Herkunft aus zerknirschtem Herzen berechnet[13]. Deshalb, wo ihr mein günstiger Herr und Fürst sein wollt, so will ich denselben Christenglauben am hellen Tage vor der ganzen Welt mündlich und schriftlich hinausgehen lassen und aufs allertreulichste eröffnen. Wenn aber solches Erbieten bei eurer Güte nicht stattfinden[14] würde, hättet ihr die Scheu und Verzagtheit des gemeinen Volks gegen euch und die andern zu bedenken. Denn das Volk (setzt) große Hoffnung auf euch; und Gott hat euch vor anderen Herren

---

[5] zwischen den streitenden Parteien.
[6] Hinweis auf Müntzers Ökumenizität.
[7] dem römischen Hauptmann.
[8] übermitteln.
[9] gemeint ist der Vorgang der ›Innerung‹, die den Menschen zum Wesen führt.
[10] Verhör unter Ausschluß der Öffentlichkeit.
[11] Joh. 18, 21.
[12] Vgl. Brief Nr. 52 vom 13. Juli 1524 an Herzog Johann von Sachsen.
[13] bezeugt, indem er Rechenschaft darüber ablegt.
[14] nicht günstig aufgenommen würde.

und Fürsten viel Vorsichtigkeit[15] gegeben. Wenn ihr die aber
hierin mißbrauchen würdet, so würde von euch gesagt werden:
Sieh, dieser Mensch ists, der Gott nicht zum Schutz haben wollte,
sondern er hat sich auf weltliche Üppigkeit verlassen. Darum
habe ich eurem Herrn Bruder die Auslegung des Evangeliums
Lukas[16] und einen Unterricht durch unseren Schösser schriftlich
gegeben, wie man göttlicherweise zukünftigem Aufruhr begegnen
soll[17]. Ich hoffe ihr werdet (euch daran) halten, weil euch die
Welt noch (für) so ehrlich hält, auf daß an euch nicht erfüllt werde
Josua am 11.: Wer den Rat der Bedürftigen verachtet, dessen
Trost doch Gott selbst ist, der euch mit all den euern bewahre
nach seinem allerliebsten Willen.
Gegeben zu Allstedt am Tage der Auffindung des Stephanus im
Jahr Christi 1524.

Thomas Müntzer, ein ernster Knecht Gottes.

(67) AN DIE ALLSTEDTER[1]
Mühlhausen, 15. August 1524

Der Verstand göttlichen Willens mit der ganzen Kunst Gottes sei
mit euch, liebe Brüder!
Nachdem ich (Ursache hatte, als) ich bei euch predigte, mich nicht
zu enthalten zu schelten aufs allerbitterste die Tyrannen christlichen Glaubens, die unter dem Deckel des Regiments die Leute
stocken und blocken[2], das Evangelium zu verleugnen, habe ich
daneben auch Ursache gewonnen, die andern anzugreifen, welche
solche gottlose verdammte Menschen zu verteidigen wagen. Ich
habe in der Wahrheit nicht anders tun mögen als wider die reißen-
den Wölfe bellen, wie einem rechten Knechte Gottes zusteht,
Joh. 10, Jes. 56, Psalm 76. Habe ich doch anders nichts getan als –
in der Summa gesagt – daß ein Christ den andern nicht so ganz
jämmerlich auf der Fleischbank opfern soll, und wenn die großen
Hansen das nicht lassen wollen, man ihnen das Regiment nehmen
solle. Nachdem ichs der Christenheit gesagt habe mit Ernst, will
sie es nicht tun oder kann es aus Furcht nicht ins Werk bringen.
Was soll ich denn mehr tun? Vielleicht sollte ich das wie ein
stummer Hund verschweigen? Warum sollte ich dann vom Altar
leben?[2a]

[15] Weitblick.
[16] Es handelt sich evtl. um den kürzeren handschriftlichen Entwurf zu ›Ausgedrückte Entblößung‹.
[17] im Brief Nr. 59 vom 25. Juli 1524.
[1] Müntzer hatte Allstedt in der Nacht vom 7./8. August verlassen und in Mühlhausen/Th. einen
Unterschlupf gefunden.
[2] im Gefängnis in Stock und Block legen. – [2a] d. h. von der Pfarrpfründe leben.

Ich habs euch alles zuvor gesagt, wie man sich in der Zeit der Anfechtung zu stellen pflegt. Vielleicht sollte ichs lassen über mich gehen und den Tod erleiden, auf daß die Gottlosen an mir durch meine Geduld ihren Mutwillen treiben möchten, und danach wollten sie sagen, sie hätten einen Satan erwürgt? – Nein nicht also! Die Furcht Gottes in mir wird eines andern Frechheit nicht stattgeben. Ich habe solche Furcht[3] in euch gesehen nach Erinnerung eurer Eide und Pflichten,[4] daß ich mit euch nicht sein konnte, euch weiter zu belästigen, denn ich würde meinen Lippen nicht verboten haben, Gottes Gerechtigkeit auszureden, Psalm 39; Jes. 58. Und wenn euch etwas darüber widerfahren wäre, hättet ihrs nicht tragen mögen. Drum seid um Gottes willen zufrieden. Ich wollte euch gerne helfen mit Trostbriefen, so seid ihr in der Furcht keinmal gelassen[5] gestanden als allein mit hinlässiger Vorsicht. Ihr habt der Anfechtung zuvorkommen[6] wollen, welches denn unmöglich ist bei denen, die zu unseren Zeiten recht tun sollen. Habt einen guten Mut, es kann und mag solches Predigen ohne das allerhöchste Ärgernis nicht geschehen, denn Christus selbst ist ein Stein des Ärgernisses, Psalm 117, Matth. 22, Mark. 12, Luk. 20, Röm. 9, Jes. 28, I. Petr. 2. Es muß diese unsinnige kluge Christenheit viel mehr geärgert werden als vom Anbeginn (an) um der unüberwindlichen Besserung willen. Drum seht die Besserung nicht an, wie die Welt nach ihrer Rüge tut, sondern nach dem, wie Hiob 28 sagt. Deshalb will ich mich bei der Gelegenheit auf diesmal freundlich und holdselig verabschieden und willfährig sein, aufs allergetreueste euch zu dienen mit ungespartem Fleiß.

Aber der Bedrohung halben, welche ihr sehr fleischlich[7] auf dem Schloß[8] aufgenommen habt, dürft ihr euch nicht sorgen. Es hat eure Menschenfurcht an den Tag kommen müssen, auf daß ich ja (be)greifen möchte, wie ihr euch so ganz und gar von einem Menschen scheu machen laßt, welches euch an der Erkenntnis göttlichen Willens über die Maßen verhindert. Dasselbige habe ich euch so heftig[9] mit wundersamer Weise zu erkennen gegeben und hervorgebracht, euch zugute. Ich will euch auf das allerfreundlichste sein, wollt ihrs von mir annehmen. Wenn aber nicht – da sei Gott vor in Ewigkeit – so muß ich ihm um seines Namens willen die Rache geben über die Bösen zur Innerung der Guten.
Ich wollte, daß die Meßbücher und Vesperbücher nach Mühl-

---

[3] die alles andere als ›Gottesfurcht‹ ist.
[4] die die Landesherren beim Verhör in Weimar den Allstedtern abverlangt haben werden.
[5] in Gelassenheit.
[6] ausweichen.
[7] auf menschlich-allzumenschliche Weise.
[8] zu Weimar.
[9] gründlich.

hausen gesandt würden. Ich will mit allem Fleiß förderlich dazu sein[10], denn das Volk ist willfährig, solches anzunehmen. Darum sollt ihr euch selber überwinden, untereinander zu vertragen, mich anderen Leuten zu gönnen, bis daß die Kirche durch das Feuer des Ärgernisses erregt werde. Ich will an euch und die Gemeinde (auch) fortan förderlich schreiben; auf diesmal habe ich keine Zeit gehabt. Damit Gott befohlen, meine Allerliebsten in Christus Jesus unserm Herrn!

Ich bitte, daß ihr eine kleine Zehrung meinem Weibe geben wollt, wenn es euch nicht ärgert.[11] Wie ihr wollt; ich habe euch um Geldes willen nicht gepredigt, sondern um Gottes Namen zu suchen, welcher euch allewege bewahre, amen.
Gegeben zu Mühlhausen am Tage der Himmelfahrt Mariä im Jahr des Herrn 1524.

Thomas Müntzer, ein Knecht Gottes.

(70) AN DIE KIRCHE ZU MÜHLHAUSEN
22. September 1524

Thomas Müntzer, ein Knecht Gottes, an die Kirche zu Mühlhausen.
Auf daß ich mein Brot nicht mit Sünden esse, werde ich verursacht[1] euch zu raten und auf das allerfleißigste zu dienen. Denn ich sehe und greife, daß ihr wegen der menschlichen Furcht nichts beschließen könnt. Nachdem euch der allmächtige Gott so klar mit groben Buchstaben[2] vorgeschrieben hat die Gebrechen, Mißhandlungen, Übertretungen und mannigfaltiges Verführen eurer Obrigkeit[3], gebührt es sich, daß ihr die (bewußt geheimgehaltenen) Mißhandlungen aufdeckt, sie[4] brüderlich vermahnt, daß sie um Gottes und um zukünftigen Übels willen solche Absetzung dulden wollten und euch zum (Wohl) aller ertragt.[5]
Wenn sie aber mit hoffärtigem Gemüt eigensüchtig sein wollen, ihr vermeintes Wohl und Ehre dem gemeinen Nutzen voranstellen wollen und euch nicht (den Platz) räumen und eurer Rechtfertigung stattgeben, so sollt ihr aus der Pflicht (gegenüber) dem göttlichen Wort alle die Mißhandlung, Gebrechen, Schäden und alle ihre Bosheit in Druck gehen lassen[6] und der ganzen

---
[10] zur Fortsetzung der in Allstedt begonnenen liturgisch-religiösen Erneuerungsarbeit.
[11] Müntzers Frau Ottilie war in Allstedt zurückgeblieben.
[1] veranlaßt.
[2] d. h. mit großen, deutlichen Lettern.
[3] in der Stadt Mühlhausen.
[4] die bisherige Obrigkeit.
[5] Bezugnahme auf die Absetzung des Rates.
[6] Müntzer denkt an eine Publikation, zu der es aber offenbar nicht gekommen ist.

Welt klagen über solche widerspenstigen Köpfe, (dies sollt ihr) vorlegen und vorwerfen (ihnen zum Schaden), damit ihr sie überführen könnt. Ohne Zweifel, da werdet ihr hundert Gebrechen eurer Obrigkeit vorhalten und entdecken, (wofür) man euch mit den geringsten Mitteln tadeln oder lästern wird. Denn ihrer Bosheit seid ihr aufs allerhöchste gewahr geworden, darum daß sie das Wort Gottes Ketzerei schelten und gedenken, das nicht anzunehmen und die Diener des Wortes aufs Kreuz zu opfern.

Wenn nun solches vor alle Welt in Druck gehen wird, so werdet ihr (das Verständnis) vor der ganzen Christenheit schöpfen, daß man sagen wird: Siehe, die frommen Leute haben allzuviel Geduld gehabt. Sie haben sich (an) den göttlichen Befehl gehalten, damit die Christenheit von euch wie von einem auserwählten Volk sagen wird, 5. Mose 4: ›Siehe, dies ist ein weises Volk; es ist ein verständiges Volk; es wird ein großes Volk daraus werden. Es ist ein Volk, das es mit Gott wagen darf. Es will recht tun und den Teufel mit allen Anschlägen, Tücken und Gepränge dieser Welt nicht fürchten.‹

Da werdet ihr dann mit dem Druck, wozu ich getreulich helfen will, alle eure Sachen vor anderem Regiment verantworten. Da wird dann die abtrünnige Rotte der Gottlosen, die gewichen sind, in keiner anderen Stadt mit Ehren bleiben. Denn der gemeine Mann – Gott sei es gelobt – nimmt an allen Orten die Wahrheit an. Da werdet ihr sie[7] so untüchtig machen, daß sie euch kein Härlein krümmen werden, Luk. 12.

Seht zu, daß ihr den Rat der Weisheit des göttlichen Wortes nicht verachtet, Spr. 1. Ihr werdet anders um des Teufels und eurer Heuchelei willen leiden, weil ihr (nicht) schlicht mit Gott durch geringe Bekümmernis erduldet (habt) etc. Damit Gott befohlen, welcher sicherlich mit euch ist, amen.

Gegeben am Tage des Mauritius im Jahr Christi 1524.

(75) AN DIE ALLSTEDTER
etwa 26./27. April 1525
(Manifest an die Mansfelder Berggesellen)

Die reine Furcht Gottes zuvor, liebe Brüder!
Wie lange schlaft ihr, wie lang seid ihr Gott seines Willens nicht geständig, darum daß er euch nach eurem Ansehen[1] verlassen hat? Ach, wie viel habe ich euch das gesagt, wie es sein muß; Gott kann sich nicht anders offenbaren, ihr müßt gelassen stehn. Tut ihrs

---
[7] in Beweisführung und Argumentation.
[1] nach eurer Beurteilung der Situation.

nicht, so ist das Opfer, euer herzbetrübtes Herzeleid, umsonst. Ihr müßt danach wieder von neuem ins Leiden kommen.

Das sage ich euch, wollt ihr nicht um Gottes willen leiden, so müßt ihr des Teufels Märtyrer sein. Darum hütet euch, seid nicht so verzagt, nachlässig, schmeichelt nicht länger den verkehrten Phantasten, den gottlosen Bösewichtern; fanget an und streitet den Streit des Herrn! Es ist hohe Zeit, haltet eure Brüder alle dazu (an), daß sie göttliches Gezeugnis nicht verspotten, sonst müssen sie alle verderben. Das ganze deutsche, französische und welsche Land ist wach. Der Meister will (das) Spiel machen, die Bösewichter müssen dran. Zu Fulda sind in der Osterwoche vier Stiftskirchen verwüstet (worden), die Bauern im Klegau und Hegau, (im) Schwarzwald sind auf, dreimal tausend Mann stark, und der Haufe wird je länger je größer. Allein das ist meine Sorge, daß die närrischen Menschen sich in einen falschen Vertrag einwilligen, darum daß sie den Schaden noch nicht erkennen.

Wenn euer nur drei sind, die in Gott gelassen, allein seinen Namen und Ehre suchen, werdet ihr hunderttausend nicht fürchten. Nun dran, dran, dran, es ist Zeit, die Bösewichter sind verzagt wie die Hunde. Regt die Brüder an, daß sie zum Frieden kommen und ihrer Bewegung Gezeugnis einholen[2]. Es ist über die Maßen hoch vonnöten. Dran, dran, dran! Laßt euch nicht erbarmen, (auch wenn) euch der Esau gute Worte vorschlägt, I. Mose 33. Seht nicht an den Jammer der Gottlosen. Sie werden euch (freilich) so freundlich bitten, flehen wie die Kinder. Laßt euch nicht erbarmen, wie Gott durch Mose befohlen hat, 5. Mose 7, und uns hat er dasselbe auch offenbart. Regt an in Dörfern und Städten und sonderlich die Berggesellen samt anderen guten Burschen, welche gut dazu sein werden. Wir müssen nicht länger schlafen.

Sieh, da ich die Worte schreibe, kam mir Botschaft aus Salza[3], wie das Volk den Amtmann[4] des Herzogs Georg vom Schloß holen will, weil er drei habe heimlich umbringen wollen. Die Bauern vom Eichsfeld sind ihren Junkern feind geworden; kurz: sie wollen ihrer keine Gnade haben. Es ist des Wesens viel, euch zum Vorbild.[5] Ihr müßt dran, dran, es ist Zeit! Balthasar und Barthel Krump, Valtein und Bischof, gehet voran beim Tanz! Lasset diesen Brief den Berggesellen (zugänglich) werden. Mein Drucker wird kommen in kurzen Tagen. Ich habe die Botschaft gekriegt. Ich kann es jetzt nicht anders machen, sonst wollte ich den Brüdern Unterricht genug geben, daß ihnen das Herz viel größer werden sollte als alle Schlösser und Rüstung der gottlosen Bösewichter auf Erden.

---

[2] ihr Versprechen halten (?).
[3] heute Langensalza.
[4] Sittich von Berlepsch.
[5] d. h. es gibt für die zögernden Allstedter viele ermutigende Vorgänge.

Dran, dran, solange das Feuer heiß ist! Lasset euer Schwert nicht kalt werden[6], erlahmt nicht! Schmiedet pinkepanke auf den Ambossen Nimrods[7], werfet ihnen den Turm[7a] zu Boden! Es ist nicht möglich, solange sie leben, daß ihr der menschlichen Furcht leer werden solltet. Man kann euch von Gott nichts sagen, solange sie über euch regieren. Dran, dran, solange ihr Tag habt; Gott geht euch voran, folget, folget! Die Geschichten stehen geschrieben Matth. 24; Hes. 34; Daniel 7; Esra 10; Offb. 6, welche Schriften alle Röm. 13 erklären.[8]

Darum laßt euch nicht abschrecken. Gott ist mit euch, wie geschrieben steht II. Chron. 20. Dies sagt Gott: ›Ihr sollt euch nicht fürchten. Ihr sollt diese große Menge nicht scheuen. Es ist nicht euer, sondern des Herrn Streit. Ihr seid (es) nicht, da zu streiten; stellt euch nur männlich. Ihr werdet sehen die Hilfe des Herrn über euch.‹ – Da Josaphat diese Worte hörte, da fiel er nieder. Also tut auch und durch Gott, der euch stärke ohne Furcht der Menschen im rechten Glauben, amen.

Datum zu Mühlhausen im Jahr 1525.

Thomas Müntzer, ein Knecht Gottes wider die Gottlosen.

(84) AN DIE EISENACHER
9. Mai 1525

Unseren lieben Brüdern, der ganzen Gemeinde zu Eisenach.
Die reine rechtschaffene Furcht Gottes zuvor, liebe Brüder. Nachdem Gott jetzt die ganze Welt besonders sehr bewegt zur Erkenntnis göttlicher Wahrheit und dieselbige mit dem allerernstesten Eifer über die der Tyrannen sich erweist, wie das Daniel im 7. Kapitel klar sagt, daß die Gewalt dem gemeinen Volk gegeben werden soll; auch ists angezeigt, Offb. 11, daß das Reich dieser Welt soll Christus zuständig[1] sein. Da wird ganz und gar verworfen die falsche Glosse[2] der Verteidiger gottloser Tyrannen, welche mit keinen Worten, sondern mit der Tat zuschanden werden. Ists doch am hellen Tag, daß Gott (durch) die Seinen so freundlich die Widersacher peinigen läßt, (und zwar) allein am Gut, durch welches die das Reich und Gerechtigkeit Gottes von Anfang an verhindert haben,[3] wie Christus selber Matth. 6 durch

---

[6] im Druck ist – offenbar auf Luthers Veranlassung – eingefügt: ›vom Blut‹. Das zeigt, welche Absicht die zeitgenössisch-gegnerischen Publizisten damit verfolgten!
[7] I. Mose 10, 8 f. – [7a] Symbol der Gewalt der Tyrannen.
[8] Damit gibt Müntzer zu erkennen, in welchem Kontext er das umstrittene Römerbrief-Kapitel liest.
[1] zugehörig, untertan.
[2] Erklärung.
[3] Der Besitz der Besitzenden war demnach Hinderungsgrund für die Verwirklichung des Gottesreiches.

gründliches Urteil beweist. Wie ist es (überhaupt) möglich, daß
der gemeine Mann bei solchen Sorgen um die zeitlichen Güter
das reine Wort Gottes mit gutem Herzen empfangen kann?
Matth. 13; Mark. 4; Luk. 8.
Der Ursache halben, liebe Brüder, solltet ihr unsere Mitgesellen
nicht so ungetreulich beraubt, ihren Geldkasten und Hauptmann
ihnen (nicht) genommen haben. Es hat der gute einfältige Haufe
sich auf eure prächtige Larve verlassen, nachdem ihr solches Geschrei von der Gerechtigkeit des Glaubens ohne Unterlaß gemacht
habt. Wahrlich, diese an unseren Brüdern vollzogene Tat beweist
eure Hinterlist. Wenn ihr nun dieselbige erkennen wollt, bitten
wir euch freundlich, solchen Schaden wieder zu erstatten. Kurzum, ihr Schaden ist unser aller Schaden, wie ihr Wohl unser aller
Förderung ist. Ist euch zu raten, so verachtet nicht die Geringen, wie ihr (zu tun) pflegt, denn der Herr nimmt die Schwachen
auf, die Gewaltigen vom Stuhle zu stoßen, die närrischen Leute,
auf daß er die ungetreuen, verräterischen Schriftgelehrten zuschanden mache. Sollen wir unseren Bruder, den Hauptmann,
und ihre Güter mit Gewalt holen, so sollt ihr wohl inne werden, ob der Herr auch noch lebt, der euch errege und erleuchte,
das falsche Licht zu erkennen, Matth. 6, welches schwindet
durch die falschen Diener des Wortes zum Verderbnis der
Welt ohne Aufhören, (es ist) ins gemeine Volk lästerlich geraten. Dadurch ist dann der Gegensatz so groß geworden, daß
das rechte Licht muß Finsternis sein und die Finsternis der
Eigennützigen soll das Licht sein, welches der Herr von euch
wende, amen.
Gegeben zu Mühlhausen, Dienstag nach Jubilate im Jahr Christi
1525.

Thomas Müntzer mit dem Schwerte Gideons.

(88) AN GRAF ERNST VON MANSFELD
Frankenhausen, 12. Mai 1525

Sendbrief zur Bekehrung des Bruders Ernst zu Heldrungen.[1]
Die gestrackte Kraft, feste Furcht Gottes und der beständige
Grund seines gerechten Willens sei mit dir, Bruder Ernst!
Ich, Thomas Müntzer, einst Pfarrer zu Allstedt, vermahne dich
zum überflüssigen Anregen, daß du um des lebendigen Gottes
Namen willen deines tyrannischen Wütens wollest müßig sein
und nicht länger den Grimm Gottes über dich erbittern. Du hast
die Christen angefangen zu martern[2]; du hast den heiligen Chri-

---
[1] Diese Anschrift entstammt nicht dem Original.
[2] Vgl. Brief Nr. 44.

stenglauben eine Büberei gescholten; du hast dich unterstanden, die Christen zu vertilgen.

Sag an, du elender, dürftiger Madensack, wer hat dich zu einem Fürsten des Volks gemacht, welches Gott mit seinem teuren Blut erworben hat? Du mußt und sollst beweisen, ob du ein Christ bist; du sollst und mußt über deinen Glauben Rechenschaft ablegen, wie I. Petr. 3 befohlen. Du sollst in wahrhaftiger Wahrheit gutes sicheres Geleit haben, deinen Glauben an den Tag zu bringen. Das hat dir eine ganze Gemeinde im Ring zugesagt, und sollst dich auch entschuldigen deiner offenbarlichen Tyrannei (wegen), auch ansagen, wer dich so durstig gemacht hat, daß du unter dem christlichen Namen allein Christen ein solcher heidnischer Bösewicht sein willst. Wirst du ausbleiben und (der) dir auferlegten Sache nicht entledigen, so will ichs ausschreien vor aller Welt, daß alle Brüder ihr Blut getrost wagen sollen wie einst gegen den Türken. Da sollst du verfolgt und ausgerottet werden; denn es wird ein jeder viel emsiger sein, an dir Ablaß zu verdienen als vorzeiten der Papist. Wir wissen nichts anders (von) dir zu bekommen. Es will keine Scham in dich, Gott hat dich verstockt wie den König Pharao, auch wie die Könige, welche Gott vertilgen wollte, Jos. 5 und 11. Gott sei es immer geklagt, daß die Welt deine grobe, büffelwütende Tyrannei nicht eher erkannt hat. Wie hast du doch solchen merklichen, unerstattlichen Schaden getan, wie mag sich (jemand) anders denn Gott selber über dich erbarmen? Kurzum, du bist durch Gottes kräftige Gewalt der Verderbung überantwortet. Wirst du dich nicht demütigen vor den Kleinen, so wird dir eine ewige Schande vor der ganzen Christenheit auf den Hals fallen und wirst des Teufels Märtyrer werden.

Daß du auch wissest, daß wir gestrackten Befehl haben, sage ich: Der ewige lebendige Gott hats geheißen, dich von dem Stuhl mit (der) Gewalt, (die) uns gegeben, zu stoßen; denn du bist der Christenheit nicht nütze, du bist ein schädlicher Staubbesen der Freunde Gottes. Gott hat von dir und von deinesgleichen gesagt Hes. am 34. und am 39., Dan. 7, Micha 3. Obadia, der Prophet sagt, dein Nest muß zerrissen und zerschmettert werden.

Wir wollen deine Antwort noch heute nacht haben oder dich im Namen Gottes der Scharen heimsuchen; da wisse dich nach zu richten. Wir werden unverzüglich tun, was uns Gott befohlen hat; tu auch dein Bestes. Ich fahr daher.[3]

Gegeben zu Frankenhausen,[4] freitags nach Jubilate im Jahr des Herrn 1525.

Thomas Müntzer mit dem Schwert Gideons.

---

[3] Nur unfreiwillig konnte Müntzer sein Wort wahr machen: Er fuhr als Gefangener nach Schloß Heldrungen.
[4] Im Feldlager des kampfbereiten Bauernhaufens.

(89) AN GRAF ALBRECHT VON MANSFELD
     Frankenhausen, 12. Mai 1525

Bruder Albrecht von Mansfeld zur Bekehrung geschrieben.[1]
Furcht und Zittern sei einem jeden, der übel tut, Röm. 2! – Daß
du die Epistel des Paulus so übel mißbrauchst, erbarmt mich. Du
willst die bösewichtische Obrigkeit dadurch in allem Maße bestätigen wie der Papst Petrus und Paulus zu Stockmeistern gemacht
hat. Meinst du, daß Gott der Herr sein unverständiges Volk nicht
erregen könnte, in seinem Grimm die Tyrannen abzusetzen,
Hos. 13 und 8? Hat nicht die Mutter Christi aus dem Heiligen
Geist von dir und deinesgleichen geredet, (als sie) Lukas 1 weissagte: ›Die Gewaltigen hat er vom Stuhl gestoßen und die Niedrigen – die du verachtest – erhoben‹?[2] Hast du in deiner lutherischen
Grütze und in deiner wittenbergischen Suppe nicht finden mögen,
was Hesekiel in seinem 37. Kapitel weissagt? Hast du in deinem
martinischen[2a] Bauerndreck nicht schmecken mögen, wie derselbige Prophet weitersagt am 39. Kapitel, wie Gott alle Vögel des
Himmels fordert, sie sollen fressen das Fleisch der Fürsten und die
unvernünftigen Tiere sollen saufen das Blut der großen Hansen,
wie in der heimlichen Offenbarung am 18. und 19. Kapitel beschrieben? Meinst du, daß Gott an seinem Volk mehr als an euch
Tyrannen gelegen ist? Unter dem Namen Christi willst du ein
Heide sein und dich mit Paulus zudecken. Man wird dir aber (den
Weg versperren), da wisse dich nach zu halten! Willst du erkennen,
Dan. 7, wie Gott die Gewalt der Gemeinde gegeben hat und vor
uns erscheinen und von deinem Glauben Rechenschaft ablegen,
wollen wir dir das gerne geständig sein und (dich) als einen
gemeinen[3] Bruder (anerkennen). Wo aber nicht, so werden wir
uns an deine lahmen, schalen Fratzen nichts kehren und wider
dich fechten wie wider einen Erzfeind des Christenglaubens, da
wisse dich nach zu halten.
Gegeben zu Frankenhausen, freitags nach Jubilate im Jahr 1525.

Thomas Müntzer mit dem Schwert Gideons.

(91) AN DIE ERFURTER
     Frankenhausen, 13. Mai 1525

Unseren herzlieben Brüdern, der ganzen Gemeinde zu Erfurt.
Stärke und Trost in Christus Jesus, Allerliebste!
Wir haben vernommen eure beständige Liebe und euren freudigen

---

[1] Diese Anschrift entstammt nicht dem verlorengegangenen Original.
[2] Luk. 1, 52. – [2a] lutherisch.
[3] d. h. gleichgestellten, aller Vorrechte entkleideten.

Wandel zur Wahrheit; (wir) tragen des(halb) zu euch frischen
Mut, ihr werdet nicht dahinten bleiben[1], es sei denn, daß euch die
lutherischen Breifresser mit ihrer beschmierten Barmherzigkeit
weich gemacht hätten, wie wir das guten Gewissens tragen[2].
Paulus sagt von den wollüstigen Menschen, daß sie sich zu unseren
Zeiten in der allerbesten Gestalt der Güte oder des gottseligen
Wandels (zeigen)[3] und streben (doch) mit Hand und Mund
wider die Kraft Gottes, die ein jeder vor sehenden Augen greifen
mag.
Es ist deshalb unsere fleißige Bitte an euch, ihr wollet solchen
Tellerleckern nicht länger Glauben geben und euch nicht länger
aufhalten lassen, gemeiner Christenheit zu helfen wider die gott-
losen bösewichtischen Tyrannen mit uns zu streiten.
Helft uns mit allem, das ihr vermögt, mit Volk, Geschütz, auf daß
wir erfüllen, was Gott selber befohlen hat, Hes. am 34., da er sagt:
›Ich will euch erlösen von denen, die euch mit Tyrannei gebieten.
Ich will die wilden Tiere von eurem Lande vertreiben.‹ Weiter
sagt Gott durch denselbigen Propheten am 39. Kapitel: ›Ihr
Vögel des Himmels, kommt und fresset das Fleisch der Fürsten,
und ihr wilden Tiere saufet das Blut der großen Hansen!‹ Auch
sagt das Daniel am 7., daß die Gewalt soll gegeben werden dem
gemeinen Volk, Offb. 18 und 19. Es bezeugen fast alle (Stellen)
der Schrift, daß die Kreaturen müssen frei werden, (wenn) das
reine Wort Gottes aufgehen soll.
Habt ihr nun Lust zur Wahrheit, (so) macht euch mit uns an den
Reigen; den wollen wir gar eben treten, daß wirs den Gottes-
lästerern treulich bezahlen, daß sie der armen Christenheit (übel)
mitgespielt haben. Schreibt uns wieder eure Meinung, denn wir
haben einen guten Sinn zu euch, allerliebste Brüder.[4]
Gegeben zu Frankenhausen, Sonnabend nach Jubilate im Jahr
des Herrn 1525.

Thomas Müntzer von wegen der gemeinen Christenheit.

(94) AN DIE MÜHLHÄUSER
   Aus der Gefangenschaft in Heldrungen, 17. Mai 1525

Heil und Seligkeit durch Angst, Tod und Hölle – zuvor, liebe
Brüder!
Nachdem es Gott also wohlgefällt, daß ich von hinnen scheiden
werde in wahrhaftiger Erkenntnis göttlichen Namens und Er-

---

[1] d. h. nicht unentschlossen nachhinken.
[2] zu ergänzen etwa: was uns in dieser Situation unmittelbar vor dem Kampf bevorsteht.
[3] II. Tim. 3, 4f.
[4] Die Erfurter sollen sich jedoch geweigert haben, diesen Brief Müntzers in Empfang zu nehmen.

stattung etlicher Mißbräuche, vom Volk angenommen, (das) mich nicht recht verstanden, allein eigenen Nutzen angesehen (hat), der zum Untergang göttlicher Wahrheit gelangt, bin ichs auch herzlich zufrieden, daß es Gott also verfügt hat, mit allen seinen vollzogenen Werken, welche nicht nach dem äußerlichen Ansehen, sondern nach der Wahrheit geurteilt werden, Joh. 7.

Darum sollt ihr euch meines Todes nicht ärgern, welcher zur Förderung der Guten und[1] Unverständigen geschehen ist. Deshalb ist meine freundliche Bitte an euch, ihr wollet meinem Weibe die Güter, die ich gehabt, folgen lassen, (nämlich) Bücher und Kleider, was (noch) daselbst ist und sie nichts um Gottes willen entgelten lassen.[2] Liebe Brüder, es ist euch hoch vonnöten, daß ihr solche Schlappen wie die von Frankenhausen[3] nicht auch empfangt, denn solches ist ohne Zweifel entsprossen, daß ein jeder seinen eigenen Nutzen mehr gesucht als die Rechtfertigung der Christenheit. Darum haltet guten Unterschied und nehmt eure Sache eben wahr, daß ihr nicht weiter euren Schaden verursacht.

Das schreibe ich euch von der Frankenhäuser Sache, welche mit großem Blutvergießen vollzogen ist, nämlich über viertausend. Kommt vor[4] der klaren beständigen göttlichen Gerechtigkeit, daß euch solches nicht widerfahre. Ich habe euch oftmals gewarnt, daß die Strafe Gottes nicht vermieden werden kann, (die) durch die Obrigkeit vorgenommen (würde), es sei denn, daß man erkenne den Schaden. Welcher allzeit erkennt, kann den Schaden meiden.

Darum haltet euch freundlich mit einem jeden und erbittert die Obrigkeit nicht mehr, wie es viele durch eigenen Nutzen getan haben. Damit (seid) der Gnade Christi befohlen! Mit dieser Handschrift, durch Christoph Laue (übermittelt), befehle ich meinen Geist in die Hand Gottes und wünsche euch den Segen des Vaters und des Sohns und des Heiligen Geistes. Helft ja raten mit Fleiß meinem Weib und zum Letzten: fliehet das Blutvergießen, davor ich euch jetzt treulich warnen will. Denn ich weiß, daß der größere Teil von euch in Mühlhausen dieser aufrührerischen und eigennützigen Empörung nicht anhängig gewesen ist, sondern das allewege gewehrt (hat). Damit ihr dieselbigen Unschuldigen nicht auch in Beschwerung bringt, wie etlichen zu Frankenhausen geschehen, so wollt euch ja der[5] Versammlung und Empörung nun nicht anhängig machen und um Gnade bei den Fürsten ansuchen, die, (so) hoffe ich, euch Gnade erzeigen. Das will ich jetzt in mei-

---

[1] G. Franz nimmt an, daß hier die Worte ›zur Warnung‹ oder dgl. ausgefallen sein können.
[2] Einem Brief Ottilies vom 15. 8. 1525 zufolge, an Herzog Georg von Sachsen, wurde diese testamentarische Bitte nicht erfüllt.
[3] Die Schlacht von Frankenhausen fand am 15. Mai statt.
[4] ›zuvor‹ oder ›voran‹.
[5] kriegerischen bzw. bewaffneten.

nem Abschied, damit ich die Bürde und Last von meiner Seele abwende, vermeldet haben, keiner Empörung weiter statt zu geben, damit des unschuldigen Blutes nicht weiter vergossen werde. Gegeben zu Heldrungen in meinem Gefängnis und Abschied, Mittwoch nach Cantate im Jahr 25.

Thomas Müntzer.

Martin Luther und Thomas Müntzer

Martin Luther gegen Müntzer und die aufständische Bauernschaft

Stellt man in Rechnung, welch große, kaum zu überschätzende Autorität bereits in den Schicksalsjahren 1524/25 von Martin Luther ausging und in welchem Umfang er in den Bauernkrieg eingriff, dann bedarf eine Vergegenwärtigung einschlägiger Äußerungen des Wittenberger Reformators in unserem Zusammenhang keiner besonderen Begründung. Erst im Kontext mit Luthers Verlautbarungen wird Müntzers Agitation und Aktion auf der Seite der thüringisch-sächsischen Bauern einigermaßen verständlich.

Da der eng gesteckte Rahmen dieser Ausgabe entsprechende Beschränkungen verlangt, werden wenigstens zwei Texte Luthers geboten: der eine, »Ein Brief an die Fürsten von dem aufrührerischen Geist«, im Juli 1524 verfaßt, zielt darauf, Thomas Müntzer durch den sächsischen Adel gewaltsam auszuschalten; die zweite Schrift »Wider die räuberischen und mörderischen Rotten der Bauern«, die zweite entscheidende Bauernkriegsschrift Luthers, zeigt, zu welcher radikalen, jegliche Nachsicht ausschließenden Parteinahme Luther auf dem Höhepunkt des Bauernkriegs im Frühsommer 1525 fähig war. Was den Brief an die sächsischen Fürsten anlangt, so sind wir durch die zu dieser Zeit abgehaltene und alsbald im Druck erschienene »Fürstenpredigt« über Daniel 2 über Müntzers Position zu diesem Moment im Bilde. Wir wissen auch, wie er darauf reagiert hat, vor allem in seiner letzten Druckschrift »Hochverursachte Schutzrede« vom Herbst 1524. Jedenfalls blieb der damals von Mühlhausen aus agierende Revolutionär ihm darin keinen Ausdruck der Verachtung schuldig. So empfiehlt es sich, beide Wortlaute im Zusammenhang zu lesen.

Für die Würdigung des »Briefs an die Fürsten zu Sachsen« ist es wichtig zu wissen, daß Luther zum Zeitpunkt der Niederschrift den Umfang der Theologie Müntzers kaum zureichend gekannt hat. Ja, man wird sagen müssen, daß seine revolutionäre Theorie erst durch Luthers Eingreifen und einseitige Parteinahme für die Fürsten ihre spezielle Aktualisierung bekommen hat. Dies ergibt sich nicht nur aus der Bemerkung, daß es der Briefschreiber nicht für an der Zeit hält, sich mit Müntzers Lehre auseinanderzusetzen, sondern vor allem aus der Tatsache, daß Luther in erster Linie die Wittenberger Bilderstürmer von 1522 im Auge hat. Deshalb beispielsweise seine ausdrückliche Erinnerung an die Wittenberger Invocavit-Predigten, die auch gegen die Aktionen von Andreas

Karlstadt gerichtet waren. Luther denkt sodann an die Episode von Mallerbach, als im März 1524 ein Trupp Allstedter hinausgezogen war, der anstößigen Wallfahrt zum Mallerbacher Heiligenbild ein Ende zu machen. Mochte sich Müntzer mit der Handlungsweise seiner Mitbürger einverstanden erklären, so konnte es sich für ihn hierbei bestenfalls um ein Zeichen, keinesfalls aber um einen repräsentativen Ausdruck seiner weitgespannten religiös-revolutionären Absichten handeln. Abgesehen von Informationen aus zweiter Hand kannte Luther allenfalls die »Protestation oder Erbietung Thomas Müntzers ... seine Lehre betreffend«, aus der schwerlich jene Aufruhrabsichten abgelesen werden können, die ihm Luther unterschiebt.

Luther hat in seinem »Brief« von Müntzer das Bild eines Anarchisten vor sich, der – so denkt er hypothetisch voraus – nicht zögern werde, alle Mißliebigen zu vernichten. Müntzers Insistieren auf der Notwendigkeit religiös-geistlicher Innenerfahrung wird vom Reformator nicht – oder im Blick auf den jüngeren Luther: nicht mehr – verstanden. Nur so ist es zu erklären, daß Luther zur gewaltsamen Ironisierung des Allstedters und seines ›Geistes‹ Zuflucht nimmt und andererseits an seine eigenen reformatorischen Pioniertaten in Leipzig, Augsburg und Worms erinnert. Es wird ihm in jenen Julitagen berichtet worden sein, daß seine Landesherren im Begriffe sind, auf dem Allstedter Schloß Müntzers Predigt zu hören. Diese Fürstenpredigt, am 13. Juli 1524 gehalten, gelangte über den Schösser Zeiß und den kursächsischen Hofprediger und Luther-Freund Georg Spalatin in Luthers Hände, das heißt in einem Augenblick, als Müntzer den Inhalt von Luthers »Brief« bereits kannte. Schon aus diesem Grund konnte Müntzer in der unmittelbar nach der Fürstenpredigt, also nach dem 13. Juli verfaßten »Ausgedrückten Entblößung« auf Luthers »Brief« Bezug nehmen, ihn zurückweisen und seiner Revolutionstheorie deutlichere Konturen geben. Insofern konnte Luther zur Verhärtung der Fronten und zur Verschärfung der Situation beitragen.

Was die drei lutherischen Bauernkriegsschriften anlangt, so ist gelegentlich auf die unglückliche Verknüpfung der tragischen Geschicke, vor allem auf die rasche Radikalisierung der Auseinandersetzung zwischen Bauern und Fürsten hingewiesen worden. Auch hier ist nicht zu übersehen, daß Luthers sozialethische Position von Anfang an bestand und durch seine Interpretation der von ihm immer wieder zitierten Römerbriefstelle bestimmt war. Die erste, sowohl an Fürsten und Bauern gerichtete »Ermahnung zum Frieden auf die zwölf Artikel der Bauernschaft in Schwaben« entstand Ende April 1525 und erschien Anfang Mai. Zu der Zeit wußte man infolge der langsamen Nachrichtenübermittlung in Thüringen noch nicht, welches Ausmaß die Unruhen in Süddeutschland angenommen hatten. Die Geduld der Bauern war am Ende. Sie schritten zu rücksichtsloser Gewaltanwendung, während Luther noch mit einem Einlenken der Bauern rechnete. Seine Bedingung, die er wiederholt zu erkennen gab, lautete auf totalen Verzicht auf jegliche »Empörung«. Noch in einer Tischrede aus dem Jahr 1532 gibt er zu, er habe dem Herzog Johann geraten, keinem einzigen der zwölf Artikel zuzustimmen. Die Aufständischen scheinen von der Hinhaltetaktik des bis dahin in weiten Volksschichten hoffnungsvoll Verehrten nicht sehr überzeugt gewesen zu sein. Es kam zwar noch am 22. April zu einer Übereinkunft zwischen dem Schwäbischen Bund und den Bodensee- und Allgäuer Bauern. Da trafen in Mitteldeutschland die Meldungen von der Entfesselung der Volkswut ein. Die Enttäuschten rächten sich selbst an ihren Zwingherrn in den Klöstern und Schlössern.

Darüber entsetzt, schrieb Luther Anfang Mai seine zu rigoroser »Bestrafung« der Aufrührer appellierende Schrift. Der todkranke Kurfürst Friedrich, der dieser für ihn unfaßbaren Situation nicht gewachsen schien, dachte – ähnlich wie sein Bruder, Herzog Johann – bis zu seinem Tod am 5. Mai, daß ein Nachgeben von seiten der Fürsten ratsam wäre, – für Luther ein nicht akzeptabler Gedanke. Da Luther in diesen Wochen auf seinen Predigtreisen durch Thüringen sah, wozu das Volk neigte, welchen Anhang Müntzer inzwischen gewonnen hatte, schrieb er seine an Leidenschaftlichkeit kaum zu überbietende Hetzschrift »Wider die räuberischen und mörderischen Rotten der Bauern«.

Aber eben in diesem Moment formierten sich die Fürsten, und zwar »protestantisch«-lutherfreundliche und »katholische«. Das Feld vor Frankenhausen war nur eine der Stätten, auf denen das Blut der gemordeten Bauern in Strömen floß. Ähnlich verfuhr man mit den Bauern in Schwaben und Franken. So fiel die Verbreitung der Schrift gegen die Bauern zeitlich mit dem Massenmord zusammen, den die Fürsten an ihren Untertanen vollziehen ließen. Es war gerade das eingetreten, was Luther und Müntzer je von ihrem besonderen Standort aus als die furchtbare Konsequenz aus dem jeweiligen Verhalten oder Fehlverhalten von Obrigkeit und Geistlichkeit vor Augen zu stellen suchten. Unauslöschlich haben sich die Sätze des Reformators in das Schicksal eines ganzen Volkes eingebrannt, Worte, die den Geknechteten, Entrechteten, Gedemütigten zu einem Teufel stempeln, den man nur so behandeln dürfe wie einen tollen Hund, den man unbesehens totschlägt, ja – mit pseudotheologischer pseudoreformatorischer Begründung – totschlagen müsse.

Kein Wunder, daß auch Luthers Freunde über diese Tonart entsetzt waren. »Es sei, wie ihm wolle, so ist es doch vielen euch Günstigen seltsam, daß von euch das Würgen ohne Barmherzigkeit den Tyrannen und daß sie daraus Märtyrer werden können,

zugelassen«, schrieb Luthers Freund Johann Rühel, Rat des Mansfelder Grafen, an den Verfasser der Bauernkriegsschriften. Ihn aber konnten die mit Nachdruck vorgebrachten Bedenken der Freunde nicht irre machen. Luther verteidigte sein »hartes Büchlein« in der dritten der genannten Schriften. So wird spätestens zu diesem Zeitpunkt und aus dem aufschlußreichen Briefwechsel mit Johann Rühel überdeutlich, daß es sich hier nicht etwa um sein momentanes Versagen, um ein unkontrolliertes, der Nachsicht bedürftiges Danebengreifen des großen Theologen handelt, sondern um viel tiefer Liegendes. Luthers Zwei-Reiche-Ideologie stellt nur die symptomatische Seite dieses Tatbestandes dar. Deshalb ist es durchaus konsequent, wenn Luther an Rühel in seinem »Sendbrief von dem harten Büchlein wider die Bauern« schreibt: »Ein Aufrührerischer ist nicht wert, daß man ihm mit Vernunft antworte, denn er nimmts nicht an; mit der Faust muß man solchen Mäulern antworten, daß der Schweiß zur Nasen ausgehe. Die Bauern wollten auch nicht hören, ließen sich gar nichts sagen; da mußte man ihnen die Ohren aufknäufeln mit Büchsensteinen, daß die Köpfe in der Luft sprangen. Zu solchen Schülern gehört eine solche Rute. Wer Gottes Wort nicht hören will mit Güte, der muß den Henker hören mit der Schärfe. Sagt man, ich sei gar ungütig und unbarmherzig hierin, antworte ich: Barmherzig hin, barmherzig her, wir reden jetzt von Gottes Wort, der will den König geehrt und den Aufrührischen verderbt haben, und ist doch wohl so barmherzig, als wir sind.« (WA 18, 386).
Aus der Fülle des Materials nur noch ein Beleg: An Nikolaus von Amsdorff, den Freund und später durch Luther eingesetzten evangelischen Bischof von Naumburg, schreibt der Reformator am Vorabend von Müntzers Enthauptung: »Ich meine so: Es sei besser, daß alle Bauern geschlagen werden, als die Fürsten und Obrigkeiten, weil die Bauern ohne Gewalt oder Beruf Gottes Schwert nehmen. Auf diese Bosheit kann nichts anderes folgen, als lauter satanische Verwüstung des Reiches Gottes; und die Fürsten der Welt, wenn sie gleich zu viel (des Schlimmen) tun, doch das Schwert aus Gottes Befehl führen. Da können beide Reiche bestehen, darum ist man den Bauern keine Geduld und Erbarmung schuldig, sondern Gottes und der Menschen Zorn gehört ihnen, die sich nicht warnen lassen, noch die angetragenen Friedenspunkte annehmen, sondern aus lauterem Grimm des Satans fortfahren, alles zu beunruhigen, dergleichen diese Thüringer und Franken sind; denn solchen Recht geben, mit solchen Mitleiden zu haben und ihnen Gutes zu gönnen, ist so viel als Gott verleugnen, lästern und vom Himmel herunterstoßen wollen« (WAB 3, 517f).

Doch wer vermochte zu Luthers und Müntzers Lebzeiten die auf Jahrhunderte hinaus sich erstreckenden verhängnisvollen Folgen solcher Gedankengänge zu ermessen? Im obrigkeitlich reglementierten Landeskirchentum, in der unseligen Verbindung von Thron und Altar, in der Gestalt einer fragwürdigen politischen Ethik, in der Ausschaltung der Volksmehrheit aus der politischen und religiösen Verantwortung sollte sich diese Schattenseite der lutherischen Theologie darstellen. Die vorliegende Textauswahl kann bestenfalls auf Probleme, auf Spannungsfelder aufmerksam machen, wie sie sich aus Müntzers Manifesten und aus Luthers Kontexten ergeben. Dabei könnte sich zeigen, daß es sich keinesfalls nur um ein historisches Detailproblem, nicht nur um Luther–Müntzer handelt, sondern um Aufgaben, von deren Lösung Gegenwart und Zukunft der Christenheit, eine die Menschlichkeit des Menschen respektierende Christenheit, abhängt.

Martin Luther:
Ein Brief an die Fürsten zu Sachsen von dem aufrührischen Geist

Juli 1524

Den durchlauchtigsten, hochgeborenen Fürsten und Herren, Herrn Friedrich, des Römischen Reiches Kurfürst, und Johann, Herzog zu Sachsen, Landgraf in Thüringen und Markgraf zu Meißen, meinen gnädigsten Herren!

Gnade und Friede in Christus Jesus, unserem Heiland!

Das Glück hat allewege das heilige Gotteswort, wenns aufgeht, daß sich der Satan dagegen setzt mit aller seiner Macht: erstlich mit der Faust und frevler Gewalt; wo das nicht helfen will, greift ers mit falscher Zunge, mit irrigen Geistern und Lehrern an, auf daß, wo ers mit Gewalt nicht dämpfen, doch mit List und Lügen unterdrücken kann.

So tat er im Anfang, da das Evangelium zum ersten in die Welt kam, griff ers gewaltig an durch die Juden und Heiden, vergoß viel Blut und machte die Christenheit voll Märtyrer. Da das nicht helfen wollte, warf er falsche Propheten und irrige Geister auf, machte die Welt voll Ketzer und Sekten, bis auf den Papst, der es gar mit nichts als Sekten und Ketzerei, als dem letzten und mächtigsten Antichrist gebührt, zu Boden gestoßen hat. So muß es jetzt auch gehen, daß man ja sehe, wie es das rechtschaffene Wort Gottes sei, weil es geht, wie es allezeit gegangen ist. Da greifen es der Papst, Kaiser, Könige und Fürsten mit der Faust an und wollens mit Gewalt dämpfen; verdammen, verlästern und verfolgens unverhört und unerkannt, wie die Unsinnigen. Aber es steht das Urteil und unser Trotz ist schon längst gefällt, Psalm 2: ›Warum toben die Heiden und die Völker dichten so unnütz? Die Könige auf Erden lehnen sich auf, und die Fürsten ratschlagen miteinander wider den Herrn und seinen Gesalbten. Aber der im Himmel wohnt, spottet ihrer und der Herr lacht ihrer, dann wird er mit ihnen im Zorn reden und sie im Grimm schrecken.‹ – So wird es gewißlich auch unseren tobenden Fürsten[1] gehen. Und sie wollens auch so haben; denn sie wollen weder sehen noch hören. Gott hat sie verblendet und verstockt, daß sie sollen anlaufen und zu scheitern gehen. Sie sind genugsam gewarnt.

Dies alles sieht der Satan wohl und merkt, daß solches Toben nicht durchdringen wird. Ja er spürt und fühlt, daß – wie es die Art des Gotteswortes ist – je mehr mans drückt, je weiter es läuft und zu-

---

[1] Gemeint ist wohl der Luthergegner Herzog Georg von Sachsen, der jedoch bei Frankenhausen im Mai 1525 gemeinsam mit den Lutherischen die Bauern vernichtend schlug.

nimmt. Drum fängt er nun auch an mit falschen Geistern und Sekten. Und wir müssen das erwägen und (uns) ja nicht irre machen lassen; denn es muß so sein, wie Paulus sagt zu den Korinthern: ›Es müssen Sekten sein, auf daß die, die bewährt sind, offenbar werden.‹[2] Also, nachdem der ausgetriebene Satan[3] jetzt ein Jahr oder drei durch die dürre Stätte umhergelaufen ist, Ruhe gesucht und nicht gefunden, hat sich in E. F. G. (Euer Fürstlich Gnaden) Fürstentum niedergelassen und zu Allstedt ein Nest gemacht und denkt unter unserem Frieden, Schirm und Schutz wider uns zu fechten.

Denn Herzog Georgs Fürstentum, wiewohl es in der Nähe liegt, ist solchem unerschrockenen und unüberwindlichen Geist – wie sie sich rühmen – allzu gütig und sanft, daß sie solchen kühnen Mut und Trotz nicht daselbst beweisen mögen, darum schreit und klagt er auch greulich, er müsse viel leiden; (dabei) hat sie bisher niemand angetastet, weder mit Faust, noch Mund noch Feder, und (sie) träumen sich selbst ein großes Kreuz, das sie (angeblich) leiden. So gar leichtfertig und ohne Ursache muß der Satan lügen, er kann sich ja doch nicht verbergen.

Nun ist mir das eine besondere Freude, daß nicht die Unsern solches Wesen anfangen und sie[4] auch selber wollen gerühmt sein, daß sie unseres Teils nicht sind, nichts von uns gelernt und empfangen haben, sondern vom Himmel kommen sie und hören Gott selbst mit ihnen reden wie mit den Engeln;[5] und (es sei) ein schlechtes Ding, daß man zu Wittenberg den Glauben und Liebe und Kreuz Christi lehrt. Gottes Stimme, sagen sie, mußt du selbst hören, und Gottes Werk in dir leiden und fühlen, wie schwer dein Pfund ist; es ist nichts mit der Schrift; ja Bibel, Bubel, Babel etc.[6] Wenn wir solche Worte von ihnen redeten, so wäre ihr Kreuz und Leiden – so achte ich – teurer als Christi Leiden, sie würdens auch höher und mehr preisen. Also gerne wollte der arme Geist Leiden und Kreuz von sich gerühmt haben. (Dabei) mögen sie doch nicht leiden, daß man ein wenig an ihrer himmlischen Stimme und Gottes Werk Zweifel oder Bedenken nehme, sondern wollens stracks mit Gewalt geglaubt haben ohne Bedenken, daß ich (einen) hochmütigern, stolzeren heiligen Geist[7] – wo ers wäre – weder gelesen noch gehört habe. Doch jetzt ist nicht Zeit noch Raum, ihre Lehre zu beurteilen, welche ich vorhin zweimal wohl erkannt und beurteilt habe und, wo es

---

[2] I. Kor. 11, 19.
[3] Thomas Müntzer; Anspielung auf dessen »Wanderjahre« zwischen der Vertreibung aus Zwickau im April 1521 und seiner Anstellung in Allstedt im Frühjahr 1523.
[4] die Gegner.
[5] Luther denkt hier auch an die Zwickauer Propheten, die zwei Jahre zuvor nach Wittenberg gekommen waren.
[6] In einem Gespräch mit Agricola soll Müntzer geringschätzig gesagt haben: ›Was Bibel, Bubel, Babel, man muß auf einen Winkel kriechen und mit Gott reden.‹
[7] ›Geist‹ wird in diesem Zusammenhang wiederholt als ironische Bezeichnung für Müntzer benützt.

not sein wird, noch wohl beurteilen kann und will von Gottes Gnaden.⁸

Ich habe diesen Brief an E.F.G. allein aus der Ursache geschrieben, daß ich vernommen und auch aus ihrer Schrift verstanden habe, als wollte derselbe Geist die Sache nicht im Wort lassen bleiben, sondern gedenke, sich mit der Faust drein zu begeben, und wolle sich mit Gewalt wider die Obrigkeit setzen und daher stracks einen leiblichen Aufruhr anrichten. Hier läßt der Satan den Schalk kicken⁹; das ist zuviel an den Tag gegeben. Was sollte der Geist wohl anfangen, wenn er des Pöbels Anhang gewönne? Ich habs zwar vorhin auch von demselben Geist allhier zu Wittenberg gehört,¹⁰ daß er meint, man müsse die Sache mit dem Schwert vollführen. Da dachte ich wohl, es wollte da hinaus, daß sie gedächten, die weltliche Obrigkeit zu stürmen und selbst Herren in der Welt zu sein. So doch Christus vor Pilatus das verneint und spricht, sein Reich sei nicht von dieser Welt; und auch die Jünger lehrt er, sie sollten nicht weltliche Fürsten sein. Wiewohl ich mich nun versehe, E.F.G. werden sich hierinnen besser zu verhalten wissen als ich raten kann; so gebührt mir doch untertäniger Fleiß, auch das Meine dazu zu tun und E.F.G. untertänig zu bitten und zu ermahnen, hierinnen ein ernstliches Einsehen zu haben und aus Schuld und Pflicht ordentlicher Gewalt solchem Unfug zu wehren und dem Aufruhr zuvorzukommen. Denn E.F.G. haben das gute Wissen, daß ihr Gewalt und weltliche Herrschaft von Gott darum gegeben und befohlen ist, daß sie den Frieden handhaben sollen und die Unruhigen strafen, wie Sankt Paulus lehrt Röm. 13,4. Darum E.F.G. ist hier nicht zu schlafen noch zu säumen, denn Gott wirds fordern und Antwort haben wollen um solch hinlässigen Brauch und Ernst des befohlenen Schwerts. So würde es auch vor den Leuten und der Welt nicht zu entschuldigen sein, daß E.F.G. aufrührische und frevle Fäuste dulden und leiden sollten.

Wenn sie aber vorgeben – wie sie denn mit prächtigen Worten pflegen – der Geist treibe sie, man müsse es zu Werk bringen, und mit der Faust drein greifen, da antworte ich so:

Erstlich, es muß freilich ein schlechter Geist sein, der seine Furcht nicht anders beweisen kann als mit Kirchen- und Klösterzerbrechen und Heiligenverbrennen.¹¹ Welches auch wohl die allerärgsten Buben auf Erden tun können, sonderlich wenn sie sicher sind und ohne Widerstand. Da hielte ich aber mehr davon, wenn der Geist zu Allstedt gen Dresden oder Berlin oder Ingolstadt¹² führe

---

⁸ Vgl. Luthers Invocavit-Predigten von 1522 und seine Schrift ›Von beiderlei Gestalt des Sakraments‹.
⁹ d. h. er zeigt sein wahres Gesicht.
¹⁰ Müntzer bestritt, Luther in Wittenberg aufgesucht zu haben, so ist wohl an die Zwickauer T. Stübner und N. Storch zu denken.
¹¹ Anspielung auf die Zerstörung der Kapelle von Mallerbach durch die Allstedter.
¹² d. h. in die Zentren der Luthergegner.

und stürmte und bräche daselbst Klöster und verbrennte Heilige(nbilder).

Zum andern, daß sie den Geist rühmen, gilt nicht, denn wir haben hier Sankt Johannis Spruch, man solle die Geister zuvor prüfen, ob sie aus Gott sind. Nun ist dieser Geist noch nicht geprüft,[13] sondern fährt mit Ungestüm zu und rumort nach seinem Mutwillen. Wäre er gut, er würde sich zuvor prüfen und demütig beurteilen lassen, wie Christi Geist tut.

Das wäre eine feine Frucht des Geistes, dadurch man ihn prüfen könnte, wenn er nicht so zu Winkel kröche und das Licht scheute, sondern öffentlich vor den Feinden und Widersachern stehen müßte, bekennen und Antwort geben.[14] Aber der Geist zu Allstedt meidet solches wie der Teufel das Kreuz und treibt doch dieweil in seinem Nest die allerunerschrockensten Worte als wäre er dreier Heiliger Geister voll, daß auch solcher ungeschickter (Selbst-)Ruhm fein meldet, wer (dieser) Geist sei. Denn so erbietet er sich in seiner Schrift, er wolle öffentlich vor einer ungefährlichen Gemeinde, aber nicht im Winkel vor zweien oder dreien stehen und antworten und Leib und Seele aufs allerfreieste erboten haben etc.[15] Lieber, sage mir, wer ist der mutige und trotzige ›Heilige Geist‹ der sich selbst so eng spannt und will nichts als vor einer ungefährlichen Gemeinde stehen? Item, er will nicht im Winkel vor zweien oder dreien Antwort geben? Was ist das für ein Geist, der sich vor zweien oder dreien fürchtet und eine gefährliche Gemeinde nicht leiden kann? – Ich will dirs sagen: Er riecht den Braten; er ist einmal oder zwei vor mir zu Wittenberg in meinem Kloster auf die Nase geschlagen, drum graut ihn vor der Suppe und will (nirgendwo) anders stehen als wo die Seinen sind, die ja sagen zu seinen trefflichen Worten. Wenn ich – der so gar ohne Geist ist und keine himmlische Stimme hört – mich solcher Worte gegen meine Papisten hätte hören lassen, wie sollten sie schrein ›gewonnen‹ und mir das Maul stopfen?

Ich kann mich mit solchen hohen Worten nicht rühmen noch trotzen; ich bin ein armer, elender Mensch und habe meine Sache nicht so trefflich angefangen, sondern mit großem Zittern und Furcht, wie Sankt Paulus auch von sich selber bekennt I. Kor. 2, 3, der doch wohl auch gewußt hätte, sich mit himmlischer Stimme zu rühmen. Wie demütig griff ich den Papst an, wie flehte ich, wie suchte ich, wie (es) meine Schriften beweisen. Dennoch habe ich in solchem armen Geist das getan, was dieser Weltfressergeist noch nicht versucht, sondern bisher gar ritterlich und männlich

---

[13] Zur Zeit dieser Niederschrift, am 12. Juli 1524 hielt Müntzer die Allstedter Fürstenpredigt; über den Modus der von Luther geforderten Rechenschaft, zu der Müntzer grundsätzlich bereit war, war keine Übereinkunft zu erzielen, zumal Müntzer eine breiteste Öffentlichkeit verlangte.
[14] Eben dazu war Müntzer bereit. Was er bestritt, das war vor allem die ausschließliche Kompetenz der Wittenberger; vgl. Brief Nr. 52 an Herzog Johann: ›Ich will die Römer, Türken, den Heiden dabei haben.‹
[15] in Müntzer: ›Protestation oder Erbietung ...‹

gescheut und geflohen hat und sich solchen Scheuens (auch noch) gar ehrlich rühmt als einer ritterlichen und hohen Geistestat.
Denn ich bin zu Leipzig gestanden, vor der allergefährlichsten Gemeinde.[16] Ich bin zu Augsburg ohne Geleit vor meinem höchsten Feind[17] erschienen. Ich bin zu Worms vor dem Kaiser und dem ganzen Reich gestanden, obwohl ich zuvor wußte, daß mir das Geleit gebrochen war und wilde, seltsame Tücke und List auf mich gerichtet waren.

Wie schwach und arm ich da (auch) war, so stand doch mein Herz (zu) der Zeit also: Wenn ich gewußt hätte, daß soviele Teufel auf mich gezielt hätten wie Ziegel auf den Dächern zu Worms waren, wäre ich dennoch eingeritten, und hatte noch nichts von himmlischer Stimme und Gottes Pfunden und Werken noch von dem Allstedtischen Geist je etwas gehört.[18] Item, ich habe in Winkeln einem, zweien, dreien gestehen müssen, wer, wo und wie man gewollt hat. Mein blöder[19] und armer Geist hat wie eine Feldblume frei stehen müssen und keine Zeit, Person, Stätte, Weise oder Maß (be)stimmen (dürfen); er hat jedermann bereit und zur Antwort erbietig sein müssen, wie Sankt Petrus lehrt.

Und dieser Geist, der so hoch über uns ist als die Sonne über der Erde, der uns kaum als Würmlein ansieht, (be)stimmt sich selbst völlig ungefährliche, freundliche und sichere Beurteiler und Hörer und will nicht zweien oder dreien in besonderen Orten Antwort stehn. Er fühlt etwas, was er nicht gerne fühlt und meint uns mit aufgeblasenen Worten zu schrecken. Wohlan, wir vermögen nichts als was uns Christus gibt. Will uns der (ver)lassen, so schreckt uns wohl (schon) ein rauschendes Blatt; will er uns aber halten, so soll der Geist seines hohen Ruhmes wohl inne werden.

Und hiermit erbiete ich mich E.F.G., wenn es not ist, so will ich an den Tag bringen, wie es zwischen mir und diesem Geist in meinem Stüblein ergangen ist, daraus E.F.G. und alle Welt spüren und greifen sollen, daß dieser Geist gewiß ein lügenhaftiger Teufel ist und dennoch ein schlechter Teufel. Ich habe wohl einen ärgeren gegen mich gehabt, habe ihn auch noch täglich. Denn die Geister, die mit so stolzen Worten pochen und poltern, die tuns nicht, sondern die heimlich schleichen und den Schaden tun, ehe man sie hört.

Solches habe ich darum erzählen müssen, daß E.F.G. sich nicht scheuen noch säumen vor diesem Geist und mit ernstlichem Befehl dazutun, daß sie die Faust innehalten und ihr Klöster- und Kirchenzerbrechen und Heiligenverbrennen anstehen lassen; sondern, wollen sie ihren Geist beweisen, daß sie das tun, wie sichs gebührt, und sich zuvor erproben, es sei vor uns oder vor

---

[16] Müntzer wird Zeuge des Leipziger Disputs mit Johann Eck gewesen sein.
[17] Kardinal Cajetan.
[18] Müntzer wurde in jenen Tagen (April 1521) aus Zwickau vertrieben.
[19] schwacher.

den Papisten. Denn sie halten – Gott Lob – uns doch für ärgere Feinde als die Papisten. Wiewohl sie unseres Sieges gebrauchen und genießen, nehmen Weiber und lassen päpstliche Gesetze nach, was sie doch nicht erstritten haben, und ihr Blut hat deswegen nicht in der Gefahr gestanden, sondern ich habs müssen mit meinem bisher drangewagten Leib und Leben erlangen. Ich muß mich doch rühmen, gleichwie Sankt Paulus auch mußte, wiewohl es eine Torheit ist und ichs lieber ließe, wenn ich könnte, (angesichts) der Lügengeister.

Sagen sie abermals, wie sie (zu tun) pflegen, daß ihr Geist zu hoch und unserer zu geringe sei und ihr Ding von uns nicht erkannt werden möge, antworte ich: Sankt Peter wußte auch wohl, daß sein und aller Christen Geist höher war als der der Heiden und Juden. Dennoch gebietet er: Wir sollen jedermann sanftmütig zu antworten erbietig und bereit sein. Christus wußte auch, daß sein Geist höher war als der der Juden, dennoch ließ er sich herunter und bot sich zu Recht und sprach: ›Wer unter euch zeiht mich einer Sünde?‹ und vor Hannas: ›Habe ich übel geredet, so gib Zeugnis davon‹ etc. Ich weiß auch und bins von Gottes Gnaden gewiß, daß ich in der Schrift gelehrter bin als alle Sophisten und Papisten; aber vor dem Hochmut hat mich Gott bisher noch gnädig behütet und wird mich auch behüten, daß ich mich weigern sollte, Antwort zu geben und mich hören zu lassen vor den allergeringsten Juden oder Heiden oder wer es wäre.

Auch warum lassen sie selbst ihr Ding schriftlich ausgehen, wenn sie vor zweien oder dreien, noch vor einer gefährlicheren Gemeinde nicht stehen wollen? Oder meinen sie, daß ihre Schrift vor lauter ungefährlicher Gemeinde und nicht vor zweien oder dreien besonders[20] komme? Ja, es wundert mich, wie sie ihren Geist so vergessen und die Leute nun mündlich und schriftlich lehren wollen, da sie doch rühmen, es müsse ein jeder Gottes Stimme selbst hören und spotten unser, daß wir Gottes Wort mündlich und schriftlich führen, als ob das nichts wert oder nütze sei und haben ein viel höheres, köstlicheres Amt als die Apostel und Propheten und als Christus selbst, welche alle Gottes Wort mündlich oder schriftlich geführt haben und nie etwas von himmlischen, göttlichen Stimmen gesagt haben, die wir hören müßten. Also gaukelt dieser Schwimmelgeist[21], daß er selbst nicht sieht, was er sagt.

Ich weiß aber, daß wir, die das Evangelium haben und kennen, obgleich wir arme Sünder sind, den rechten Geist, oder wie Paulus sagt: Primitias Spiritus, den Erstling des Geistes haben, obschon die Fülle des Geists nicht haben. So ist ja kein anderer als der-

---

[20] d. h. vor Kritiker und Gegner.
[21] Schwarmgeist; eine beliebte Bezeichnung Luthers für reformatorisch Gesinnte, die eine andere Meinung als er vertreten, z. B. für Karlstadt, die Täufer, die Zürcher.

selbige einige Geist, der seine Gaben wunderbar austeilt. Wir wissen ja, was Glaube und Liebe und Kreuz ist, und es ist kein höheres Ding auf Erden zu wissen als Glaube und Liebe. Daraus wissen wir ja und können wir urteilen, welche Lehre recht oder unrecht, dem Glauben gemäß oder nicht gemäß sei. Wie wir denn auch diesen Lügengeist kennen und beurteilen, daß er das im Sinne hat: er will die Schrift und das mündliche Gotteswort aufheben,[22] die Sakramente der Taufe und des Altars austilgen und uns in den Geist hineinführen, da wir mit eignen Werken und freiem Willen Gott versuchen und seines Werks warten sollen, und (wir) Gott Zeit, Stätte und Maß setzen, wann er mit uns wirken wolle.

Denn solche greuliche Vermessenheit weist ihre Schrift aus, daß sie auch mit ausgedrückten Worten wider das Evangelium Sankt Markus schreiben, nämlich so: Gegen Markus am letzten Kapitel, als habe Sankt Markus unrecht von der Taufe geschrieben. Und da sie Sankt Johannes nicht so ins Maul schlagen dürfen wie Sankt Markus: ›Wer nicht anders geboren wird als aus dem Geist und Wasser‹, Joh. 3, 5, deuten sie das Wort ›Wasser‹ weiß nicht wohin, und verwerfen schlechthin die leibliche Taufe im Wasser.[23]
Gern möchte ich aber wissen, weil der Geist nicht ohne Früchte ist und ihr Geist so viel höher ist als unserer; ja er muß wahrlich andere und bessere Früchte tragen als unserer, weil er besser und höher ist. So lehren wir ja und bekennen, daß unser Geist, den wir predigen und lehren, die Früchte bringe, die Sankt Paul Gal. 5, 22 aufzählt als Liebe, Freude, Friede, Geduld, Gütigkeit, Treue, Sanftmut und Mäßigkeit, und wie er Röm. 8, 13 sagt, daß er die Werke des Fleisches töte und mit Christus den alten Adam samt seinen Lüsten kreuzige, Gal. 5, 24. Und Summa, die Frucht unseres Geistes ist Erfüllung der zehn Gebote Gottes. So muß nun gewiß der Allstedtische Geist, der unseren Geist nichts lassen sein will, etwas Höheres (als Frucht) tragen als Liebe und Glauben, Frieden, Geduld etc.; da doch Sankt Paulus die Liebe für die höchste Frucht hält, I. Kor. 13, 13, und viel Besseres tun muß als Gott geboten hat. Das wollte ich gerne wissen, was das wäre, zumal wir wissen, daß der Geist, durch Christus erworben, allein dazu gegeben wird, daß wir Gottes Gebot erfüllen, wie Paulus sagt Röm. 8, 4.
Wollen sie aber sagen: wir leben nicht, wie wir lehren, und haben solchen Geist nicht, der solche Früchte bringt, (so) möchte ich solches wohl leiden, daß sie (es) sagten; denn dabei könnte man greiflich spüren, daß es nicht ein guter Geist ist, der aus ihnen redet. Wir bekennen das selbst, und (es) ist nicht not, solches durch himmlische Stimme und höheren Geist zu holen, daß wir

---
[22] Eben dies ist ein Mißverständnis.
[23] Vgl. Müntzer: Protestation oder Erbietung, Abschnitt 6.

leider nicht alles tun, was wir sollten. Ja, Sankt Paulus, Gal. 5,17 meint, es geschehe nimmermehr alles, weil Geist und Fleisch beieinander und wideeinander auf Erden sind.

So spüre ich auch noch keine besondere Frucht des Allstedtischen Geists, ohne daß er mit der Faust schlagen will und Holz und Stein brechen.[24] Liebe, Frieden, Geduld, Gütigkeit und Sanftmut haben sie bisher noch zu beweisen gespart, auf daß des Geistes Früchte nicht zu gemein werden. Ich kann aber von Gottes Gnaden viele Früchte des Geistes bei den Unseren anzeigen, und wollte auch noch wohl meine Person allein, die die geringste und sündlichste ist, allen Früchten des ganzen Allstedtischen Geists entgegensetzen, wenn das Rühmen gelten sollte, wie hoch er auch mein Leben tadelt.

Aber daß man jemands Lehre um des gebrechlichen Lebens willen tadelt, das ist nicht der Heilige Geist. Denn der Heilige Geist tadelt falsche Lehre und duldet die Schwachen im Glauben und Leben, wie Paulus Röm. 14,1 und 15,1 und an allen Orten lehrt. Mich ficht auch nicht an, daß der Allstedtische Geist so unfruchtbar ist, aber daß er so lügt und andere Lehre aufrichten will. Ich hätte mit den Papisten auch wenig zu tun, wenn sie nur recht lehrten, ihr böses Leben würde nicht großen Schaden tun. Weil denn dieser Geist da hinaus will, daß er sich an unserm kranken Leben ärgert und so frech ist der Lehre um des Lebens willen urteilt, so hat er genugsam bewiesen, wer er sei. Denn der Geist Christi richtet niemanden, der recht lehrt, und duldet und trägt und hilft denen, die noch nicht recht leben, und verachtet nicht so die armen Sünder, wie dieser pharisäische Geist tut.

Nun, das betrifft die Lehre, die wird sich mit der Zeit wohl finden. Jetzt sei das die Summa, gnädigste Herren, daß E.F.G. dem Amt des Wortes nicht wehren soll. Man lasse sie nur getrost und frisch predigen, was sie können und wider wen sie wollen; denn wie ich gesagt habe: es müssen Sekten sein und das Wort Gottes muß zu Felde liegen und kämpfen. Daher auch die Evangelisten ›Heerscharen‹ heißen, Psalm 68,12, und Christus in den Propheten ›Heerkönig‹. Ist ihr Geist recht, so wird er sich vor uns nicht fürchten und wohl bleiben. Ist unserer recht, so wird er sich vor ihnen auch nicht, noch vor jemand fürchten. Man lasse die Geister aufeinander platzen und treffen. Werden etliche indes verführt, wohlan, so gehts nach rechtem Kriegslauf; wo ein Streit und eine Schlacht ist, da müssen etliche fallen und wund werden; wer aber redlich ficht, wird gekrönt werden.

Wo sie aber mehr tun wollen als mit dem Wort fechten, auch brechen und mit der Faust schlagen wollen, da sollen E.F.G. zugreifen, es seien wir oder sie, und stracks das Land verbieten, (wie) gesagt: Wir wollen gerne leiden und zusehen, daß ihr mit

---

[24] d. h. Luther mißt Müntzer lediglich an den Aktionen der Bilderstürmer, kein Wort von der religiösen Erneuerungsarbeit in Allstedt!

dem Wort fechtet, daß die rechte Lehre bewährt werde; aber die Faust haltet stille, denn das ist unser Amt oder hebt euch zum Lande hinaus. Denn wir, die das Wort Gottes führen, sollen nicht mit der Faust streiten. Es ist ein geistlicher Streit, der die Herzen und Seelen dem Teufel abgewinnt, und es ist auch so durch Daniel beschrieben, daß der Antichrist soll ohne Hand(anlegen) zerstört werden. So spricht auch Jesaja 11, 4, daß Christus in seinem Reich streiten werde mit dem Geist seines Mundes und mit der Rute seiner Lippen. Predigen und leiden ist unser Amt, nicht aber mit Fäusten schlagen und sich wehren. Also haben auch Christus und seine Apostel keine Kirchen zerbrochen, noch Bilder zerhauen, sondern die Herzen gewonnen mit Gottes Wort, danach sind Kirchen und Bilder selbst gefallen.

So sollen wir auch tun: Zuerst die Herzen von den Klöstern und (von der) Geisterei reißen. Wenn die nun davon sind, daß Kirchen und Klöster wüst liegen, so lasse man dann die Landesherren damit machen, was sie wollen.[25] Was geht uns Holz und Stein an, wenn wir die Herzen weg haben? Siehe, wie ich tue; ich habe noch nie einen Stein angetastet und gar nichts an den Klöstern zerbrochen oder verbrannt. Dennoch werden durch mein Wort jetzt an vielen Orten die Klöster ledig, auch unter den Fürsten, die dem Evangelium[26] entgegen sind. Hätte ichs im Sturm angegriffen wie diese Propheten, so wären die Herzen in aller Welt gefangen geblieben und ich hätte an irgend einem Ort Stein und Holz eingebrochen. Wem wäre das nütze gewesen? Ruhm und Ehre mag man damit suchen. Der Seelen Heil sucht man wahrlich nicht damit. Es meinen etliche, ich habe dem Papst ohne alle Faust mehr Schaden getan als ein mächtiger König (je) tun möchte. Weil aber diese Propheten gern etwas Besonderes und Besseres machen wollten und doch nicht können, lassen sie die Seelen zu erlösen anstehn und greifen Holz und Stein an. Das soll (etwa) das neue wunderliche Werk des hohen Geistes sein.[27]

Wenn sie aber hier einwenden wollten, im Gesetz Mose sei den Juden geboten, alle Götzen zu zerbrechen und die Altäre der Abgötter auszurotten, – Antwort: sie wissen selbst wohl, daß Gott durch einerlei Wort und Glauben, durch mancherlei Heilige, mancherlei Werk von Anbeginn getan hat. Und die Epistel an die Hebräer legt solches aus und spricht: Wir sollen dem Glauben solcher Heiliger folgen, denn wir können nicht aller Heiligen Werk folgen. Daß nun die Juden Altar und Götzen zerbrechen, (so) hatten sie zu der Zeit ein gewisses Gebot Gottes zu demselben Werk, welches wir zu dieser Zeit nicht haben. Denn da Abraham seinen Sohn opferte, hatte er Gottes gewisses Gebot dazu; (wir hingegen) täten danach doch alle unrecht, wenn wir die Kinder

---

[25] Eben diese mit den Interessen der Landesherren konforme Handlungsweise hat Müntzer heftig kritisiert.
[26] im Sinne der Reformation Luthers.
[27] d. h. Luther unterstellt Müntzer jeweils nur bilderstürmerische Aktivitäten.

opferten. Es gilt nicht in den Werken nachzuahmen, sonst müßten wir uns auch bescheiden lassen und alle jüdischen Werke tun.

Ja, wenn das recht wäre, daß wir Christen Kirchen brechen und so stürmen sollten wie die Juden, so (müßte) auch hernach folgen, daß wir leiblich alle Unchristen töten, gleich wie den Juden geboten war, die Kanaaniter und Amoriter zu töten, so hart wie die (Heiligen)bilder zerbrechen. Hiermit würde der Allstedtische Geist nichts mehr zu tun gewinnen als Blut vergießen. Und welche nicht seine himmlische Stimme hörten, müßten alle von ihm erwürgt werden, daß die Ärgernisse nicht im Volk Gottes blieben, welche viel größer sind an lebendigen Unchristen als an den hölzernen und steinernen Bildern. Dazu war ein solches Gebot den Juden gegeben als dem Volk, das durch Wunder Gottes bewährt war, das gewiß Gottes Volk war und dennoch mit ordentlicher Gewalt und Obrigkeit solches tat und sich nicht eine Rotte aussonderte. Aber dieser Geist hat noch nicht bewiesen, daß da Gottes Volk sei, (nicht einmal) mit einem einzigen Wunder. Dazu rottet er sich selbst[28], als sei er allein Gottes Volk, und fährt zu, ohne ordentliche Gewalt von Gott verordnet und ohne Gottes Gebot, und will seinem Geist geglaubt haben.

Das Ärgernis wegtun, muß durchs Wort Gottes geschehen. Denn obgleich alle äußerlichen Ärgernisse zerbrochen und abgetan wären, so hilfts nichts, wenn die Herzen nicht vom Unglauben zum rechten Glauben gebracht werden. Denn ein ungläubiges Herz findet immer neues Ärgernis, wie unter den Juden auch geschah, daß sie zehn Abgötter aufrichteten, nachdem sie zuvor einen zerbrochen hatten. Darum muß im Neuen Testament die rechte Weise vorgenommen werden, den Teufel und Ärgernisse zu vertreiben, nämlich das Wort Gottes, und damit die Herzen abzuwenden. So fällt wohl von selbst der Teufel mit aller seiner Pracht und Gewalt.

Hierbei will ichs diesmal bleiben lassen und E.F.G. untertänig gebeten haben, daß sie mit Ernst (etwas gegen) solches Stürmen und Schwärmen tun, auf daß in diesen Sachen allein mit dem Wort Gottes gehandelt werde, wie es den Christen gebührt und die Ursache des Aufruhrs, dazu Herr Omnes[29] sonst mehr denn allzu geneigt ist, verhütet werde. Denn es sind nicht Christen, die über das Wort auch mit Fäusten dran wollen und nicht vielmehr alles zu leiden bereit sind, wenn sie sich gleich zehn Heiliger Geister voll und aber voll berühmten.

Gottes Barmherzigkeit wolle E.F.G. ewiglich stärken und behüten.

E.F.G. untertäniger
Martin Luther.

---

[28] Anspielung auf Müntzers ›Bund der Auserwählten‹.
[29] Luthers verächtliche Bezeichnung für das Volk.

Martin Luther:

Wider die räuberischen und mörderischen Rotten der Bauern
(Anfang Mai 1525)

Wider die stürmenden Bauern.
Im vorigen Büchlein[1] durfte ich die Bauern (noch) nicht verurteilen, weil sie sich zu Recht und besserem Unterricht erboten; wie denn Christus gebietet, man solle nicht (ver)urteilen, Matth. 7,1. Aber ehe denn ich mich umsehe, fahren sie fort und greifen mit der Faust drein, mit Vergessen ihres Erbietens, rauben und toben und tun wie die rasenden Hunde. Dabei man nun wohl sieht, was sie in ihrem falschen Sinn gehabt haben, und daß (es) nichts als erlogenes Ding gewesen sei, was sie unter dem Namen des Evangeliums in den Zwölf Artikeln vorgebracht haben. Kurzum, nichts als Teufelswerk treiben sie, und insonderheit ists der Erzteufel[2], der zu Mühlhausen regiert und nichts als Raub, Mord, Blutvergießen anrichtet, wie denn Christus Joh. 8,44 von ihm sagt, daß er ein Mörder von Anbeginn sei. Nun denn sich solche Bauern und elende Leute sich verführen lassen und anderes tun als sie geredet haben, muß ich auch anders von ihnen schreiben; und erstlich ihre Sünde vor ihre Augen stellen, wie Gott Jesaja und Hesekiel befiehlt, ob sich etliche erkennen wollten, und danach der weltlichen Obrigkeit Gewissen unterrichten, wie sie sich hierin (ver)halten sollen.
Dreierlei greuliche Sünden wider Gott und Menschen laden diese Bauern auf sich, weswegen sie den Tod verdient haben an Leib und Seele mannigfältig.
Zum ersten, daß sie ihrer Obrigkeit Treu und Huld geschworen haben, untertänig und gehorsam zu sein, wie solches Gott gebietet, da er spricht: ›Gebt dem Kaiser, was des Kaisers ist‹; und Röm. 13,1: ›Jedermann sei der Obrigkeit untertan‹ etc. Weil sie aber diesen Gehorsam mutwillig und mit Frevel brechen und dazu sich wider ihre Herren setzen, haben sie damit Leib und Seele verwirkt, wie die treulosen, meineidigen, lügenhaften, ungehorsamen Buben und Bösewichter zu tun pflegen. Drum auch Sankt Paulus Röm. 13,2 ein solches Urteil über sie fällt: ›Welche der Gewalt widerstreben, die werden ein Gericht über sich empfangen.‹[3] Welcher Spruch auch endlich die Bauern treffen wird, es geschehe (über) kurz oder lange. Denn Gott will Treu und Pflicht gehalten haben.

---

[1] ›Ermahnung zum Frieden auf die Zwölf Artikel der Bauernschaft in Schwaben‹, Ende April 1525.
[2] Thomas Müntzer.
[3] Vgl. die anders akzentuierte Auslegung dieses Kapitels bei Müntzer!

Zum andern, daß sie Aufruhr anrichten, rauben und plündern mit Frevel Klöster und Schlösser, die nicht ihnen gehören, womit sie, als die öffentlichen Straßenräuber und Mörder, allein wohl zwiefältig den Tod an Leib und Seele verdienen; auch ein aufrührerischer Mensch, den man dessen (überführen) kann, ist schon in Gottes und kaiserlicher Acht, daß, wer denselben am ersten kann und erwürgen mag, recht und wohl tut. Denn über einen öffentlichen Aufrührerischen ist ein jeglicher Mensch beides, Oberrichter und Scharfrichter. Gleich als wenn ein Feuer angeht, wer am ersten löschen kann, der ist der beste. Denn Aufruhr ist nicht ein einfacher Mord, sondern wie ein großes Feuer, das ein Land anzündet und verwüstet. So bringt Aufruhr mit sich ein Land voll Mordes, Blutvergießens und macht Witwen und Waisen und zerstört alles, wie das allergrößte Unglück. Drum soll hier zuschmeißen, würgen und stechen, heimlich oder öffentlich, wer da kann, und gedenken, daß nichts Giftigeres, Schädlicheres, Teuflischeres sein kann, als ein aufrührerischer Mensch. Gleich als wenn man einen tollen Hund totschlagen muß; schlägst du nicht, so schlägt er dich, und ein ganzes Land mit dir.

Zum dritten, daß sie solche schreckliche, greuliche Sünde mit dem Evangelium decken, nennen sich christliche Brüder[4], nehmen Eid und Huld und zwingen die Leute zu solchen Greueln mit ihnen (sich) zu halten. Womit sie die allergrößten Gotteslästerer und Schänder seines heiligen Namens werden und ehren und dienen (auf diese Weise) dem Teufel unter dem Schein des Evangeliums. Daran haben sie wohl zehnmal den Tod verdient an Leib und Seele, daß ich eine häßlichere Sünde nie gehört habe. Und (ich) achte auch, daß der Teufel den jüngsten Tag fühle, daß er solches unerhörte Stück unternimmt. Als wollte er sagen: Es ist das Letzte, drum soll es das Ärgste sein, und will die Grundsuppe rühren und den Boden gar ausstoßen. Gott wolle ihm wehren! Da siehe, welch ein mächtiger Fürst der Teufel ist, wie er die Welt in Händen hat und ineinander mengen kann, der sobald so viele tausend Bauern fangen, verführen, verblenden, verstocken und empören kann, und mit ihnen machen kann, was sein allerwütigster Grimm vornimmt.

Es hilft auch den Bauern nicht, daß sie vorgehen, nach 1. Mose 1 und 2 seien alle Dinge frei und gemein[5] geschaffen, und daß wir alle gleich getauft sind. Denn im Neuen Testament hält und gilt Mose nicht[6], sondern da steht unser Meister Christus und wirft uns mit Leib und Gut unter (die Gewalt des) Kaisers und (unter) weltliches Recht, da er spricht: ›Gebt dem Kaiser, was des Kaisers ist.‹ So spricht auch Paulus Röm. 13 zu allen getauften Christen: ›Jedermann sei der Gewalt untertan‹; und Petrus: ›Seid untertan

---

[4] Anspielung auf Müntzers »getreulichen Bund göttlichen Willens«, vgl. Brief Nr. 59.
[5] für die Allgemeinheit geschaffen; Anspielung auf die Zwölf Artikel.
[6] eben dies bestreitet Müntzer nachdrücklich.

aller menschlichen Ordnung‹. Dieser Lehre Christi sind wir schuldig zu leben, wie der Vater vom Himmel gebietet und sagt: ›Dies ist mein lieber Sohn, den hört!‹ – Denn die Taufe macht nicht Leib und Gut frei, sondern die Seelen. Auch macht das Evangelium nicht die Güter gemein, ohne allein welche solches willig von sich selbst tun wollen,[7] wie die Apostel und Jünger Apg. 4 taten, welche nicht die fremden Güter des Pilatus und Herodes gemein zu sein forderten, wie unsere unsinnigen Bauern (verlangen), sondern ihre eigenen Güter. Aber unsere Bauern wollen die anderen fremden Güter gemeinsam haben und ihre eigenen für sich behalten.[8] Das sind mir feine Christen! Ich meine, daß kein Teufel mehr in der Hölle sei, sondern allesamt in die Bauern gefahren sind. Das Wüten ist überaus und über alle Maßen.

Weil denn nun die Bauern auf sich laden beide, Gott und Menschen, und so mannigfaltig schon an Leib und Seele des Todes schuldig sind und kein Recht (auf ihrer Seite haben), sondern immerfort toben, muß ich hier die weltliche Obrigkeit unterrichten, wie sie hierin mit gutem Gewissen (ver)fahren soll. Erstlich, der Obrigkeit, die da kann und will, ohne vorhergehendes Erbieten zum Recht und Billigkeit, solche Bauern schlagen und strafen, will ich nicht wehren, obgleich sie das Evangelium nicht leidet. Denn sie hat das gute Recht, nachdem die Bauern nun nicht mehr um das Evangelium fechten, sondern sind öffentlich geworden treulose, meineidige, ungehorsame, aufrührerische Mörder, Räuber, Gotteslästerer, welche auch heidnische Obrigkeit zu strafen Recht und Macht hat, ja dazu schuldig ist, solche Buben zu strafen. Denn darum trägt sie das Schwert und ist Gottes Dienerin über den, der übel tut, Röm. 13, 4.

Aber die Obrigkeit, die christlich ist, und das Evangelium leidet, weshalb auch die Bauern keinen Schein (des Rechts) wider sie haben, soll hier mit Fürchten handeln. Und zum ersten die Sache Gott heimgeben und bekennen, daß wir solches wohl verdient haben; da zu besorgen (ist), daß Gott vielleicht den Teufel zu (all)gemeiner Strafe deutschen Landes so errege. Danach bitten (wir) demütiglich wider den Teufel um Hilfe. Denn wir fechten hier nicht allein wider Blut und Fleisch, sondern wider die geistlichen Bösewichter in der Luft,[9] welche mit Gebet angegriffen werden müssen. Wenn nun das Herz so gegen Gott gerichtet ist, daß man seinen göttlichen Willen walten läßt, ob er uns zu Fürsten und Herren haben wolle oder nicht wolle, so soll man sich gegen die tollen Bauern zum Überfluß – obwohl sie es nicht wert sind –

---

[7] Ein Recht auf gemeinsamen Besitz der Güter sei demnach nicht abzuleiten.
[8] Diese pauschale Unterstellung hat zur Voraussetzung, daß dem Kleinbauern im Grunde nichts gehört und jede Form gemeinschaftlicher Nutzung als Raub hingestellt wird.
[9] Vgl. Eph. 6, 12.

zu Recht und (Ver)gleich erbieten.[10] Danach, wenn das nicht helfen will, flugs zum Schwert greifen.

Denn ein Fürst und Herr muß hier denken, wie er Gottes Amtmann und Diener von dessen Zorn ist, Röm. 13, 4, dem das Schwert über solche Buben befohlen ist, und sich ebenso hoch vor Gott versündigt, wenn er nicht straft und wehrt und sein Amt nicht vollführt, wie wenn einer mordete, dem das Schwert nicht befohlen ist. Denn wo er kann und nicht straft, es sei (aufgrund von) Mord oder Blutvergießen, so ist er schuldig an allem Mord und Übel, das solche Buben begehen, als (einer), der da mutwillig durch Unterlassung seines göttlichen Befehls zuläßt, (daß) solche Buben ihre Bosheit ausüben, obwohl ers wehren kann und schuldig ist. Darum ist hier nicht zu schlafen. Es gilt auch hier nicht Geduld oder Barmherzigkeit; es ist des Schwerts und des Zornes Zeit hier und nicht der Gnaden Zeit.

So soll die Obrigkeit hier nun getrost fortdringen und mit gutem Gewissen dreinschlagen, solange sie eine Ader regen kann. Denn hier ist das (ihr) Vorteil, daß die Bauern böse Gewissen und unrechte Sachen haben, und welcher Bauer darüber erschlagen wird, mit Leib und Seele verloren und ewig des Teufels ist. Aber die Obrigkeit hat ein gutes Gewissen und (ge)rechte Sachen und kann mit aller Sicherheit des Herzens zu Gott also sagen: ›Siehe, mein Gott, du hast mich zum Fürsten oder Herrn eingesetzt, daran ich nicht zweifeln kann, und hast mir das Schwert befohlen über die Übeltäter, Röm. 13, 4. Es ist dein Wort und kann nicht lügen; so muß ich solches Amt, bei Verlust deiner Gnade, ausrichten; so ists auch offenbar, daß diese Bauern vor dir und vor der Welt vielfältig den Tod verdient haben und mir zu strafen befohlen. Willst du nun mich durch sie töten lassen und mir die Obrigkeit wieder nehmen und untergehen lassen: wohlan, so geschehe dein Wille, so sterbe ich doch und gehe doch unter in (Erfüllung) deines göttlichen Befehls und Wortes und werde gefunden im Gehorsam (gegen) deinen Befehl und (in Ausübung) meines Amts. Drum will ich strafen und schlagen, solange ich eine Ader regen kann; du wirsts wohl richten und machen.‹

So kanns denn geschehen, daß, wer auf der Seite der Obrigkeit erschlagen wird, ein rechter Märtyrer vor Gott sei, wenn er mit solchem Gewissen streitet, wie gesagt ist. Denn er geht in göttlichem Wort und Gehorsam. Wiederum, was auf der Seite der Bauern umkommt, ist ein ewiger Höllenbrand. Denn er führt das Schwert gegen Gottes Wort und Gehorsam und ist ein Teufelsglied.

Und ob es gleich geschähe, daß die Bauern oblägen – da sei Gott vor! – denn Gott sind alle Dinge möglich, und wir nicht wissen,

---

[10] Aus dem Gesagten ergibt sich, wie die Voraussetzungen und Bedingungen für die Bauern aussehen.

ob er vielleicht zum Verlauf des jüngsten Tags,[11] welcher nicht ferne sein will, durch den Teufel alle Ordnung und Obrigkeit zerstören und die Welt in einen wüsten Haufen werfen wolle, so sterben (die) doch sicher und gehen mit gutem Gewissen zu scheitern, die in ihrem Schwertamt gefunden werden, und lassen dem Teufel das weltliche Reich[12]. Solche wunderliche Zeiten sind jetzt, daß ein Fürst den Himmel mit Blutvergießen verdienen kann, (und zwar) besser als andere mit Beten.[13]

Am Ende ist noch eine Sache, die billigerweise die Obrigkeit bewegen soll. Denn die Bauern lassen sichs nicht genügen, daß sie des Teufels sind, sondern (sie) zwingen und dringen viele fromme Leute, die es ungerne tun, zu ihrem teuflischen Bund und machen dieselbigen so aller ihrer Bosheit und Verdammnis teilhaftig. Denn wer mit ihnen bewilligt, der fährt auch mit ihnen zum Teufel und ist aller Übeltat schuldig, die sie begehen. Und (sie) müssens doch tun, weil sie einen so schwachen Glauben haben, daß sie nicht widerstehen. Denn hundert Tode sollte ein frommer Christ erleiden, ehe er ein Haarbreit in der Bauern Sache einwilligte. O, viele Märtyrer könnten jetzt durch die blutdürstigen Bauern und Mordpropheten werden! Nun, solcher Gefangener unter den Bauern sollte sich die Obrigkeit erbarmen; und wenn sie sonst keine Sache hätte, das Schwert getrost wider die Bauern gehen zu lassen und selbst Leib und Gut dranzusetzen, so wäre doch diese übrig groß genug, daß man solche Seelen, die durch die Bauern zu solchem teuflischen Verbündnis gezwungen und ohne ihren Willen mit ihnen so greulich sündigen und verdammt werden müssen, errettete und hülfe. Denn solche Seelen sind recht im Fegefeuer, ja in der Hölle und Teufelsbanden.

Drum, liebe Herren, löset hier, errettet hier, helft hier, erbarmet euch der armen Leute, steche, schlage, würge hier, wer da kann! Bleibst du drüber tot, wohl dir, (einen) seligeren Tod kannst du nimmermehr bekommen. Denn du stirbst (dann) im Gehorsam göttlichen Wortes und Befehls, Röm. 13,4, und im Dienst der Liebe, deinen Nächsten zu erretten aus der Hölle und Teufelsbanden.

So bitte ich nun, fliehe vor den Bauern, wer da kann, wie vor dem Teufel selbst. Die aber nicht fliehen, bitte ich, Gott wolle sie erleuchten und bekehren. Welche aber nicht zu bekehren sind, da gebe Gott, daß sie kein Glück noch Gelingen haben müssen. Hier spreche ein jeglicher frommer Christ: Amen. Denn *das* Gebet ist recht und gut und gefällt Gott wohl, das weiß ich. Dünkt das jemand zu hart, der denke, daß Aufruhr unerträglich ist und alle Stunde der Welt Zerstörung zu erwarten sei.

---

[11] Auch Luther dachte – wenngleich anders als Müntzer – apokalyptisch und rechnete mit dem baldigen Anbruch des jüngsten Tages.
[12] Im Hintergrund steht auch hier Luthers Zwei-Reiche-Lehre.
[13] Das ist nicht etwa ironisch, sondern ernst gemeint!

Bibliographische Hinweise

Ausführliche Bibliographie über Leben und Werk einschließlich der Geschichte des Bauernkriegs und der Reformation in Deutschland in: Gerhard Wehr, Thomas Müntzer in Selbstzeugnissen und Bilddokumenten (siehe Nr. II, unten).

I. Werkausgaben

Thomas Müntzer: Schriften und Briefe. Unter Mitarbeit von Paul Kirn, Herausgegeben von Günther Franz. Gütersloh 1968 (= Quellen und Forschungen zur Reformationsgeschichte, hrg. vom Verein für Reformationsgeschichte, Bd. XXXIII).
Thomas Müntzer: Politische Schriften. Herausgegeben von Carl Hinrichs. Halle 1950 (= Hallische Monographien 17).
Thomas Müntzer: Politische Schriften, Manifeste, Briefe 1524/25, eingeleitet, kommentiert und herausgegeben von Manfred Bensing und Bernd Rüdiger. Leipzig 1970. – Rezension v. Günter Mühlpfordt in: Deutsche Literaturzeitung. Berlin-Ost 93. Jahrg. 1972, Nr. 6, Sp. 492–497.

II. Darstellungen zu Leben und Werk

Bensing, Manfred: Thomas Müntzer. Leipzig 1965.
Bensing, Manfred: Thomas Müntzer und der Thüringer Aufstand 1525. Berlin 1966 (zugrunde gelegt ist die gleichnamige Dissertation. Berlin 1962).
Bloch, Ernst: Thomas Müntzer als Theologe der Revolution. München–Berlin 1922; Frankfurt/M. 1963.
Böhmer, Heinrich: Studien zu Thomas Müntzer. Leipzig 1922.
Böhmer, Heinrich: Thomas Müntzer und das jüngste Deutschland. In: Gesammelte Aufsätze, Gotha 1927.
Elliger, Walter: Thomas Müntzer. Berlin 1960 (= Erkenntnis und Glaube 16).
Goertz, Hans Jürgen: Innere und äußere Ordnung in der Theologie Thomas Müntzers. Leiden 1967 (= Studies in the history of Christian thought, ed. Heiko Obermann, Bd. II).
Hinrichs, Carl: Luther und Müntzer, ihre Auseinandersetzung über Obrigkeit und Widerstandsrecht. Berlin 1952 (= Arbeiten zur Kirchengeschichte 29). 2. Aufl. 1962.
Iserloh, Erwin: Die ›Schwärmer‹ Karlstadt und Müntzer. In: Handbuch der Kirchengeschichte, hrg. von Hubert Jedin. Freiburg i. Brg. 1967, Bd. IV, S. 118–139.
Lohmann, Annemarie: Zur geistigen Entwicklung Thomas Müntzers. Leipzig–Berlin 1931 (= Beiträge zur Kulturgeschichte des Mittelalters und der Renaissance 47).

Macek, Josef: Thomas Müntzer. Prag 1955.

Maron, Gottfried: Thomas Müntzer als Theologe des Gerichts, in: Zeitschrift für Kirchengeschichte 83. Jahrg. 1972, Heft 2, S. 195–225.

Meusel, Alfred: Thomas Müntzer und seine Zeit. Berlin 1952.

Nipperdey, Thomas: Theologie und Revolution bei Thomas Müntzer. In: Archiv für Reformationsgeschichte 54. 1963, S. 145–181.

Seebaß, Gottfried: Müntzers Erbe. Werk, Leben und Theologie des Hans Hut. (Theol. Habilitationsschrift) Erlangen 1972. (MS)

Smirin, M. M.: Die Volksreformation des Thomas Münzer und der große Bauernkrieg (aus dem Russischen). Berlin 1952.

Smirin, M. M.: Thomas Münzer und die Lehre des Joachim von Fiore. Berlin 1952 (in: Sinn und Form, Beiträge zur Literatur Jahrg. 4, S. 69 bis 143).

Spillmann, Hans Otto: Untersuchungen zum Wortschatz in Thomas Müntzers deutschen Schriften. Berlin–New York 1971 (= Quellen und Forschungen zur Sprach- und Kulturgeschichte der germanischen Völker NF 41/165).

Steinmetz, Max: Das Müntzerbild in der Geschichtsschreibung von Luther und Melanchthon bis zur Französischen Revolution (maschinenschriftl. Habilitationsschrift) Jena 1956.

Steinmetz, Max: Das Müntzerbild von Martin Luther bis Friedrich Engels. (Leipziger Übersetzungen und Abhandlungen zum Mittelalter, Reihe B, Bd. 4). Berlin 1971.

Wappler, Paul: Müntzer in Zwickau und die Zwickauer Propheten. Zwickau 1908 – Neudruck Gütersloh 1966 (= Schriften des Vereins für Reformationsgeschichte Nr. 182).

Wehr, Gerhard: Thomas Müntzer in Selbstzeugnissen und Bilddokumenten. Reinbek 1972 (= Rowohlts Bildmonographien rm 188).

Wohlfeil, Rainer (Hrsg.): Reformation oder frühbürgerliche Revolution. (Mit Beiträgen von Nipperdey, Rammstedt, Vogler, Steinmetz, Zschäbitz u. a.) München 1972.

rowohlts mono graphien

Jeder Band in Selbstzeugnissen
und mit etwa 70 Bilddokumenten,
Zeittafel, Bibliographien
und Namensregister

Herausgegeben von Gerhard Wehr

Jacob Böhme
Band 179/DM 4,80

Martin Buber
Band 147/DM 3,80

Thomas Müntzer
Band 188/DM 4,80

C. G. Jung
Band 152/DM 3,80

Fischer Taschenbuch Verlag

Texte zur politischen Theorie und Praxis

Herausgegeben von:
Elmar Altvater
Hans-Eckehard Bahr
Wilfried Gottschalch
Klaus Holzkamp
Urs Jaeggi
Rudolf Wiethölter
Red.: Klaus Kamberger

Analysen aus:
Soziologie
Politologie
Psychologie
Erziehungswissenschaft
Rechtswissenschaft
Ökonomie

Sven Papcke
Progressive Gewalt.
(Bd. 6501)

Karl Heinz Hörning (Hg.)
Der »neue« Arbeiter.
Zum Wandel sozialer
Schichtstrukturen. (Bd. 6502)

**Wilfried Gottschalch,
Marina Neumann-Schönwetter, Gunter Soukup**
Sozialisationsforschung.
Materialien, Probleme, Kritik.
(Bd. 6503)

Klaus Holzkamp
Kritische Psychologie.
Vorbereitende Arbeiten.
(Bd. 6505)

Peter Kühne
Arbeiterklasse und Literatur.
(Bd. 6506)

Jutta Menschik
Gleichberechtigung oder
Emanzipation?
Die Frau im Erwerbsleben
der BRD. (Bd. 6507)

Frigga Haug
Kritik der Rollentheorie
und ihrer Anwendung in der
bürgerlichen deutschen
Soziologie. (Bd. 6508)

Thomas Blanke
Funktionswandel des Streiks
im Spätkapitalismus.
(Bd. 6509)

Urs Jaeggi
Kapital und Arbeit
in der Bundesrepublik.
(Bd. 6510)

Fischer Taschenbuch Verlag

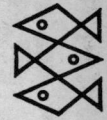

Texte zur politischen Theorie und Praxis

Die Reihe sammelt Beiträge zur Bildung politischer Theorie und Reflexion politischer Praxis.

Autoren und Herausgeber gehen davon aus, daß Wissenschaft von der Gesellschaft neuer, selbstkritischer und differenzierter Entwürfe bedarf, wenn sie ihren emanzipatorischen Anspruch erfüllen soll.

Gleiss/Seidel/Abholz
Soziale Psychiatrie.
Zur Ungleichheit
in der psychiatrischen
Versorgung. (Bd. 6511)

Walter Hollstein/Marianne Meinhold (Hg.)
Sozialarbeit unter
kapitalistischen
Produktionsbedingungen.
(Bd. 6512)

Rolf-Peter Calliess
Theorie der Strafe
im demokratischen und
sozialen Rechtsstaat.
(Bd. 6513)

In Vorbereitung:

Hubert Rottleuthner
Rechtswissenschaft als
Sozialwissenschaft. (Bd. 6514)

Gerhard Grohs/Bassam Tibi
(Hg.)
Zur Soziologie der Dekolonisation in Afrika. (Bd. 6516)

In Planung:

Alternativen zur Schule

Familie und Klasse

Literaturproduktion im
Spätkapitalismus

Marx und das
moderne Recht

Psychologie in der BRD

FISCHER WELTGESCHICHTE

- * 1 **Vorgeschichte**
- * 2 **Die Altorientalischen Reiche I**
  Vom Paläolithikum bis zur Mitte des
  2. Jahrtausends
- * 3 **Die Altorientalischen Reiche II**
  Das Ende des 2. Jahrtausends
- * 4 **Die Altorientalischen Reiche III**
  Die erste Hälfte des 1. Jahrtausends
- * 5 **Griechen und Perser**
  Die Mittelmeerwelt im Altertum I
- * 6 **Der Hellenismus und der Aufstieg Roms**
  Die Mittelmeerwelt im Altertum II
- * 7 **Der Aufbau des Römischen Reiches**
  Die Mittelmeerwelt im Altertum III
- * 8 **Das Römische Reich und seine Nachbarn**
  Die Mittelmeerwelt im Altertum IV
- * 9 **Die Verwandlung der Mittelmeerwelt**
- *10 **Das frühe Mittelalter**
- *11 **Das Hochmittelalter**
- *12 **Die Grundlegung der modernen Welt**
  Spätmittelalter, Renaissance, Reformation
- 13 **Byzanz**
- *14 **Der Islam I**
  Vom Ursprung bis zu den Anfängen
  des Osmanenreiches
- *15 **Der Islam II**
  Die islamischen Reiche nach dem Fall von
  Konstantinopel
- *16 **Zentralasien**

Fischer Taschenbuch Verlag

* bereits erschienen

FISCHER WELTGESCHICHTE

- ***17 Indien**
  Geschichte des Subkontinents von der Induskultur bis zum Beginn der englischen Herrschaft
- ***18 Südostasien** vor der Kolonialzeit
- ***19 Das Chinesische Kaiserreich**
- ***20 Das Japanische Kaiserreich**
- ***21 Altamerikanische Kulturen**
- ***22 Süd- und Mittelamerika I**
  Die Indianerkulturen Altamerikas und die spanisch-portugiesische Kolonialherrschaft
- ***23 Süd- und Mittelamerika II**
  Von der Unabhängigkeit bis zur Krise der Gegenwart
- **24 Das Zeitalter der Glaubenskämpfe**
  1550–1648
- **25 Das Zeitalter der Aufklärung und des Absolutismus**
  1648–1770
- ***26 Das Zeitalter der europäischen Revolution** 1780–1848
- **27 Das bürgerliche Zeitalter**
- ***28 Das Zeitalter des Imperialismus**
- ***29 Die Kolonialreiche seit dem 18. Jahrhundert**
- **30 Die Vereinigten Staaten von Amerika**
- **31 Rußland**
- ***32 Afrika**
  Von der Vorgeschichte bis zu den Staaten der Gegenwart
- ***33 Das moderne Asien**
- ***34 Das Zwanzigste Jahrhundert I**
  1918–1945
- **35 Das Zwanzigste Jahrhundert II**
  1945–1965

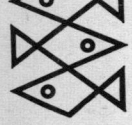

Fischer Taschenbuch Verlag

* bereits erschienen

Fischer Taschenbuch Verlag

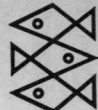

Germanistik

**Bernhard Sowinski
Deutsche Stilistik**
Beobachtungen zur Sprachverwendung und Sprachgestaltung im Deutschen
Originalausgabe. Band 6147

**Hermann Bausinger
Dialekte Sprachbarrieren
Sondersprachen**
2. Band zur Fernsehserie
„Deutsch für Deutsche"
Originalausgabe. Band 6145

**Sprache
Eine Einführung in die moderne Linguistik**
2 Bände
Funk-Kolleg Band 12 und 13
Wissenschaftliche Koordination:
Klaus Baumgärtner/Hugo Steger
Originalausgabe. Band 6111/6112

**Johannes Erben
Deutsche Grammatik**
Ein Leitfaden
Originalausgabe. Band 6051

**Otto F. Best
Handbuch literarischer Fachbegriffe**
Definitionen und Beispiele
Originalausgabe. Band 6092

**Doppelinterpretationen
Das zeitgenössische deutsche
Gedicht zwischen Autor und Leser**
Hg. und Einltg.: Hilde Domin
Band 1060

**Fischer Lexikon
Sprache**
Hg.: Heinz F. Wendt
Band FL 25

Fischer Taschenbuch Verlag

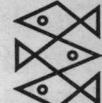

Literatur der Arbeitswelt

**Werkkreis Literatur der Arbeitswelt
Helmut Creutz
Gehen oder kaputtgehen**
Betriebstagebuch
Originalausgabe. Band 1367

**Werkkreis Literatur der Arbeitswelt
Liebe Kollegin**
Hg.: Werkstatt Berlin,
Britta Noeske, Gabi Röhrer
Originalausgabe. Band 1379

Arbeitersongbuch
Hg.: Peter Kühne u. a.
Originalausgabe. Band 1403

**Werkkreis Literatur der Arbeitswelt
Der rote Großvater erzählt**
Hg.: Werkstatt Hamburg
Jürgen Alberts
Originalausgabe (in Vorbereitung).

**Werkkreis Literatur der Arbeitswelt
Schichtarbeit**
Hg.: Werkstätten Dortmund,
Hamburg, Berlin
Originalausgabe (in Vorbereitung).

**Werkkreis Literatur der Arbeitswelt
Stories für uns**
Hg.: Werkstatt Hamburg,
Jürgen Alberts, Peter Fischbach,
Peter Sauernheimer
Originalausgabe. Band 1393

**Werkkreis Literatur der Arbeitswelt
Herbert Somplatzki
Muskelschrott**
Roman
Originalausgabe (in Vorbereitung).

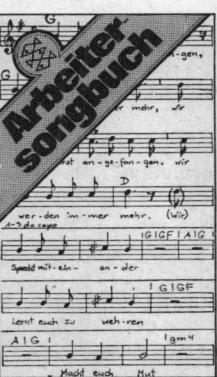

Fischer Taschenbuch Verlag

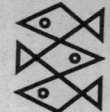

›Informationen zur Zeit‹ — die politische Reihe: aktuell, kritisch

Gewalt in der Politik

Am Beispiel Angela Davis
Der Kongreß in Frankfurt
Hg. v. A. Davis Solidaritäts-
komitee
Bd. 1350/Originalausgabe

Georg Krämer
Mord & Terror
Britischer Imperialismus:
Nordirland
Bd. 1300/Originalausgabe

Peter M. Michels
Aufstand in den Ghettos
Zur Organisation des Lumpen-
proletariats in den USA
Bd. 1319/Originalausgabe

»Ich war gern in Vietnam«
Leutnant Calley berichtet
Aufgezeichnet von John Sack
Bd. 988/Deutsche Erstausgabe

Der Fall CSSR
Strafaktion gegen einen
Bruderstaat
Bd. 964/Originalausgabe

Bobby Seale
Wir fordern Freiheit
Der Kampf der Black Panther
Bd. 1198/Deutsche Erstausgabe

Walter Hollstein
Kein Frieden um Israel
Zur Sozialgeschichte des
Palästina-Konflikts
Bd. 1226/Originalausgabe

Dritte Welt

Che Guevara und die Revolution
Hg. v. H. R. Sonntag
Bd. 896/Originalausgabe

Das Rote Buch
Worte des Vorsitzenden
Mao Tse-tung
Hg. v. Tilemann Grimm
Bd. 857/Originalausgabe

Heinz Rudolf Sonntag
Revolution in Chile
Bd. 1266/Originalausgabe

Chinas sozialistischer Weg
Berichte und Analysen der
Peking Rundschau
Hg. v. F. R. Scheck
Bd. 1267/Originalausgabe

Fischer Taschenbuch Verlag

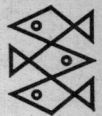

›Informationen zur Zeit‹ —
in 5 Jahren:
1,5 Millionen Gesamtauflage

Probleme der Gesellschaft

**Christa Becker
Problem 218**
Bd. 1310/Originalausgabe

**Bürgerinitiativen
Schritte zur Veränderung**
Hg. v. Heinz Grossmann
Bd. 1233/Originalausgabe

**Ulf Homann
Das Haschischverbot
Gesellschaftliche Funktion und Wirkung**
Bd. 1268/Originalausgabe

**Kommunalpolitik — für wen?
Arbeitsprogramm der
Jungsozialisten**
Hg. v. Wolfgang Roth
Bd. 1272/Originalausgabe

Kriegsdienstverweigerer: Gegen die Militarisierung der Gesellschaft
Hg. v. Haug/Maessen
Bd. 1173/Originalausgabe

Sport in der Klassengesellschaft
Hg. v. Gerhard Vinnai
Bd. 1243/Originalausgabe

Sozialisation

**Peter Brosch
Fürsorgeerziehung
Heimterror und Gegenwehr**
Bd. 1234/Originalausgabe

**Wilfried Gottschalch
Bedingungen und Chancen
politischer Sozialisation**
Bd. 1311/Originalausgabe

**Schülerladen Rote Freiheit
Sozialistische Projektarbeit**
Herausgeber-Kollektiv
Bd. 1147/Originalausgabe

**Lutz von Werder
Von der antiautoritären zur
proletarischen Erziehung**
Bd. 1265/Originalausgabe

**Hans-Jürgen Haug/
Hubert Maessen
Was wollen die Schüler?
Politik im Klassenzimmer**
Bd. 1013/Originalausgabe

**Hans-Jürgen Haug/
Hubert Maessen
Was wollen die Lehrlinge?**
Bd. 1186/Originalausgabe

**Schulreform
oder Der sogenannte Fortschritt**
Hg. v. J. Beck und L. Schmidt
Bd. 1121/Originalausgabe

Fischer
Taschenbuch
Verlag

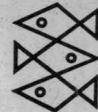

Tschechische Erzähler

Ota Filip
Das Café an der Straße zum Friedhof
Roman
Band 1271

Vilém Hejl
Die gesammelten Verbrechen des Vladimir Hudec
Roman
Band 1339

Ivan Klíma
Liebende für einen Tag – Liebende für eine Nacht
Erzählungen
Band 1345

Alexandr Kliment
Eine ahnungslose Frau
Roman
Band 1308

Pavel Kohout
Weißbuch in Sachen Adam Juráček kontra Sir Isaac Newton
Band 1359

Vladimír Páral
Privates Gewitter
Roman
Band 1347

Tschechoslowakei erzählt
Hg.: Franz Peter Künzel/
František Kafka
Originalausgabe
Band 1129

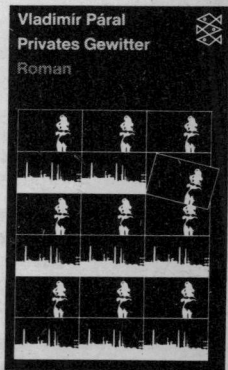

Die Welt der Märchen

Märchen aus Afrika, Frankreich, Nordamerika, Südamerika,
Indien, Irland, Jugoslawien, Skandinavien, Spanien,
Deutschland, Korea. Die Sammlung wird fortgesetzt.

Märchen aus aller Welt.
Jetzt auch im farbigen Geschenkkarton,
in Ihrer Buchhandlung.

Wallenstein
Sein Leben erzählt von
Golo Mann

1368 Seiten, 2 Abbildungen, 6 Karten, Leinen

Sensationeller Erfolg eines Meisterwerks: fünf Monate nach Erscheinen über 100.000 Exemplare verkauft. Begeistertes Presse-Echo. Sebastian Haffner: »Der Leser schließt das Buch mit dem Gefühl, er sei zum erstenmal selbst dabeigewesen – er habe das schwindelerregende und tragisch-vergebliche Leben Wallensteins nun wirklich mitgelebt.« Ein Lese-Abenteuer!

»Müntzer blieb niemals historische Vergangenheit, war stets Gegenwart, weil alle Aufgaben, die die Geschichte seither in Angriff genommen hat, von ihm bereits gedacht worden waren, weil seine Gedanken, so phantastisch und unbestimmt sie in seiner Zeit auch sein mußten, sich in der Richtung immerwährenden gesellschaftlichen Forschritts bewegten.« Manfred Bensing

Originalausgabe DM 4.80